Descubre la narrativa de las Escrituras
a través del lenguaje del *storytelling*

EL
DIOS
DE LA
HISTORIA

DANIEL SCHWABAUER

A menos que se indique lo contrario, todas citas de la Escritura han sido tomadas de la Santa Biblia Nueva Versión Internacional® NVI® © 1999, 2015, 2022 por Biblica, Inc.® Usado con permiso de Biblica, Inc.® Reservados todos los derechos en todo el mundo.

Traducción al español por:
Belmonte Traductores
www.belmontetraductores.com

Editado por Henry Tejada Portales

EL DIOS DE LA HISTORIA
Descubre la narrativa de las Escrituras a través del lenguaje del *storytelling*

Publicado originalmente en inglés en 2025 bajo el título
THE GOD OF STORY
Discovering the Narrative of Scripture Through the Language of Storytelling
por Baker Books, una división de Baker Publishing Group
Grand Rapids, Michigan

ISBN: 979-8-88769-471-9
eBook ISBN: 979-8-88769-472-6
Impreso en los Estados Unidos de América
© 2025 por Daniel Schwabauer

Whitaker House
1030 Hunt Valley Circle
New Kensington, PA 15068
www.espanolwh.com

Por favor, envíe sugerencias sobre este libro a: comentarios@whitakerhouse.com. Ninguna parte de esta publicación podrá ser reproducida o transmitida de ninguna forma o por algún medio electrónico o mecánico; incluyendo fotocopia, grabación o por cualquier sistema de almacenamiento y recuperación sin el permiso previo por escrito de la editorial. En caso de tener alguna pregunta, por favor escríbanos a permissionseditor@whitakerhouse.com.

1 2 3 4 5 6 7 8 9 10 11 ⊔⊔ 32 31 30 29 28 27 26 25

ÍNDICE

Prólogo: Más que un "Inkling" 5
Introducción: Mi verano en Marte 9

EL LENGUAJE DE LA HISTORIA

1. La gran pirámide 15
2. La parábola del narrador 35

TEMA

3. El mejor parque temático del mundo 57
4. Un mundo ideal 73

CONTEXTO

5. El camino hacia la relevancia 91
6. ¡He aquí un hipopótamo maravilloso! 111

CARACTERIZACIÓN

7. ¡Mata al conejo!.. 145
8. El cuarto hombre.. 163

VOZ

9. El emisor y el signo.. 183
10. La voz del narrador... 201

TRAMA

11. Resolver lo imposible... 221
12. El evangelio según Satanás.. 245

CONCLUSIÓN

13. Una historia real... 269
Reconocimientos.. 277
Notas... 279
Acerca del autor... 287

PRÓLOGO

Más que un "Inkling"

La mesa no estaba abierta para todos, solo para aquellos con ciertos indicativos o indicios. En primer lugar, debías ser cristiano, intelectual, y un escritor activo que viviera en la zona de Oxford durante las décadas de 1930 y 1940. En segundo lugar, tenías que creer en el poder de la historia para cambiar el mundo y en el papel fundamental del "mito" como algo que nunca fue, pero que siempre es. En tercer lugar, debías estar fascinado por la grandeza de la imaginación infantil considerada como destellos del amanecer. Esos eran los requisitos de entrada para reunirse cada semana en una casa o un pub y hablar sobre tramas, mitos y esperanza.

El grupo adoptó informalmente el nombre de "Los Inklings". Entre sus miembros se incluían luminarias académicas como J. R. R. Tolkien, Charles Williams, C. S. Lewis, J. A. W. Bennett, Lord David Cecil y Owen Barfield. Sin embargo, estos intelectuales querían ir más allá de los meros juegos filosóficos, por muy hábiles que fueran, y de divagaciones teológicas, por muy certeras y armoniosas que resultaran, sino que deseaban adentrarse en los campos elíseos del relato, de otros tiempos, y de lo desconocido.

Como descubrirás en este libro radiante, Daniel Schwabauer es un "Inkling" en todos los sentidos, excepto en el histórico. Nos muestra cómo las historias son criaturas que alteran la realidad. ¿Cómo se cultiva una fe que perdure, que profundice, que madure en amor y crezca en verdad, alimentada por la Escritura y el sacramento? Decir la verdad es narrar una historia. Si la verdad pudiera simplemente "decirse", no sería verdad. La verdad es algo (o para el cristiano, la verdad es Alguien) que se "hace" más que algo que se "dice". Se encarnan y se personifican momentos de verdad.

La solución a los mayores problemas de la vida, la respuesta a sus preguntas más difíciles, es una historia. Pero no cualquier historia: la historia de Jesús. Transmitir la "gran noticia" del evangelio es transmitir una historia: la historia de Jesús crucificado, resucitado, ascendiendo, reinando y que regresará. Esta era de cambio cultural está desesperada por narrativas alternativas, como demuestra Schwabauer. ¿Por qué no darle al mundo la historia de Jesús? Es una historia que da vida y lo cambia todo.

El 10 de junio de 1963, el presidente John F. Kennedy pronunció un discurso en la Universidad Americana de Washington, D. C. Indicó a su redactor, Ted Sorensen, que escribiera un discurso que abogara por el fin de la carrera armamentista nuclear, un tratado de prohibición de pruebas, y la llegada de una nueva era. Siete meses después de la Crisis de los Misiles en Cuba, y menos de seis meses antes de ser asesinado, Kennedy esperaba que este discurso cambiara el rumbo de la historia. Inspirado por el papa Juan XXIII, quien, mientras agonizaba de cáncer usaba sus últimas fuerzas para acercar a Kennedy y Kruschev y redactar su encíclica *Pacem in Terris*, Kennedy le dijo a su audiencia en la Universidad Americana que todos los seres humanos compartimos la misma historia: "En última instancia, nuestro vínculo más básico en común es que todos habitamos este pequeño planeta. Todos respiramos el mismo aire. Todos valoramos el futuro de nuestros hijos. Y todos somos mortales".[1]

Mientras quedaba hipnotizado por la lectura de *El Dios de la historia*, me perseguía la sensación de que ya había sido cautivado antes por una escritura similar. Pero ¿dónde? Y ¿de quién? Entonces lo comprendí, y creció en mí la convicción de que Daniel Schwabauer tiene el potencial de ser el próximo Frederick Buechner. Esto es un gran elogio, ya que considero a Buechner uno de los más grandes comunicadores desde Jesús. Tanto Schwabauer como Buechner tienen esa misma e inimitable capacidad de tomar una metáfora, como lo hacía Jesús, llevarla de la mano y tejer, a partir del "viaje sagrado", una narrativa que sana hasta la santidad y apresura el avance del reino.

A principios de la década de 1990, el Instituto Trinity invitó a Frederick Buechner a unirse a Maya Angelou en una serie de conferencias sobre el tema de la historia. Buechner dudó. En sus propias palabras, la historia era "la gran moda en la teología, y cuando la oigo, me vuelve loco".[2] En su opinión, el mundo de la publicidad y la mercadotecnia se estaba apropiando de la historia para vender cosas que se habían convertido en sustitutos de la sustancia. Sin embargo, después de una intercesión personal, finalmente aceptó participar y accedió a hablar primero.

Después de compartir su autobiografía espiritual, Buechner cedió el podio a Maya Angelou. El maestro de ceremonias que la presentó dijo: "La Sra. Angelou ahora se levantará y les contará su historia, que será muy diferente de la que acaban de escuchar de Frederick Buechner". Mientras caminaba hacia el atril, Angelou sacudió la cabeza de un lado a otro. Las primeras palabras que salieron de su boca corrigieron al presentador: "Tengo exactamente la misma historia que contar que Frederick Buechner". Para citar a Buechner, a nivel humano, y a pesar de todas nuestras diferencias, "todos tenemos la misma historia y, por lo tanto, la historia de cualquiera puede iluminar la nuestra".[3]

En las páginas de este libro encontrarás muchos indicativos o señales de que estas palabras son más ciertas de lo que pensabas: todos compartimos la misma historia, y nuestras historias tienen el poder de transportarnos a mundos diferentes, de enseñarnos nuevas verdades sobre el nuestro, y de dar a luz un mundo nuevo. O también, en las resonantes palabras de Daniel Schwabauer: "El lenguaje de esa historia [la historia de Jesús] no es solo el lenguaje de la humanidad; es el lenguaje de la vida".

Leonard Sweet
Autor, profesor y editor

INTRODUCCIÓN

Mi verano en Marte

Nadie me cree cuando digo que he estado en Marte.

Sucedió durante el verano del año 1977, justamente después de graduarme de quinto grado.

Mi papá había tomado un empleo como gerente de proyecto para un plan de construcción inmenso en el centro de Tulsa. Papá no quería pasar todo el verano separado de su familia, de modo que compró una caravana Coleman de 5.5 metros y nos dijo que empacáramos lo necesario para pasar un verano en Oklahoma.

Para mí, eso significaba un guante de béisbol y una pila de libros. Justo antes de salir de la ciudad, descubrí por casualidad el libro *Una princesa de Marte* en la biblioteca del sótano de un amigo, y emprendí el viaje con una bolsa de supermercado llena de viejas novelas de ficción.

Terminamos de campamento a las afueras de la ciudad, más allá incluso de los suburbios, a unos cuatrocientos metros de la autopista. Para mí, aquel lugar se sentía como Marte: días brutalmente calurosos y noches frescas y ventosas; un paisaje árido de rocas afiladas y un polvo fino que giraba bajo los pies y se adhería a todo; un mar de color rojo que se extendía hasta el horizonte. Desde la ventana de mi litera superior, justo encima del baúl de herramientas y la llanta de repuesto, podía ver el borde de un canal seco curvándose en la distancia.

Afortunadamente, nuestro refugio ambiental venía equipado con aire acondicionado y una luz de lectura incorporada, lo que hizo que la transición de la Tierra al planeta Barsoom fuera ridículamente fácil. Durante once semanas pasé las horas sumergido en libros escritos por un hombre que había llevado a tantos lectores a Marte que, con el tiempo, un cráter llevó su nombre.

Edgar Rice Burroughs es más conocido como el creador de *Tarzán de los Monos*, pero su serie de *John Carter de Marte* me resultaba mucho más intrigante que su héroe de la jungla.

Desde aquel verano milagroso he releído *Una princesa de Marte* varias veces, siempre con la esperanza de recuperar un poco de aquella magia. Siempre termino decepcionado. El libro simplemente no fue escrito para un adulto del siglo XXI.

Sin embargo, no es solamente Burroughs quien me decepciona. Pocas de las historias que me cautivaron en la infancia logran mantener mi interés ahora. Soy demasiado cínico, demasiado saturado de relatos, demasiado viejo para el asombro común de la niñez.

Desearía poder volver a entrar en aquellos mundos fantásticos en los que me deslizaba con tanta facilidad cuando era niño. Me gustaría poder regresar a Marte. Pero crecer tiene consecuencias.

A medida que el cerebro se desarrolla, nos resultan atractivas cosas distintas. El anhelo de maravilla es suplantado por el deseo de romance y sexo, de drama humano, y de comprensión sobre la naturaleza de las cosas. La experiencia de vida nos golpea con las dolorosas diferencias entre la fantasía y la realidad. En resumen, las historias que ansiamos se vuelven más lógicas, más informativas, más fieles a la vida.

Y eso, como dije, es decepcionante. Quiero creer en los hombres verdes de Marte y sus caballerías con grandes dientes. Quiero surcar el cielo en un barco flotante y recorrer el suelo marciano con un perro de seis patas. Quiero ser absurdamente diestro con un sable, a pesar de que nunca he tomado una lección o ni siquiera he sostenido uno en mis manos.

Sin embargo, ahora tengo los años suficientes para haber aprendido que la vida no se parece a nada de eso.

Lo cual podría conducirme a la tentadora conclusión de que la vida es una decepción existencial. Se suponía que el futuro sería mejor que esto. Más asombroso. Más evolucionado. Me prometieron una mochila cohete y vacaciones regulares a la Luna. En cambio, la vida me dio una segunda hipoteca y una alergia espontánea al gluten.

Entonces, ¿es todo un engaño? ¿Son los cuentos de hadas simplemente dulces mentiras que les contamos a los niños para protegerlos de verdades para las que todavía no están preparados? ¿Fue la inocencia de la infancia solamente un sueño feliz?

Este libro es mi intento de responder a esa pregunta con justicia y con gran esperanza.

Espero demostrar que todas las historias, incluso las fantasías oníricas de la infancia, apuntan a algo más grande que el entretenimiento o incluso la supervivencia, y que, si se comprenden correctamente, el lenguaje de la historia es el lenguaje de la Escritura.

Para demostrar esto último me apoyo en tres técnicas que pueden no ser familiares para los lectores. La primera es la *desfamiliarización*, en particular la desfamiliarización de la Biblia. Mientras nos acerquemos a su texto pensando que ya sabemos lo que contiene, es poco probable que veamos algo nuevo, inspirador o revelador. Y siempre hay algo transformador en ella si estamos dispuestos a ser desafiados. La dificultad radica en que nuestras copas de Biblia ya están llenas. Conocemos las historias del fruto prohibido, del Mar Rojo abriéndose, o del niño Jesús durmiendo en un pesebre. Para apreciar realmente estas y otras narrativas de la Escritura debemos aprender a darles la vuelta, a verlas desde un ángulo nuevo y liberarlas de sus envolturas familiares. Para ser llenados, primero debemos vaciar nuestras copas.

El arte, después de todo, es una forma de revelar las cosas ocultas que tendemos a ignorar o dar por sentadas en la realidad. El gran arte esconde sus revelaciones más profundas de maneras que despiertan la curiosidad y nos obligan a mirar más de cerca. En otras palabras, utiliza un proceso *abductivo*, la segunda técnica que explora este libro. La narración abductiva se desarrolla con más detalle en el capítulo 2.

Por último, recurro a una invitación sencilla y repetida: colocarte *tú mismo* dentro de las historias de la Biblia. No como su protagonista, sino como alguien cuya vida ha sido interrumpida por la irrupción inesperada del reino de Dios: un hombre bueno cuya existencia tranquila es atacada por fuerzas demoníacas; un profeta cuya vida e identidad se ven trastocadas; un ciego que recupera la vista.

Las historias son importantes porque demuestran que el significado último y máximo existe. No solo existe, sino que a veces es maravilloso, a menudo aterrador y, en ocasiones, incluso divertido.

Este libro fue escrito para todos los que han estado en Marte, o en Narnia, o en la Tierra Media, y han descubierto que se sentían más en casa allí que aquí.

Este libro fue escrito para todos los que anhelan un hogar.

EL LENGUAJE DE LA HISTORIA

1

LA GRAN PIRÁMIDE

La iglesia occidental tiene un problema de historia. Ya que la historia radica en el corazón del cristianismo, este problema representa una crisis existencial; sin embargo, pocos son incluso conscientes de que esa crisis existe.

En palabras sencillas, no comprendemos cómo funcionan las historias. Ni estudiamos ni enseñamos el lenguaje de la historia, ni tampoco reconocemos las verdades fundamentales que están engranadas en su gramática. No apreciamos el papel que desempeña la historia en el desarrollo humano, y apenas reconocemos su importancia a la hora de moldear la cultura. De algún modo, la Iglesia ha olvidado lo que antes casi se daba por sentado: que la vida es una historia.

Si la vida es una historia, entonces solo se puede comprender correctamente en términos de historia; pero ¿cómo vamos a comprender esos términos cuando los descartamos y los devaluamos regularmente?

Los evangélicos estadounidenses en particular han abandonado en gran medida las artes. Nuestros sermones, dramas comunitarios, novelas religiosas y películas cristianas rechazan a menudo de manera sutil la narración, y en cambio lanzan un asalto sobre la mente racional que es directo, claro y sin vida. Por consiguiente, nuestros intentos de utilizar el lenguaje de la historia como un mecanismo de comunicación del evangelio tienen prácticamente el mismo impacto emocional que la aguja de un médico. En lugar de perseguir la coherencia de belleza, bondad y verdad de Tomás de Aquino, nuestros narradores proyectan verdades proposicionales estériles vacías de bondad y belleza. Tales historias son prácticamente inútiles cuando se trata de comunicar el evangelio de Cristo a la cultura.

Además, nuestro enfoque ingenuo de la historia como un mecanismo de entrega de aguja y suero compuesto por dos elementos (historia y mensaje) nos deja vulnerables a la sutil manipulación de ciertos narradores no cristianos que son muy hábiles en el uso de narrativas para persuadir, manipular y controlar. Siempre atentos a inyecciones tóxicas de mensajes dañinos, exageramos el peligro de películas y libros con una agenda política evidente, mientras pasamos por alto el contenido más insidioso que puede remodelar sutilmente la cosmovisión de una audiencia mediante un uso hábil de ideales (normas morales).[1] De algún modo, hemos olvidado que la serpiente era más astuta que las demás criaturas (Génesis 3:1).

Tal vez lo peor de nuestro fracaso en aprender y enseñar el lenguaje de la historia es que no entendemos nuestras propias Escrituras. La Biblia no solo está escrita en hebreo, arameo y griego; también está escrita en historia. Sus narrativas en capas, metáforas e imágenes poéticas son infinitamente ricas; sus estructuras, arcos y conexiones dramáticas son profundamente significativas. Son, de hecho, tesoros dignos de ser buscados (Mateo 13:52). Pero a menos que aprendamos a ver las Escrituras a través de este lente, a menos que nos humillemos como niños pequeños suplicando escuchar una historia, nunca comprenderemos completamente las profundidades ni la elegancia de la Palabra de Dios. El teólogo Leonard Sweet escribe:

La historia es la carne y sangre de la vida. Y el cuerpo de Cristo necesita ser alimentado con las historias del evangelio: historias que nos impacten, historias que den un giro a nuestras ideas y expectativas egocéntricas, dejándonos desnudos, confundidos, sin palabras y dispuestos a dejar que Dios nos guíe hacia nuevos pastos.[2]

Este libro, por lo tanto, es un intento de explorar lo que parece que hemos olvidado. Cada sección se divide en dos capítulos. El primer capítulo de cada par explora un principio narrativo esencial; el segundo aplica ese principio a la Biblia. El capítulo 12 es mi intento de proporcionar un marco narrativo resumido para la historia de las Escrituras a través de la vida de Jesús.

Su historia no es solo la resolución de la narrativa bíblica. Es la *singularidad*, el valor infinito, al que apuntan todas las historias.

UN BAUTISMO EN LA HISTORIA

Esta estructura de emparejar capítulos en gemelos prácticos de teoría y aplicación es profundamente personal para mí, porque refleja gran parte de mi viaje como joven cristiano abriéndose paso en el mundo académico.

Aunque crecí en un hogar luterano devoto, no fue hasta que viví fuera del campus durante mis estudios universitarios en la Universidad de Kansas cuando encontré a Cristo personalmente. Mi abuelo acababa de fallecer de cáncer, y me aterrorizó ver su imponente figura reducida a un frágil cuerpo de cuarenta kilos. Luego, mi papá sufrió una serie de derrames cerebrales y ataques al corazón que lo dejaron luchando por su vida en un hospital local. Los médicos nos dijeron que no sobreviviría. Mientras él yacía allí, apenas consciente y sin poder hablar, recibí noticias igualmente desalentadoras: un diagnóstico de cáncer en la columna vertebral que necesitaba confirmación adicional. En aquel entonces, el tiempo de espera para una resonancia magnética era de varios meses, así que pasé ese periodo leyendo textos religiosos con la esperanza de encontrar algún tipo de consuelo.

Leí el Bhagavad Gita y los Upanishads. Leí a Lao Tzu y a Confucio. Leí a muchos escritores de la Nueva Era, incluidos Richard Bach y otros que afirmaban poseer conocimiento secreto sobre la vida después de la muerte. En cierto momento incluso leí boletines de noticias de los rosacrucianos. Esto sucedió mucho antes de que tal información fuera accesible fácilmente en el internet; la biblioteca de la universidad seguía utilizando un armario enorme para su catálogo de tarjetas, y la circulación de los libros implicaba sellar tarjetas físicas.

Ninguna de esas lecturas me ayudó, aunque sí que ampliaron mis horizontes lo suficiente para reforzar la idea de cuán poco sabía yo acerca de cualquier cosa. Había empleado años entrenando para ser un artista marcial y estaba físicamente en forma y ágil mentalmente. Solamente semanas antes, toda mi vida se extendía ante mí como una promesa implícita de matrimonio, hijos, y carrera profesional. Sabía cómo se suponía que debían desarrollarse las cosas, y aunque entendía que a veces la tragedia golpea, me sentí abrumado por la realidad de que mis esperanzas, mis sueños, e incluso mi propia vida podían desmoronarse tan rápidamente.

Una noche, en un momento de desesperanza extrema cuando estaba solo en un apartamento fuera del campus, tomé la Biblia que me había dejado mi otro abuelo, que era ministro luterano. Al abrirla, busqué las palabras en rojo y comencé a leerlas como si fuera la primera vez. Lo que me impactó especialmente fue el contraste entre todo lo que decía Jesús y todo lo que había estado leyendo antes. Lao Tzu, Confucio, Bach y los demás hablaban como hombres sabios con buenas ideas; pero Jesús hablaba como alguien que *sabía* algo.

Sus palabras tenían un peso que constantemente me hacía detener la lectura, como si solo pudiera soportarlas por unos minutos antes de necesitar un descanso.

Dos cosas que leí esa noche me golpearon con la fuerza de un martillo. La primera fue Mateo 5:27-28: *Han oído que se dijo: "No cometas adulterio". Pero yo digo que cualquiera que mira a una mujer y la codicia ya ha cometido adulterio con ella en el corazón.*

Era un joven en una universidad estatal y rodeado de más de doce mil jóvenes que también exploraban la adultez. ¿Se suponía que no debía notar las faldas cortas y los tops ajustados? ¿Cómo podía un muchacho normal de diecinueve años, con todas sus hormonas, controlar su imaginación al punto de no entretener nunca pensamientos sexuales? ¿Y qué clase de Dios imponía un estándar tan severo y aparentemente imposible? ¿Acaso no me había hecho Él así?

Sin embargo, cuando seguí leyendo me encontré con Mateo 11:11 y tuve que detenerme de nuevo: *Les aseguro que entre los mortales no se ha levantado nadie más grande que Juan el Bautista; sin embargo, el más pequeño en el reino de los cielos es más grande que él.*

Sabía quién era Juan el Bautista. La iglesia a la que asistí en mi infancia tenía un vitral que representaba su decapitación. Si la primera norma de Cristo sobre la lujuria me había parecido escandalosa, esta lo era aún más, pero en el sentido opuesto. De alguna manera comprendí no la teología de esta promesa, sino la belleza de lo que había detrás de ella: seguir a Jesús me elevaría por encima incluso de los profetas más santos de la antigüedad. Se me pedía que renunciara a todo lo que creía que me definía, y a cambio, ¿qué obtendría? Bueno, a Jesús, supongo. Ese era el trato. Dejar mi antigua vida; tomar una nueva. Soltar mi derecho a cosas como la lujuria, el orgullo, y el deseo de hacer las cosas a mi manera. ¿Y a cambio?

Ojalá pudiera decir que lo vi todo con claridad, pero mi incomodidad era más bien la convicción de un problema que la certeza de una solución. No decidí seguir a Jesús porque creía en Él. Decidí seguirlo porque vi que era Él o la nada.

Sin conocimiento alguno de una "oración de salvación", me arrodillé sobre la alfombra barata y dije, hasta donde puedo recordarlo: "Jesús, no sé si estás ahí o no. Solo sé que, si tú no eres Dios, entonces no hay Dios. Eres tú o nada. Así que voy a dedicar mi vida a seguirte, incluso si no estás ahí. La cuestión es que soy un hipócrita y sé que nunca lo lograré por mi cuenta. Si *estás* ahí, necesito que me ayudes. Hazme el más pequeño en tu Reino. Que yo sea solo el que lleva el agua".

Esa última petición tenía sentido para mí en ese momento porque sentía que era abrumadoramente indigno. ¿Quién era yo para ocupar el mismo campo que Juan el Bautista o los discípulos? Pero ¿el que lleva el agua? Un aguador solamente estaba en el banquillo para abastecer de agua a los jugadores porque conocía a alguien. No tenía que ser talentoso o atlético.

Supongo que esperaba que Dios me escuchara, pero en mi imaginación la oración era como dejar un mensaje en el contestador automático de Dios. Era algo de lo que Él tomaba nota, tal vez mucho después, y bien lo lanzaba a la basura o lo concedía a regañadientes.

Para mi asombro, el Espíritu de Dios descendió hasta ese cuarto con tanta fuerza que me dejó sin respiración. No vi ninguna visión ni oí a coros de ángeles, pero pude sentir la paz de Dios que me rodeaba como si fuera una pesada manta, y esa pesadez me hizo caer al piso. Pensé: ¡*Él es real! ¡De veras es real! ¡Y está aquí! ¡No puedo creerlo!*

Al igual que Natanael, yo no creí en Jesús hasta que tuve un encuentro con Él. Y entonces todo cambió.

Comencé a asistir a un grupo de discipulado para jóvenes varones y después a la iglesia. Comencé a leer la Biblia e intenté orar. Y comencé a plantear preguntas incómodas en mis clases de inglés.

Durante los años siguiente no viví una doble vida, sino una vida paralela. Viví como un paria en el mundo académico: el cristiano nacido de nuevo que consideraba la literatura posmoderna carente de sentido y deprimente. Y en los círculos eclesiásticos, era el *nerd* (o ratón de biblioteca) de la escritura universitaria que no entendía por qué las historias de la Biblia debían leerse de la manera más monótona imaginable. Así que aprendí a moverme silenciosamente entre las culturas opuestas de la academia y la iglesia, entre el entretenimiento sin esperanza y la expectativa confusa.

Me tomó décadas de estudio y oración comenzar a comprender lo que yacía en el corazón de esta división.

El mundo ha olvidado que las historias funcionan porque apuntan a Dios, al Emisor del significado supremo. Los elementos básicos de cada historia nos susurran, en forma narrativa, sobre una realidad que es más grande que un cosmos meramente material.

Los evangélicos han olvidado que, antes que cualquier otra cosa, la historia de Dios es una narración, y que para ser comprendida, la Biblia debe experimentarse como tal.

Ambos grupos necesitan ser bautizados en el lenguaje de la historia.

LA GRAN PIRÁMIDE

La mayoría de los lectores ya estarán familiarizados con los cinco elementos básicos de la historia: caracterización, trama, contexto, tema y voz. Pero cada uno de estos conceptos es más significativo de lo que incluso tu profesor de literatura en la secundaria te hizo creer. No solo informan y moldean nuestra maduración hacia la adultez, sino que también nos conectan con las generaciones que nos precedieron y con las que vendrán después. La narración nos ancla en la historia.

Los elementos perennes de la narración forman una gramática emocional que señala tanto la experiencia humana como un origen divino. Ya que estos elementos existen dondequiera que se cuenten historias, son útiles (de hecho, son esenciales) para cruzar el abismo del tiempo que separa a los lectores modernos de las historias bíblicas. Los antiguos autores hebreos y griegos que escribieron las Escrituras puede que vivieran con valores culturales diferentes, reconocieran distintos arquetipos de personajes y asumieran temas contextuales distintos a los nuestros, pero es innegable (y asombroso) que contaban historias construidas en torno a escenarios, personajes y temas. La historia del rey Salomón, por ejemplo, comparte profundas similitudes estructurales con *Macbeth* de Shakespeare.

En *The Storytelling Animal* [El animal que cuenta historias], Jonathan Gottschall describe la ubicuidad de la narración a lo largo de la historia:

> No importa cuán lejos viajemos en la historia literaria, ni cuán profundo nos sumerjamos en las junglas y tierras salvajes del folclore mundial, siempre encontramos algo asombroso: *sus historias son como las nuestras*. Existe una gramática universal en la ficción mundial, un patrón profundo de héroes que enfrentan problemas y luchan por superarlos.
>
> Pero hay algo más en esta gramática que las similitudes en la estructura esquelética; también hay similitudes en la carne. Como han señalado muchos estudiosos de la literatura mundial, las historias giran en torno a un puñado de temas universales.[3]

El hecho de que las narrativas bíblicas funcionen como historias, y sean comprensibles como tales, nos proporciona el que puede que sea nuestro mayor regalo interpretativo; sin embargo, es un regalo que en gran medida sigue sin abrirse.

Tal vez no debería sorprendernos esta renuencia a explorar las narraciones bíblicas como historias. Después de todo, los humanos tenemos un talento especial para descartar cualquier cosa que no se alinee con nuestras suposiciones previas, sin importar cuán obvia o colosal sea su presencia.

La Gran Pirámide de Guiza, por ejemplo, es visible a kilómetros de distancia. Sin embargo, fue ampliamente incomprendida por más de mil quinientos años. Napoleón Bonaparte dirigió una expedición a Egipto en 1798 que marcó el primer intento importante de comprender la estructura como un diseño. La entrada estaba oculta por la arena, con solo los escalones de las esquinas tallados en la roca madre que indicaban la base de la pirámide. Cuando Napoleón ordenó a 250 soldados y trabajadores contratados que comenzaran a cavar, la entrada finalmente quedó expuesta, permitiendo así el despeje del pasaje descendente y las cámaras de la pirámide. Se nos dice: "Después de llegar a la Cámara del Rey, Napoleón pidió que lo dejaran solo por un rato. Se dice que nunca estuvo dispuesto o no pudo responder a quienes le preguntaban qué había experimentado".[4]

Sin embargo, ninguna cantidad de excavaciones pudo desentrañar los misterios de las extrañas inscripciones alrededor de las tumbas en el Valle de los Reyes. La capacidad de leer jeroglíficos se había perdido en el siglo IV d. C. y no se volvería a aprender hasta mucho después del descubrimiento de la Piedra de Rosetta, que ocurrió en 1799 durante esta misma expedición napoleónica.

La Piedra de Rosetta proporcionó la clave para descifrar los jeroglíficos porque presentaba información casi idéntica en tres idiomas distintos: griego antiguo, demótico y escritura jeroglífica. Aun así, pasaron varias décadas antes de que los eruditos pudieran traducirla con confianza. Mientras tanto, algunos exploradores rechazaron lo que encontraron escrito en piedra en Egipto porque, al mirar los jeroglíficos, no veían texto.

Durante aproximadamente mil quinientos años, nadie en el mundo comprendió las imponentes estructuras de Guiza, a pesar de que su propósito tenía un significado profundo en múltiples niveles. Un tesoro antiguo, demasiado grande para pasarlo por alto, resplandecía bajo el sol del desierto, su pendiente reflejando perfectamente el ángulo de la luz solar al atravesar las nubes; pero ningún ser humano sabía que la Gran Pirámide era, en sí misma, un gigantesco jeroglífico. Y ¿por qué? Porque su fundamento estaba oculto y su lenguaje fundamental había sido olvidado.

Nosotros los evangélicos nos parecemos mucho a las generaciones de viajeros que visitaron Egipto antes de Napoleón. Nos esforzamos fielmente por descifrar los patrones jeroglíficos de la Escritura, sintiendo que debe haber un significado más profundo, pero sin poder leer lo que está escrito en la pared. Sostenemos la Biblia como un artefacto de historia sagrada, el coloso de nuestra fe, pero no nos aventuramos en su interior.

En verdad, *no podemos* entrar en sus cámaras internas porque nos faltan las herramientas necesarias. No reconocemos los escalones de la esquina ni las marcas de la entrada subterránea. Sin el lenguaje de la historia, no podemos leer su verdadero significado ni darnos cuenta de que nuestra Gran Pirámide *es* un jeroglífico. La Biblia no es solo una colección de historias. Es *la* historia: la única historia verdadera a la que todos están invitados.

Esta es la naturaleza de nuestro problema: carecemos de la capacidad de reconocer que nos falta una habilidad. Creemos que entendemos la historia, pero no es así.

EL LENGUAJE DE LA HISTORIA

Muy bien. Debemos comenzar en algún lugar. Para comprender la profundidad de nuestro problema con la historia y cómo corregirlo, primero debemos responder a esta pregunta: *¿Para qué sirven las historias?*

Esta no es una tarea menor.

Los teóricos de la narrativa suelen proponer respuestas basadas en procesos evolutivos. Algunos argumentan que la historia es una herramienta de selección sexual; otros, que es un método de transmisión cultural; incluso otros afirman que no tiene ningún significado y que es simplemente una forma de adicción química, más parecido a una cola vestigial que a un verdadero recurso. Todas estas teorías suponen que la historia es una herramienta para la supervivencia. Jonathan Gottschall, haciéndose eco del trabajo de los psicólogos infantiles, sugiere que, dado que las historias casi siempre tratan sobre personas con problemas, probablemente existen como pruebas virtuales para situaciones futuras. Él escribe:

> Así como los simuladores de vuelo permiten a los pilotos entrenar de manera segura, las historias nos entrenan de manera segura para los grandes desafíos del mundo social. Como un simulador de vuelo, la ficción nos proyecta en simulaciones intensas de problemas que corren en paralelo con los que enfrentamos en la realidad. Y, al igual que un simulador de vuelo, la virtud principal de la ficción es que tenemos una experiencia rica y no morimos al final.[5]

Según esta idea, la historia nos prepara para enfrentar situaciones del mundo real al obligarnos a imaginarlas de antemano. Por eso, la historia puede reducirse a una ecuación simple como la de Gottschall:

Historia = Personaje + Dilema + Intento de Solución[6]

O para decirlo como un maestro de escritura creativa: cada historia trata de un personaje que está buscando la solución a un problema.

Como escritor, en ocasiones me resulta útil esta definición porque *problema* y *solución* son en realidad dos maneras diferentes de decir *conflicto* y *resolución*. Sin embargo, si esta definición significa meramente que todas las historias deben tener un personaje y una trama, eso no es decir mucho; y deja fuera el tema, la voz y el contexto.

La ecuación de Gottschall, por lo tanto, es demasiado reduccionista para nuestros propósitos. Cualquier historia reducida a un patrón de problema y solución perderá su poder. Que una vez me quedara sin gasolina y tuviera que caminar hasta la estación de servicio más cercana es una anécdota, no una historia. Aunque se construye en torno a un protagonista que busca la solución a un problema, carece de voz, escenario y una fuerza motivadora, lo que le roba su tema. Si me hubiera quedado sin gasolina y luego hubiera atravesado un campo minado para llevar a salvo a un niño, entonces podría tener la base de una historia. La diferencia no es solo la complejidad, sino también la presencia de otros elementos esenciales que añaden tensión dramática y, por lo tanto, interés. Sí, se puede hacer limonada solo con jugo de limón y agua, pero sin endulzante, ¿es realmente limonada?

Sin embargo, hay dos problemas más grandes con la idea de que la historia es un simulador de vuelo evolutivo.

En primer lugar, las historias perdurables en pocas ocasiones ofrecen la solución precisa a un problema preciso. Aunque es cierto que en una historia el problema de un dragón puede requerir la solución de un San Jorge, este patrón no es de lo que *tratan* tales historias. En cambio, el patrón problema/solución existe para introducir los puntos finales necesarios de la trama: *conflicto* y *resolución*. Puedes comprobar que esto es cierto preguntándote si las soluciones presentadas en la mayoría de las historias funcionarían en la vida real. Por ejemplo, ¿es la solución a la pobreza vender mi última vaca y comprar frijoles mágicos a un desconocido? ¿Es el problema de unas malvadas hermanastras mejor resuelto con la aparición de un hada madrina? ¿Son realmente los santos las mejores personas para enfrentarse a dragones en el mundo real?

En segundo lugar, si las historias fueran simplemente simuladores de vuelo para la supervivencia en la realidad, ¿por qué casi siempre tienen en su núcleo un dilema moral que se opone directamente al paradigma de la supervivencia del más apto? No me refiero a que las buenas historias moralicen, sino a que todas dependen de la existencia de una brújula moral compartida entre el narrador y la audiencia. Sin esa brújula, ninguna historia puede tener sentido. Es esta brújula la que dicta el verdadero tema de una historia; mientras que la brújula siempre es relevante, un problema y su solución suelen ser *menos* efectivos cuando reflejan claramente la realidad.

En los cuentos de hadas, lo que hace que un problema sea efectivo dramáticamente no es que se resuelva con una sabiduría práctica y cotidiana, sino que se solucione a través de una decisión moral pero poco práctica. *Jack y los frijoles mágicos* no habla sobre arreglar las finanzas personales. Su héroe no demuestra una forma útil de sobrevivir al hambre. En cambio, la historia nos muestra cómo es la valentía: arriesgarlo todo por un sueño mágico, escalar una escalera imposible hacia las nubes y saquear el dominio de los poderosos cuando todo está en su contra. "¡Fee, fi, fo, fum! ¡Huelo la sangre de un inglés!" es memorable por su rima casi musical, pero su significado es simple: Jack huele a inglés porque apesta a valentía. La valentía está en su sangre. (Aunque, si realmente estuviera en la sangre, ¿necesitarían los niños ingleses una historia que les recordara ese hecho?). El coraje de Jack es temerario, imprudente y absolutamente poco práctico. Y, sin embargo, lo admiramos porque reconocemos en él una virtud que vale la pena buscar, incluso al costo de la propia vida.

Por eso digo que las historias efectivas no sirven como simuladores de vuelo para la vida, mostrándonos cómo debemos comportarnos para sobrevivir. Más bien, nos muestran cómo *debiéramos* comportarnos incluso si las consecuencias resultaran fatales. Si la historia es un simulador de vuelo, es uno terrible, porque nos dice que aterricemos el avión boca abajo.

POR QUÉ CONTAMOS HISTORIAS

Entonces, ¿para qué es la historia si no es para la supervivencia?

Las historias existen para preservar y comunicar verdades que son contraintuitivas o contrarias a nuestras inclinaciones naturales. Funcionan como cajas fuertes para salvaguardar el significado y los preceptos morales. Comunican ideales como valentía y honestidad, los cuales *no* son explícitos en su naturaleza y, por lo tanto, son fáciles de pasar por alto, entender mal o devaluar.

Las historias nos dicen que la vida tiene significado y, en su mejor expresión, nos muestran cómo encontrar ese significado por nosotros mismos. Pero su método para hacerlo no es ni deductivo ni formulista. En cambio, enseñan a través de una resonancia emocional indirecta, o lo que C. S. Lewis llamó "clases de experiencia".[7]

Cada historia es un viaje de exploración que sigue una progresión de tres partes: *entretenimiento, ocultamiento, y revelación*. Estas tres características son el modo en que las historias preservan y comunican las verdades que más se ven desafiadas por las dificultades de la vida.

Entretenimiento: antes de que una historia pueda transformarnos, debe involucrar nuestras emociones. Las historias tienen siempre como primer objetivo entretener y deleitar. Las historias aburridas fracasan porque no estimulan las emociones. Por definición, el aburrimiento es la falta de estímulo; por lo tanto, cualquier historia que brinde disfrute a la audiencia ha tenido éxito en su nivel más básico. Muchas historias de éxito comercial no aspiran a más que esto.

Ocultamiento: las grandes historias son cajas fuertes, ocultan la verdad para asegurarse de que sea valorada y protegida. También la ocultan para mantenerla fuera del alcance de quienes aún no están listos para recibirla, como los niños o aquellos para quienes está destinada, *pero todavía no*. Como los regalos de Navidad escondidos en un armario de los padres, algunas verdades son más apropiadas para ser descubiertas en un momento futuro. Una historia que oculta su tema en las acciones de sus personajes y su trama se asegura de permanecer en la mente del público. La naturaleza enigmática de una historia bien diseñada invita a los buscadores de la verdad a reflexionar sobre ella y a descifrar su significado. Aquellos que finalmente comprenden lo que estaba oculto disfrutarán compartiéndolo con otros, asegurando así su preservación.

Revelación: finalmente, las historias revelan la verdad presentándola como un drama que, a través de la acción, aunque sea imaginaria, demuestra una premisa o una verdad mayor. La naturaleza paralela de la historia permite al narrador crear lo que la escritora de fantasía Diana Wynne Jones describe como "un mapa mental (en colores vibrantes o en contrastes de blanco y negro) de lo que está bien y lo que está mal, y de cómo *debería* ser la vida".[8]

Las historias, en otras palabras, son como las pirámides de Guiza: al mismo tiempo explícitas y enigmáticas.

Los cuentos de hadas pueden ser los mejores ejemplos de narraciones fuertes pero sutiles, porque generalmente ocultan su tema de manera que garantizan su transmisión de generación en generación.

Cenicienta, por ejemplo, entierra su experiencia de vida en capas tan encantadoras y elementales que su mensaje puede pasar desapercibido incluso para quienes más la aman. Consideremos los siguientes momentos clave de la trama de *Cenicienta*:

1. Hermanastras malvadas y un próximo baile.
2. El hada madrina y la carroza mágica, el vestido, etc.
3. "No te quedes pasada la medianoche".
4. La magia desaparece y ella pierde un zapato de cristal.
5. El príncipe identifica a Cenicienta porque el zapato encaja en su pie.

Dos preguntas sobre estos puntos sugieren un tema central. Primero, ¿cómo se resuelve realmente la historia? Y segundo, si la magia desaparece a la medianoche, ¿por qué el zapato sigue ahí?

Claramente, la historia se resuelve cuando Cenicienta se casa con el príncipe y encuentra esposos adecuados para sus hermanastras malvadas, quienes son transformadas por su generosidad. Por lo tanto, es probable que el propósito de la magia del hada madrina fuera unir a dos personas de mundos diferentes que de otro modo no podrían casarse.

Esto, a su vez, sugiere una respuesta a la segunda pregunta: toda la magia *no* desaparece por completo. La parte que une a los protagonistas (el zapato de cristal) permanece; por lo tanto, el tema de *Cenicienta* podría ser algo como: *la magia del amor no dura completamente, pero sí revela lo que es verdaderamente real.*

Cenicienta, al igual que otros grandes cuentos de hadas, probablemente no se limite a un tema tan claro y sencillo como este; sin embargo, ejercicios como este nos ayudan a vislumbrar la Cámara del Rey en su núcleo.

Caperucita Roja es otra ilustración útil. Sus momentos clave suelen recordarse de la siguiente manera:

1. El encuentro de Caperucita con el lobo educado.
2. El lobo se adelanta y se traga a la abuela.
3. El lobo disfrazado con el camisón de la abuela.
4. "¡Qué ojos tan grandes... qué orejas... qué dientes tienes!".
5. Un leñador rescata a Caperucita y a su abuela.

Tres preguntas nos ayudarán a analizarlo: ¿Cómo se resuelve la historia? ¿Por qué el lobo no se come a Caperucita de inmediato? ¿En qué momento los niños en la audiencia están más cautivados?

Esta última pregunta es clave para entender por qué el cuento depende de un final *deus ex machina* (en el que una fuerza externa rescata al protagonista de su situación). *Caperucita Roja* no obtiene su poder de la trama en sí, sino de su tema hábilmente oculto. Dicho tema es más evidente en el paso 4, el momento en que los niños están más intrigados por el horror creciente de Caperucita. *Ellos* saben que es un lobo, pero ella no. Así, el cuento cautiva a la audiencia con una progresión de tres pistas que conducen inevitablemente a la revelación de cuán peligroso puede ser confiar en la persona equivocada. Esta idea se refuerza y explica la necesidad de la cortesía inicial del lobo: *los depredadores solo son amables cuando quieren algo de ti.*

El punto clave aquí es que el paso 4 dramatiza cierto tipo de experiencia que podríamos llamar la muerte de la inocencia. Los niños no suelen comprender del todo esta tensión, pero los adultos empatizan inconscientemente con la situación de Caperucita. Todos hemos pasado por algo similar. Y porque todos lo hemos vivido, encontramos en la historia algo importante, verdadero y significativo. Algo que vale la pena transmitir. Cuando nos enfrentamos a nuestro propio lobo, tampoco pudimos hacer nada al respecto. Nos hizo falta que interviniera un "leñador" en nuestra vida para rescatarnos de las fauces de la destrucción.

LLEGANDO A CONCLUSIONES ERRÓNEAS

Hay que decir que no todas las historias son honestas. Como cualquier lenguaje, el de la narración puede usarse para mentir. De hecho, algunas de nuestras historias más poderosas contienen medias verdades reconfortantes o incluso engaños evidentes. Afortunadamente, las historias deshonestas tienen tres características distintivas: (1) hacen explícito lo que debería estar implícito; (2) son internamente inconsistentes; y (3) violan el lenguaje de la historia al combinar ideales incompatibles.

Estas características de las historias deshonestas se volverán más claras a medida que exploremos los cinco elementos fundamentales de la narración, pero un ejemplo de *Los cuentos de los hermanos Grimm* puede ilustrar cómo el lenguaje de la historia puede ser distorsionado. Veamos *Hansel y Gretel* y su estructura oscura pero inolvidable:

1. Los senderos de piedras y migas de pan.
2. La anciana y su casa de jengibre.
3. Hansel en una jaula.
4. Gretel empuja a la anciana al horno.
5. La naturaleza los guía de regreso a casa.

Observemos que la historia se resuelve cuando Gretel empuja a la anciana (a menudo representada como una bruja) al horno. Las consecuencias de esta resolución revelan un tema que, aunque atractivo, es engañoso. Desde un punto de vista narrativo, los dos niños no deberían haber podido simplemente regresar a casa si antes estaban irremediablemente perdidos (de lo contrario, ¿por qué se perdieron en un principio?). Tampoco son rescatados por un mecanismo *deus ex machina*, como la llegada oportuna de un leñador amable. En cambio, se salvan gracias a su propia virtud. Al final de *Hansel y Gretel*, los niños se encuentran separados de su hogar por un río. Un pato responde a su petición de ayuda y los ayuda a cruzar, aparentemente porque la naturaleza reconoce su inocencia. Siguen siendo niños y, por lo tanto, su vínculo con la creación permanece intacto. Así, el tema parece ser: *la violencia es compatible con la virtud*.

De nuevo, estas son aproximaciones. El punto es que al analizar el tipo de experiencia que esta historia explora, llegamos a una contradicción. Se nos está contando una mentira agradable y atractiva. No se cuestiona que la autodefensa puede ser necesaria en ocasiones. Pero ¿acaso un acto de violencia deja a alguien en un estado de inocencia? Hansel ha estado encerrado en una jaula, y Gretel ha matado a una anciana. ¿Pueden estos niños realmente salir de esta experiencia sin cicatrices morales o psicológicas?

Algunos han señalado incluso que *Hansel y Gretel* es un presagio inquietante del Holocausto. Maria Tatar señala que "el hecho de que la bruja sea representada con rasgos estereotipados judíos hace que esta escena [del horno] sea aún más ominosa".[9] Aunque mi objeción a la historia no se basa en esta lectura histórica, sí creo que la mentira en su núcleo está estrechamente relacionada con aquellas que alimentaron los campos de exterminio nazis.

De cualquier manera, las historias tienen un enorme poder para moldear el desarrollo humano e influir en la cultura. Existen para preservar y comunicar significado, específicamente el significado de la vida. Utilizan elementos básicos que casi todos reconocen (caracterización, trama, contexto, tema y voz), y al mismo tiempo dependen y promueven valores morales compartidos dentro de una comunidad.

Por esta razón, los cristianos deberían ser especialistas en historias. No solo tenemos la mejor historia, sino también las mejores razones para contarla. Como afirman Leonard Sweet y Michael Adam Beck: "La historia de Aquel es la historia de todos nosotros. La historia del Encarnado es nuestra historia, encarnaciones todos. La historia del Hijo de Dios es la historia de cada hijo e hija de Dios".[10]

ENTRANDO EN LA GRAN PIRÁMIDE

Comprender cómo funciona la historia no solo arrojará nueva luz sobre la Biblia, sino que también iluminará todas las áreas de la vida. Estamos hechos para la historia porque es el modo en que reconocemos los patrones divinos a nuestro alrededor. Dios cuenta su historia no solo a través de las Escrituras, sino también en toda la creación. A través de la vida: lo bueno, lo malo, y lo desconcertante. De hecho, la está contando a través de nosotros.

Eugene Peterson escribe: "La historia no se impone sobre nuestras vidas; nos invita a entrar en su vida. Al entrar y participar imaginativamente, nos encontramos en un mundo más amplio, más libre y más coherente. ¡No sabíamos que todo esto estaba ocurriendo! ¡Nunca habíamos notado todo este significado!".[11] Pero como señala James Bryan Smith en *The Magnificent Story* [La historia magnífica], hay otra razón por la que la Iglesia debe restaurar nuestro pasado narrativo y aprender a presentar el evangelio como una historia para el presente. No solo fuimos diseñados para entrar en la historia en general, sino en una historia en particular. Smith dice: "No solo fuimos hechos para disfrutar de las historias, sino también para entrar en ellas. Anhelamos tomar nuestras vidas, nuestras historias, y fusionarlas con otra historia. Esto es verdaderamente lo que anhelamos. Pero deseamos más que un cuento infantil para dormir. Fuimos hechos para algo mucho más grande".[12]

Fuimos hechos para vivir dentro del gran patrón narrativo revelado en todo el arco de la Biblia, desde el Génesis hasta el Apocalipsis. Leonard Sweet escribe: "No puedes escapar de vivir en y a través de una historia. Todos estamos viviendo una historia. La pregunta es: ¿qué historia y de quién es la historia que estás viviendo? ¿La de Madison Avenue? ¿Wall Street? ¿Hollywood? ¿O Belén?".[13]

Fuimos hechos para entrar en la historia de Cristo, la única historia verdadera, y así seguir sus pasos: del desierto al valle, y a la montaña; del jardín a la cruz, y a la resurrección; de la vida a la muerte y de regreso a la vida.

Su historia, la historia de Jesús, es la única historia que vale la pena vivir. Es la Gran Pirámide de nuestra fe.

2

LA PARÁBOLA DEL NARRADOR

En la escuela superior me inscribí en una clase llamada Introducción al Inglés Antiguo. En este caso, el inglés antiguo no era simplemente antiguo, sino *eald englisc*: una reliquia lingüística que precede a Chaucer y Shakespeare.

La mayoría de los documentos sobrevivientes de este idioma muerto son fragmentos del Nuevo Testamento que fueron originalmente copiados a mano por monjes. Nuestra tarea en clase solía consistir en traducir algún pasaje de los Evangelios con una apariencia muy germánica al inglés moderno. Como nuevo cristiano, este proceso me resultó tanto tedioso como fascinante. Finalmente abandoné la clase, pero durante las pocas semanas que estuve inscrito sentí una extraña conexión con la historia a través del texto.

En una de las clases pasamos la mayor parte del tiempo leyendo Marcos 4:1-25. Esta parte del Evangelio de Marcos se enfoca en la parábola del sembrador y su explicación, así como en un breve pasaje que la versión NVI titula "Una lámpara en un candelero".

Al final del proceso de traducción, una estudiante preguntó: "¿Pájaros? ¿Suelo? ¿Raíces? ¿Qué *significa* esto?".

Estábamos sentados alrededor de una cuadrícula de mesas, todos frente al centro, de modo que podíamos vernos las caras. Recuerdo pensar que varias personas parecían muy confundidas.

El profesor, que estaba sentado a mi izquierda, no me señaló a mí sino al estudiante a mi derecha.

"¿Qué crees *tú* que significa?", preguntó.

"Ah, no lo sé".

"¿Y tú?", preguntó el profesor al siguiente estudiante. "¿Qué crees *tú* que significa?".

"Tampoco lo sé realmente".

Uno por uno fue recorriendo la sala, señalando y haciendo la misma pregunta a cada estudiante excepto a mí. Como soy introvertido no me molestó demasiado, pero después de una decena de respuestas sin sentido, me resultó fascinante.

Acabábamos de leer no solo la parábola, sino también la explicación de Cristo sobre su significado. ¿Cómo podía alguien en la sala *no* entenderlo? Acabábamos de traducir una explicación muy clara de un concepto muy sencillo. La semilla era la Palabra, el sembrador era Jesús, los cuatro tipos de suelo representaban cuatro condiciones del corazón humano y su respuesta a Él. No era difícil.

¿O sí?

Después de que el profesor preguntara al último estudiante (aunque aún sin dirigirse a mí) y recibiera un último encogimiento de hombros desconcertado, la estudiante que había levantado la mano en primer lugar dijo de nuevo: "Entonces, ¿*qué* significa?".

Nuestro profesor sacudió la cabeza. "No tengo idea".

Esto provocó risas en la clase, pero yo no podía dejar de pensar en ello. ¿Era posible que acabara de presenciar la parábola desarrollándose ante mis ojos en un salón de clase universitario, con las "aves del cielo" arrebatando la comprensión a pesar de que el significado claro de la historia estaba escrito frente a nosotros, con nuestra propia letra?

Para comprender qué sucede realmente en Marcos 4 es útil imaginar el modo en que esta historia debió haberse desarrollado cuando Jesús la narró originalmente. Colócate en el lugar de un lugareño, de alguien de Capernaúm que ha oído rumores de sanidades extrañas y de enseñanzas todavía más extrañas.

¿Un hombre santo que trabaja en el día de reposo? ¿Un rabino que acepta pupilos de entre las filas de pescadores, zelotes, y recaudadores de impuestos? ¿Un humano que ordena a los demonios y denuncia a los ancianos del templo?

¿Quién no querría escuchar a un hombre así, aunque solo fuera por curiosidad?

Por lo tanto, avanzas con paso cansado por la costa del mar de Galilea y te unes a la multitud que se ha reunido en la ensenada. Tal vez jugaste aquí cuando eras niño y recuerdas haber gritado: "¡Holaaaa!" hacia la media bóveda de tierra inclinada solo para escuchar el eco de tu propia voz rebotar sin esfuerzo.

Aquí hay mucho espacio y no tendrás que mojarte los pies para escuchar las palabras del maestro. El rabino (Jesús de Nazaret) ya se ha alejado un poco de la orilla y se estabiliza en la popa elevada mientras dos pescadores levantan sus remos empapados de agua. El golpe de la madera mojada contra la seca se magnifica de manera extraña, casi como una introducción, y las voces de quienes te rodean se apagan. Por un momento, solo se escucha el suave chapoteo de las olas.

"¡Escuchen!", dice por fin el rabino, como si alguien *no* estuviera escuchando. *Un sembrador salió a sembrar. Sucedió que, al esparcir él las semillas, una parte cayó junto al camino, llegaron los pájaros y se la comieron.*

¿Un sembrador? ¿Semilla? ¿Aves? Entonces está contando una historia, ¿cierto? Pero no una de las Escrituras. Al menos, no una que hayas escuchado antes. ¿Y el sembrador tiene nombre?

Otra parte cayó en terreno pedregoso, continúa este Jesús, *sin mucha tierra. Esas semillas brotaron pronto porque la tierra no era profunda; pero cuando salió el sol, las plantas se marchitaron y por no tener raíz se secaron. Otra parte de las semillas cayó entre espinos que, al crecer, ahogaron las plantas y no dieron fruto.*

Puede que no seas granjero, pero esto no te sorprende. Todo el mundo sabe que un suelo malo da una mala cosecha. ¡Parece que este sembrador no conoce su propio oficio!

Pero las otras semillas, dice el rabino, con una mano en la frente para protegerse del sol, *cayeron en buen terreno. Brotaron, crecieron y produjeron una cosecha que rindió hasta treinta, sesenta y cien veces más.*

Mira a la multitud por un largo momento, como esperando una respuesta. En su lugar, solo hay silencio; la multitud esperando a ver qué más dirá.

El que tenga oídos para oír, que oiga, dice, y se sienta.

Unos minutos después, un grupo de jóvenes, sus discípulos presumiblemente, se adentra en las aguas poco profundas hasta quedar sumergidos hasta la cintura alrededor del bote. Hablan entre ellos, pero sus voces son demasiado bajas para distinguirlas.

Pasa un largo rato antes de que Jesús se ponga de pie de nuevo para hablar, y esta vez la historia es sobre malas hierbas plantadas por el enemigo de un granjero. Y algo sobre un árbol de mostaza y una mujer que mezcla levadura en la masa. Luego, hace una señal a los dos hombres con remos, y ellos maniobran el bote de regreso a la orilla. El rabino se dirige hacia el pueblo, dejando un rastro de curiosidad.

Te encoges de hombros ante un hombre que levanta las manos con las palmas hacia arriba, como si rogara por respuestas. "¿Por qué me miras a mí?", preguntas. "¿Acaso parezco un rabino?".

La ensenada se llena con el sonido de las olas y el reflejo del sol en el agua mientras te das la vuelta para regresar a Capernaúm. *¿Qué fue eso? ¿Qué significaba? ¿Me perdí algo? ¡Seguramente debe haber más!*

UNA LÁMPARA EN UN CANDELERO

Por supuesto que hay más, pero solo los discípulos (aquellos que se mojaron acercándose al bote) tuvieron el privilegio de conocer el significado de estas parábolas.

Este hecho es particularmente desafiante cuando leemos cómo Jesús explicó el significado de la parábola del sembrador. Sus explicaciones a veces están tan cargadas de significado como las historias que está desentrañando.

Cuando le preguntan por qué habla en parábolas, da una respuesta extensa que (1) apunta al nuevo pacto; (2) hace referencia a un versículo de Isaías con una ironía contextual; (3) explica los paralelismos de la parábola del sembrador con una simplicidad casi infantil; (4) añade una pregunta en forma de metáfora que invita y también oculta; y (5) exige una respuesta con condiciones para la aceptación y para el rechazo.

Nada de esto es lo que esperamos, y todo es constantemente malinterpretado. Como señala Leonard Sweet: "El fracaso de la iglesia en contar historias en una cultura que habla en historias, es una historia en sí misma".[1]

Nuestra falta de fluidez narrativa nos ha dificultado captar el significado contextual de las parábolas, y nuestra simplificación excesiva del Nuevo Testamento ha hecho que nos resulte difícil ver que el nuevo pacto significa algo más que el perdón. También se trata de que

Dios nos enseñe personalmente, Dios a humano, Espíritu a carne, escribiendo su ley en nuestros corazones y nuestras mentes (Hebreos 8:10-11). Pero *cómo* lo hace es aún más inesperado que el hecho de que esté dispuesto a hacerlo.

La parábola del sembrador no estaba destinada a ser comprendida rápida o fácilmente. No estaba diseñada para ser interpretada únicamente a través del razonamiento humano. Fue creada para requerir un diálogo entre el narrador y la audiencia. *A ustedes se les ha concedido conocer el misterio del reino de Dios*, dijo Jesús a sus discípulos en Marcos 4:11. *Pero a los de afuera...* Esto es una situación de todo o nada. O tienes acceso al misterio del reino o estás fuera de él. Cualquiera que quiera saber el significado de la parábola debe preguntarle a Dios o quedarse perplejo. No hay una tercera opción. No se trata de averiguarlo. Nadie la entiende por sí solo. Y, como Jesús pregunta en el versículo 13, si no entiendes la parábola del sembrador, ¿cómo entenderás cualquiera de sus parábolas?

Esto no significa que la parábola no tenga efecto en los de afuera. Al contrario, el propósito de hablar en parábolas es provocar curiosidad mientras se respeta y afirma la autodeterminación. Cuando Jesús cita a Isaías, no está pronunciando juicio sino sosteniendo un espejo frente al corazón humano, para que "por mucho que vean, no perciban; por mucho que oigan, no entiendan; no sea que se conviertan y sean perdonados" (Marcos 4:12).

Tu condición espiritual determina cómo respondes. La parábola simplemente proporciona una puerta de salida para quienes no están dispuestos a emprender el camino. A los de afuera se les permite no entender si prefieren la ignorancia al arrepentimiento. *Pueden* (no deben) ver, pero no percibir. *Pueden* (no deben) oír, pero no entender. Se les permite cerrar sus mentes como han cerrado sus corazones.

El campo está lleno de tesoros ocultos y Cristo ha colocado un letrero: ¡Gratis para quien lo pida! Pero debes pedirlo. Él no te arrastrará al campo; ni encontrarás los tesoros sin su ayuda, incluso si decides buscarlos.

Pero, si preguntas, no habrá fin a la riqueza que recibirás. Y, cuando la recibas, te sorprenderás de lo claro y obvio que de repente parece: *El sembrador siembra la palabra. Algunos son como lo sembrado junto al camino, donde se siembra la palabra. Tan pronto como la oyen, viene Satanás y les quita la palabra sembrada en ellos* (Marcos 4:14-15).

¿Por qué, entonces, Jesús habla en parábolas?

Es importante no suponer que ahora ya tenemos la respuesta. Incluso después de explicar toda la parábola, Jesús no ha terminado de responder esta pregunta.

¿Por qué hablo en parábolas? Por la misma razón por la que se pone una lámpara sobre un candelero.

La metáfora del candelero en Marcos 4:21-23 está profundamente conectada con todo lo que está ocurriendo entre Jesús y los discípulos; es la respuesta definitiva a su pregunta, y una respuesta que todavía tenemos que reconocer plenamente. En lugar de una respuesta sencilla, Jesús responde con una pregunta sencilla: ¿Por qué se coloca una lámpara sobre un candelero?

Respuesta: para que su luz brille más.

La parábola no es el mensaje; es el mecanismo. No es la lámpara; es el candelero. La *explicación* que Jesús dio a sus discípulos es la lámpara. La parábola que todos escucharon es un modo de aumentar su luz.

SOMOS PENSADORES DE HISTORIAS

Los cines funcionan basándose en este principio. Las luces principales se colocan en lo alto de las paredes o en el techo. Las luces de seguridad que iluminan los pasillos siempre están fijadas a un pie o dos del piso.

En un viaje a Haití, una vez me alojé en una casa en la ladera de una montaña. Una mañana antes del amanecer, miré al otro lado del valle detrás de la casa y vi una pequeña luz moviéndose en la silueta oscura de un pico lejano. Cuando pregunté qué era esa luz, mi anfitrión me respondió que era una sola vela sostenida en alto por una anciana que caminaba kilómetros para ir al mercado.

Esto es contrario a la intuición de cualquiera que esté inmerso en la tradición eclesiástica. Estamos acostumbrados a la suposición de que la claridad del mensaje es la cúspide tanto de la predicación expositiva como de la narración. Nada nos reconforta más que un sermón a la antigua usanza, estructurado en puntos clave. Más de un teólogo ha lamentado esta peculiaridad eclesiástica. Leonard Sweet, un experto en el púlpito, escribe: "Cuando una iglesia se alimenta solo de puntos y proposiciones, reglas y respuestas, es como un cuerpo nutrido con cáscaras y residuos. Sin proposiciones, es como intentar mantenerse en pie sin un esqueleto... pero las proposiciones y los principios surgen de las historias, no las historias de las proposiciones".[2]

Un análisis imparcial de los métodos que Jesús usó en su ministerio terrenal debería hacernos cuestionar nuestros paradigmas basados en proposiciones. La Iglesia no está siguiendo el enfoque de Jesús, sino haciendo lo opuesto. Leemos lo que Él hizo y luego vamos y hacemos lo contrario. Tanto nuestro enfoque evangelístico basado en tratados con las "Cuatro Leyes Espirituales" como nuestros sermones deductivos y catequéticos dependen de un método que Cristo comparó con esconder la luz debajo de una vasija. Los sermones deductivos no hacen que la luz brille más; la apagan.

Jesús raras veces se explicaba ante alguien a excepción de sus discípulos. Para todos los demás, contaba historias extrañas que no tenían un significado inmediato y que no venían acompañadas de una explicación resumida. A quienes no eran seguidores comprometidos, a quienes solo cumplían con la rutina, les hablaba en acertijos, enigmas y narrativas paralelas.

Incluso el Sermón del Monte, que comienza con una serie de afirmaciones generales y continúa con una lista de leyes morales, se apoya fuertemente en parábolas y metáforas que llevan nuestra capacidad de deducción al límite, y luego concluye con una historia. Este sermón, la cúspide de la predicación expositiva de Cristo, está repleto de referencias al Antiguo Testamento e implicaciones de la vida real que quedan abiertas a la interpretación: *Ustedes son la sal. Córtate la mano. No lo anuncies con trompetas. Acumulen tesoros en el cielo. El ojo es la lámpara del cuerpo. Miren los lirios. Primero saca la viga de tu propio ojo. Llamen, y se les abrirá. Entren por la puerta estrecha. Son lobos con piel de oveja.*

Jesús no solo hablaba en parábolas a sus seguidores sino también a sus amigos. Incluso su círculo más cercano pocas veces recibía una explicación a menos que la pidieran.

Esta característica del discipulado de Jesús es tan ajena a nuestro modo de pensar que no la reconocemos en los Evangelios, aunque es clara como el agua cuando los leemos como historias.

El principio es este: para que cualquier mensaje llegue más lejos, alcance a más personas, perdure más tiempo en sus mentes, y haga un mayor bien en términos de cambiar su modo de pensar y actuar, se debe comunicar en su idioma materno. Y en todas las culturas desde el amanecer de la creación, ese lenguaje para los humanos no es la lógica sino la historia. "Las historias son lo que formó el pasado, y las historias son lo que formará el futuro... ¿Cómo navegas por un mundo de turbulencia constante, negocias avalanchas de información, y sorteas las curvas de los hechos alternativos y las noticias falsas? Usas el GPS de la narrativa".[3]

En una entrevista de 2019 con el experto en tecnología Lex Fridman, Elon Musk, la encarnación moderna de Iron Man, ofreció una justificación fascinante para conectar supercomputadoras directamente al cerebro humano. La empresa Neuralink de Musk busca desarrollar un mapeo en tiempo real del pensamiento que hará posible que la inteligencia artificial integrada sea una realidad en un futuro cercano. En parte, esto se debe a que, según Musk, no tenemos ninguna esperanza de igualar las inteligencias digitales que se avecinan, así que, ¿por qué no unirnos a ellas? Así es como él describe el cerebro humano:

> Tenemos un cerebro de mono con una computadora pegada a él. Ese es el cerebro humano. Y muchos de nuestros impulsos son dirigidos por el cerebro de mono. La computadora, la corteza, intenta constantemente hacer feliz al cerebro de mono. No es la corteza la que dirige al cerebro de mono; es el cerebro de mono el que dirige la corteza... Parece que, sin duda, lo realmente inteligente debería controlar lo tonto, pero en realidad, lo tonto controla lo inteligente.[4]

Por ofensiva que pueda parecer esta afirmación, está en consonancia con la visión de Pablo sobre la naturaleza humana: *La mente gobernada por la carne es muerte, mientras que la mente que proviene del Espíritu es vida y paz* (Romanos 8:6). Sin embargo, mientras que Musk no ofrece una salida a la tiranía del cerebro de mono, Pablo sugiere que existe una fuerza lo suficientemente poderosa como para arrebatar el control de la corteza al sistema límbico. Podríamos decir que la corteza controlada por el cerebro de mono es muerte, pero la corteza controlada por el Espíritu es vida y paz. Pero, como sea que se formule, el punto es que nuestra mente no está realmente en control. Está siendo controlada, ya sea por el sistema límbico, es decir, nuestras emociones y deseos de comida, sexo, sueño y comodidad, o por el Espíritu de Dios.

No somos guiados por la razón. Somos guiados por la emoción, la metáfora y, en nuestros mejores momentos, por la desesperación espiritual, todo lo cual es dominio de la historia.

Por eso es ineficaz construir prácticas evangelísticas y litúrgicas sobre la ilusión del pensamiento claro. No somos pensadores claros, ni siquiera en nuestros mejores momentos. Somos pensadores de historias, algo profundamente diferente. En su libro *The Gospel*

According to Starbucks [El evangelio según Starbucks], Leonard Sweet escribe:

> El poder de la Palabra para mover a las personas de una religión mecánica a una inmersión total en la vida no está en las palabras mismas. Está en las imágenes, las historias, la música de la Escritura... Dado que la mente está hecha de metáforas (recuerda que soñamos en imágenes, no en texto), el mayor poder sobre los demás lo tienen aquellos que eligen las metáforas.[5]

Somos guiados por metáforas en movimiento: las historias que escuchamos, las historias con las que nos identificamos y, sobre todo, las historias que elegimos vivir. Derivamos nuestra identidad de la historia. Pero las historias que dan vida pocas veces son claras. En cambio, las historias que realmente nos moldean son aquellas que reflejan nuestras versiones terrenales y llenas de esfuerzo de la verdad, lo que llamamos experiencia de vida.

Somos moldeados por historias en forma de pirámide.

ACCIÓN DEDUCTIVA

Los reporteros se refieren a veces a las historias como moldeadas en forma de pirámides o de pirámides invertidas.

Las noticias de actualidad utilizan una estructura de pirámide invertida. Comienzan con los detalles básicos de una historia (quién, qué, cuándo, dónde, por qué y cómo) y avanzan hacia información más específica a medida que se desarrolla el relato. Primero, por ejemplo, nos enteramos de que el dirigible *Hindenburg* explotó el 6 de mayo de 1937 mientras intentaba aterrizar en la Estación Aeronaval de Lakehurst, en Nueva Jersey. Más adelante se nos dan detalles sobre la posible causa de la explosión y, solo hacia el final, aparecen citas específicas de testigos. La historia comienza con una visión general y termina con un pequeño fragmento del panorama completo. Este tipo de noticias se consideran *deductivas* porque parten de una narración general y van hacia detalles más específicos.

La estructura de pirámide invertida no es solo la preferida de los reporteros. También la utilizan predicadores, profesores y propagandistas. ¿Por qué? Porque un formato deductivo permite al narrador seleccionar las pruebas o evidencias necesarias para respaldar su punto principal. Así es como las noticias pueden estar sesgadas: con hechos cuidadosamente seleccionados. La propaganda no se construye sobre mentiras, sino sobre hechos.

Esta es también la razón principal por la que los cursos de escritura en la universidad suelen enfocarse en el ensayo de cinco párrafos. Una introducción seguida de tres argumentos progresivamente más sólidos y una conclusión es una estructura simple pero efectiva para entrenar el poder de la persuasión deductiva. Sin embargo, en lugar de hacernos más conscientes de cómo pueden manipularse estas narrativas, estos ejercicios pueden reforzar nuestra percepción de que la narración deductiva es la norma o de que toda narración es deductiva.

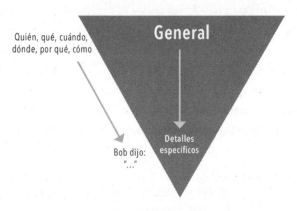

Estructura deductiva

Todo se afirma claramente:
Noticias de actualidad, propaganda, conferencias, discursos

Brian Anse Patrick explica cómo se usan las pirámides invertidas en el periodismo:

> En la práctica, el contenido de la historia se selecciona para ajustarse al encabezado en lugar de lo contrario. Es un estilo o fórmula que se presta a la escritura industrial de baja calidad, un elemento básico tanto en la propaganda como en el periodismo. El hecho de que muchos propagandistas prominentes hayan surgido de las filas del periodismo atestigua la importancia del formato noticioso en el control del flujo de información.[6]

Es una cosa decir que Baghdad Bob seleccionaba su contenido para ajustarlo a sus encabezados, y tal vez no sea muy diferente decir que CNN o *The New York Times* hacen lo mismo. Pero ¿los predicadores?

En lugar de presentar una lista deductiva de pruebas de que los servicios evangélicos estadounidenses están dominados por sermones en forma de pirámide invertida, prefiero apelar a la experiencia personal del lector y a una sola cita de un teólogo. La última vez que estuviste en la iglesia, ¿fue el sermón esencialmente una serie de puntos que demostraban un concepto claramente declarado de la Biblia? ¿Fuiste tú tal vez quien lo predicó? (Y si lo fuiste, ¿tus profesores de seminario lo habrían aprobado?) Leonard Sweet escribe: "Un sermón deductivo apela a la mente, pero no al corazón. Expresa la fe no en términos sentidos o en necesidades sentidas, sino en pepitas para la cabeza".[7]

En resumen, podemos estar tan adoctrinados en el dogma de la deducción que nos cuesta ver este tipo de razonamiento como algo poco razonable. Ciertamente, no imaginamos que la narración deductiva sea un *problema*.

INSPIRACIÓN INDUCTIVA

La alternativa es más compleja que simplemente voltear nuestras pirámides narrativas para que ya no se equilibren sobre un solo punto. Aun así, pasar de lo deductivo a lo inductivo es un buen punto de partida.

Estructura inductiva

Lo específico conduce a lo general:
Personajes, fábulas, historias moralistas

La estructura inductiva de la pirámide, orientada correctamente, es útil porque comienza con aspectos específicos y avanza hacia lo general. Así es como vivimos la vida. No comenzamos en el ámbito de los principios generales, como por ejemplo: "Nunca robes". En cambio, partimos de las particularidades del aquí y el ahora, del suelo, el cielo y los sándwiches de la experiencia diaria, donde *en este momento tengo hambre, nadie está mirando y, después de todo, ¿cuál es el problema?* Con el tiempo, tales experiencias y sus consecuencias pueden llevarnos a la conclusión de que nunca se debería robar.

Las fábulas de Esopo son ejemplos de historias inductivas y piramidales. Comienzan con situaciones específicas, aunque fantasiosas, y concluyen con una moraleja claramente expresada. Cuando el zorro no logra alcanzar un racimo de uvas que parecen deliciosas, decide que probablemente estén agrias y se aleja. El narrador entonces nos dice la moraleja: *Es fácil despreciar lo que no se puede tener.*

Esta es una historia bien conocida: pero ¿su última línea no parece un poco obvia? ¿Un tanto condescendiente o incluso moralista?

Este tipo de relatos tienden a ser breves (son más anécdotas que historias) precisamente por esta razón. Una breve ilustración puede hacer que el mensaje o la moraleja sean más comprensibles y entretenidos, pero una historia larga promete implícitamente algo más que una interpretación rápida y sencilla. Probablemente esta sea una de las razones por las que Jesús mantuvo sus parábolas inductivas cortas, como cuando dijo: *Nadie puede servir a dos señores, pues menospreciará a uno y amará al otro o querrá mucho a uno y despreciará al otro. Ustedes no pueden servir a la vez a Dios y a las riquezas* (Mateo 6:24).

La narración inductiva tiene un defecto: aunque se asemeja más a cómo procesamos la vida que la narración deductiva, se aparta de la realidad al llegar a la conclusión por nosotros. En lugar de invitar a la audiencia a buscar la moraleja o el principio general oculto en los eventos de la historia, una historia inductiva nos lo muestra de manera directa. A diferencia de la vida real, una moraleja presentada inductivamente no puede pasarse por alto.

Aquí encontramos otro problema narrativo que a menudo no comprendemos. Si la experiencia es la mejor maestra, la mejor manera en que una historia puede enseñarme algo es permitiéndome procesar su conclusión por mí mismo. Si estuviera enseñando a un niño a clavar clavos, podría decirle una decena de veces que está sosteniendo el clavo de forma incorrecta, pero probablemente no aprenderá la lección hasta que se golpee un dedo.

En la iglesia, a veces intentamos aplicar este principio en nuestras historias, pero como no confiamos en que la audiencia llegue a las conclusiones adecuadas, tendemos a empaquetar la verdad, al estilo de Esopo, dentro de una moraleja evidente al final. En el mejor de los casos, pedimos a la audiencia que extienda sus dedos para recibir un golpe instructivo. Pero, sea lo que sea que terminemos golpeando, no son sus dedos.

LA EXCLAMACIÓN SILENCIOSA

Los grandes narradores no aplican el martillo ellos mismos. Le entregan el martillo y el clavo a la audiencia y esperan lo inevitable. ¿Por qué?

Porque, en la vida, el principio general nunca se conoce con precisión en el momento. En cambio, se deduce a partir de detalles que apuntan a la explicación *más probable*. Cuando escuchas rumores en la oficina, sacas conclusiones basadas en lo que sabes acerca de quienes los transmiten. Cuando intentas ayudar a un niño a atravesar una etapa difícil, sacas conclusiones basadas en su historia, sus hábitos y su personalidad. Cuando sientes que una amistad se está enfriando, es posible que repases en tu memoria interacciones pasadas en busca de pistas sobre qué causó la ruptura.

La vida no viene en envases ordenados. No se nos presenta etiquetada con referencias bíblicas y virtudes socráticas. Estas solo se comprenden en un contexto, lo cual significa que llegamos a ellas a través de un proceso *abductivo*.

La narración abductiva comienza con lo específico y se detiene justo antes de llegar a lo general. Invita a la audiencia a formular una hipótesis sobre un principio que nunca se expresa directamente. Como la Gran Pirámide de Guiza, su base está oculta y su cámara interna permanece escondida. Cualquier exclamación concluyente es completamente silenciosa.

Debido a que sus límites reflejan los que encontramos en la vida, tiene un enorme poder para conmover. No solo entretiene, sino que oculta, preserva y revela capas de significado que no son evidentes a primera vista. Pero, al no llegar nunca a un principio general claro y sintetizado, una historia abductiva corre el riesgo de ser malinterpretada, tal como Jesús corrió el riesgo de ser malinterpretado cuando contaba parábolas a multitudes que nunca escucharían sus explicaciones detalladas.

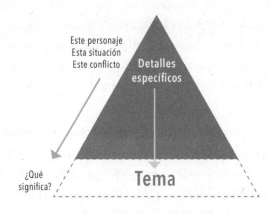

Estructura abductiva

Lo específico conduce a implicaciones:
Parábolas, novelas, películas

Como candelabros, las parábolas de forma corta de Jesús son abductivas de modo único. *No hay nada escondido que no esté destinado a descubrirse; tampoco hay nada oculto que no esté destinado a ser revelado públicamente* (Marcos 4:22).

Sus historias son abundantes en significado oculto que estaba destinado a ser comprendido; pero la comprensión llega con un precio. Las cosas ocultas serán *reveladas*, no descubiertas. La comprensión está disponible, pero debe ser buscada. La verdadera revelación debe ser recibida. Además, no solo se nos invita a reflexionar sobre su significado más profundo con el tiempo; se nos ordena considerar cuidadosamente lo que escuchamos. Porque con la medida que usemos (cucharadita, paleta o camión) nos volverán a medir (Marcos 4:24).

CONSIDERA CUIDADOSAMENTE LO QUE ESCUCHAS

En el resto de este libro consideraremos cuidadosamente la historia de la Biblia, que en realidad es la historia de Jesús, usando la medida de la narración. Tema, contexto, caracterización, voz y trama serán nuestros detectores de huevos de Pascua y nuestros cofres del tesoro. Sin embargo, hay una condición fundamental de la que depende este tipo de exploración.

En su innovador libro sobre teoría poscrítica, Michael Polanyi escribe: "Solo un cristiano que está al servicio de su fe puede comprender la teología cristiana, y solo él puede entrar en el significado religioso de la Biblia".[8] El precio de admisión no es el dominio del idioma, ni siquiera el dominio del lenguaje de la narración, sino la disposición a dejar atrás cualquier idea moderna de objetividad personal. Ninguno de nosotros está por encima de la contienda. Para entrar en la historia de Dios hay que estar dispuesto a entrar plenamente en ella y en sus propios términos. Para encontrar un lugar en la historia de Jesús, debemos tener la humildad de someternos a ella.

La erudición bíblica está fuertemente dominada por un enfoque crítico que asume una perspectiva distante, como si se observara el texto desde una altura de diez mil pies. De este modo, la fe se convierte en un objeto de escrutinio en lugar de una lente a través de la cual se interpreta la Escritura. Esta postura da forma a los tipos de teorías y explicaciones que los estudiosos consideran plausibles. Por ejemplo, algunos han asumido que la repetición de ciertas tramas narrativas es un error de escribas en lugar de un significado narrativo o estructural deliberado.

Para comprender la historia, debemos permitir que funcione como una historia. Debemos partir del supuesto de que todo en el texto tiene un propósito. Esto es especialmente cierto cuando vemos el Antiguo Testamento como un arco narrativo tipológico y metafórico extendido que prefigura la vida encarnada de Cristo. No se puede ver a Cristo en el Antiguo Testamento si no se le ve en el Nuevo Testamento. Y no se le verá en el Nuevo Testamento si el Antiguo no es más que una colección de mitos interesantes y errores de escribas (Lucas 16:31).

Es cierto que parto de un sesgo, pero lo mismo ocurre con el erudito escéptico. No puedo escapar del hecho de mi propia fe, ni tampoco quiero hacerlo. Creo en la historia tal como está escrita, en parte porque Jesús la creyó. Acepto como punto de partida una hermenéutica basada en Jesús, que comienza con su declaración: *La Escritura no puede ser quebrantada* (Juan 10:35).

Quienes se acercan a la Biblia desde una posición de escepticismo, también están condicionados. La incredulidad no hace a nadie objetivo. Y si la mera observación puede afectar el resultado en la física cuántica, ¿por qué es difícil creer que nuestras suposiciones iniciales pueden influir en lo que vemos en las Escrituras? *Quien no nazca de nuevo no puede ver el reino de Dios* (Juan 3:3).

Tanto el escéptico como el creyente comienzan desde un modo subjetivo. Yo estoy dispuesto a admitir mi punto de partida subjetivo y sus dificultades. Me acerco a esta montaña desde el oeste. El escéptico la ataca desde el este. Ninguno de los dos tiene la ventaja de una vista panorámica desde arriba. Yo simplemente digo que esta montaña fue creada para ser escalada, y escalada desde el oeste. Si asciendes por el otro lado, te pierdes las vistas verdaderamente espectaculares. La Biblia fue escrita como un texto religioso para una comunidad de creyentes. Para ser comprendida plenamente, debe leerse bajo esa luz.

Lo que sigue es mi intento de despojarme de los paradigmas limitantes de quinientos años de disección textual para ver la Biblia como una historia, *la* historia tanto de la humanidad como de Dios, usando los cinco elementos narrativos comunes que casi todos comprenden.

TEMA

3

EL MEJOR PARQUE TEMÁTICO DEL MUNDO

Si le preguntas a alguien de qué trata una película o un libro, probablemente escucharás una sinopsis de su trama; sin embargo, la trama de una historia no es de lo que *trata* una historia. Ese papel le pertenece a su tema. Las historias utilizan arcos de personajes, puntos de inflexión, y la tensión dramática de desastres y dilemas para crear clases de experiencias que nos hablan de la realidad. Estos elementos forman parte del lenguaje de la narración; sin embargo, representan *el modo* en que la historia habla, no *lo que* la historia dice.

Según Leland Ryken:

Una buena historia, de hecho, nos entretiene y encarna la experiencia humana de tal manera que nos lleva a revivirla junto con los personajes en la historia. Pero una historia también está destinada por el autor a transmitir un mensaje. Además, este mensaje puede, en algún momento, formularse en ideas. El término literario para tales ideas es *temas* (generalizaciones acerca de la vida).[1]

Su definición de *tema* como una *generalización acerca de la vida* es útil, y aunque es simplificar demasiado decir que toda historia puede reducirse a un resumen cuantificable sobre la existencia; sin embargo, hay algo de verdad en ello. El peligro radica en nuestra tendencia a equiparar una fórmula con una solución, a confundir un mapa con los caminos que representa.

Sé cuáles son los ingredientes básicos de los mejores vinos del mundo; mi papá era un aficionado a la elaboración de vino, y hasta el día de hoy puedo recordar vívidamente los aromas de ese proceso. Sin embargo, no poseo esos vinos, ni los de mi padre ni los de, por ejemplo, Albert Bichot. No basta con tener la fórmula, también es necesario algo tangible y degustable. En otras palabras, sin algo que llene una copa, ¿de qué sirve una lista de ingredientes? Un tema extraído de su historia no tiene poder persuasivo.

Aun así, en ocasiones vale la pena extraer los temas, ya sea para aprender cómo funcionan las historias o, en el sentido más práctico, para poner en palabras lo que ya hemos comprendido de otra manera. Ryken afirma: "El mejor arte siempre nos permite entrar en él, ver algo de nosotros mismos que de otro modo no podríamos ver o conocer".[2]

Napoleón no pudo expresar con palabras lo que experimentó en la Cámara del Rey de la Gran Pirámide de Guiza, y algo se perdió en la historia. Tal vez no pudo hacerlo porque no tenía la humildad necesaria para una verdadera revelación, y su tiempo en el corazón de esa asombrosa montaña fue la clase de experiencia que tiene cualquiera que descarta una verdad para la que todavía no está preparado.

Tal vez Napoleón habría entendido mejor lo que encontró en Guiza si hubiera ido allí después de su derrota en Waterloo.

PARQUE TEMÁTICO

Muchos narradores experimentados que han escrito sobre la naturaleza del arte narrativo dicen dos cosas compatibles, pero no necesariamente intuitivas. En primer lugar, dicen que las historias no pueden reducirse a una fórmula simple. En segundo lugar, que las historias tienden a funcionar al encarnar ideales o valores en las acciones de sus personajes. En *Los Miserables*, por ejemplo, el conflicto entre el inspector Javert y el exconvicto Jean Valjean ilustra los matices del eterno enfrentamiento entre el juicio y la misericordia. *Romeo y Julieta* es una especie de argumento dramatizado en el que Shakespeare nos muestra el poder destructivo del odio tribal y el único principio (el amor) que es lo suficientemente fuerte para disiparlo. En *Cuento de Navidad*, Charles Dickens representa la disolución del egoísmo de Scrooge a través de las reveladoras visitas de cuatro espíritus y, al hacerlo, nos convence de un tema que es fácil de aceptar, pero difícil de vivir: *el verdadero negocio de la vida es el bienestar de los demás*. Incluso *Peter Pan*, el clásico cuento infantil de James Barrie, nos transmite una verdad profunda, pero difícil, a través de su trama caprichosa: *la inocencia es despiadada*.

Sin embargo, reducir cualquier historia a sus correspondientes generalizaciones sobre la vida no es lo más importante ni lo más interesante del elemento narrativo que llamamos *tema*. Lo importante aquí es que asumimos estas generalizaciones temáticas como verdaderas sin reconocer de dónde provienen o a qué apuntan realmente.

Las historias funcionan mejor cuando su significado surge de la acción y los personajes de sus acontecimientos. Las lecciones impuestas como moralejas obvias son ignoradas por el público. Incluso cuando esos sermones disfrazados de diálogo son integrados astutamente con nuestra forma de pensar, no nos transforman. No valoramos un significado al que no llegamos por nosotros mismos. Si no haces el esfuerzo emocional e intelectual de analizar una historia en tu propia mente, si no ensamblas sus piezas por tu cuenta, no internalizarás lo que intenta enseñarte.

Por eso los ideales tienen tanto poder no solo para hacernos sentir emociones profundas, sino también para influenciarnos, para bien o para mal. El amor, el odio, la responsabilidad, la venganza, la honestidad y la avaricia forman parte de la gramática de la narración porque están tan entretejidos en nuestra vida real que los damos por sentados. No estaremos de acuerdo en los puntos más sutiles de la religión, pero sí estamos de acuerdo principalmente en lo que es la honestidad, el egoísmo o la valentía. En otras palabras, los ideales son evidentes por sí mismos, y como lo son, se comprenden casi universalmente. Sirven como un puente entre la narración y la audiencia.

Aristóteles veía las virtudes existiendo en un punto de balance entre el exceso y la carencia; por ejemplo, una modestia exagerada podría ser en realidad una forma de búsqueda de atención. Un enfoque más refinado de las virtudes es quizás el aceptado tanto por los pensadores griegos como por los cristianos, lo que a veces se conoce como virtudes cardinales: prudencia, templanza, justicia y valentía.[3] Las virtudes teológicas de fe, esperanza y amor provienen directamente de la Biblia, pero son ampliamente aceptadas como virtudes en las historias cuando se encarnan sutilmente en las acciones de los personajes.

Independientemente de nuestra base para definir ideales o virtudes, los humanos las usamos para interpretar historias. Tampoco es necesario definirlas con precisión para que una audiencia se sienta motivada y persuadida mediante su uso. Todos parecemos poseer una brújula moral, sea lo que sea que represente, y el narrador puede recurrir a ella al servicio del arte dramático.

¿LOS DINOSAURIOS COMERÍAN PERSONAS?

Tomemos como ejemplo *Parque Jurásico*, de Michael Crichton. El conflicto temático de la novela es inusual, pues enfrenta el caos contra el control. En la historia, los humanos han descubierto cómo recrear dinosaurios extrayendo su ADN de mosquitos prehistóricos atrapados en ámbar. Este poder (el poder de devolver la vida y usarla para el entretenimiento de los turistas y la generación de riqueza) se contrasta con una sensación sutil pero omnipresente de que algo en este proceso está mal. Al leer el libro, quiero visitar *Parque Jurásico* como turista y ver con mis propios ojos los saurópodos, velocirraptores y triceratops vivos. La sensación de maravilla ante la ingenuidad humana y la grandeza de la naturaleza es palpable. Al mismo tiempo, no puedo escapar de la tensión inherente a la premisa: lo que puede salir mal, probablemente saldrá mal; y entonces ¿qué?

"Caos" y "control" son las palabras clave, pero como ideales realmente representan humildad y arrogancia. Una y otra vez, Hammond y sus científicos afirman su dominio, su capacidad de controlar la naturaleza y evitar la clase de consecuencias imprevistas que han acompañado a los avances tecnológicos a lo largo de la historia. Parque Jurásico es una isla, por lo que los dinosaurios no pueden escapar; todo lo que entra o sale de Isla Nublar está estrictamente controlado. Además, los animales están confinados en recintos de alta tecnología, construidos con acero y concreto, y protegidos por cercas electrificadas. La red eléctrica tiene respaldos adicionales en caso de tormentas u otros desastres. Tampoco pueden reproducirse de manera natural, pues todos han sido creados como hembras. La población de dinosaurios es monitoreada por computadora, y por si acaso algo llegara a salir mal a pesar de todos estos controles, la isla cuenta con un cazador experto capaz de localizar y eliminar cualquier sorpresa.

Sin embargo, Crichton siempre va dos pasos por delante del lector, respondiendo preguntas antes de que ni siquiera pensemos en formularlas y destacando que el parque es extremadamente *seguro* precisamente porque está extremadamente *controlado*. Nada ha escapado a la meticulosa planificación de InGen.

Al mismo tiempo, toda esta obsesión por el control nos incomoda porque la asociamos instintivamente con la arrogancia. Sabemos, en el fondo de nuestro ser, que Ian Malcolm, el teórico del caos, tiene razón al advertir a Hammond y a los demás que nunca podrán preverlo todo; el caos derrumbará la ilusión de control y expondrá la arrogancia implícita en todo el proyecto.

El tema de *Parque Jurásico*, por lo tanto, es que *la humanidad no puede controlar la naturaleza*.

Los IDEALES de Parque Jurásico

Niños	Científicos	Hammond	Parque Jurásico
Humildad Control	Falsa humildad Pérdida de control	Arrogancia Caos	La arrogancia se autodestruye. El caos se disfraza de control.
I	II		III

Sí, entiendo que es una historia acerca de dinosaurios que se comen a personas; sin embargo, Michael Crichton no escribió el libro para decir: "Los dinosaurios comerían personas si tuvieran la oportunidad". Lo escribió para decir: "La *razón* por la cual los dinosaurios comerían personas si tuvieran la oportunidad es que los humanos no pueden controlar la naturaleza".

En su núcleo, *Parque Jurásico* es una validación de la humildad, un modo de reforzar en nosotros un respeto por la naturaleza y una comprensión realista de cuál es nuestro lugar en ella.

BRÚJULA MORAL DE LA HISTORIA

En el lenguaje de la narrativa, los absolutos morales se denominan ideales. En las historias, un ideal es cualquier estándar de perfección, como el amor, el perdón, la venganza, la honestidad o la crueldad. No necesariamente cosas *buenas*, pero sí cosas absolutas.

Ninguna historia puede funcionar si el narrador no puede señalar algo como el perdón y convertirlo en el punto clave del viaje moral del protagonista. Sin ideales, sin un conjunto claro de parámetros morales, no hay base para el arco de un personaje. Sin un arco de personaje claro, no hay cambio; y, sin cambio, no hay historia.

Imagina una brújula náutica gigante, lo suficientemente grande como para estar dividida en cientos de grados radiales. Recuerda que una brújula verdadera puede apuntar en todas direcciones, pero solo es confiable porque existe algo llamado norte verdadero. En este caso, el norte verdadero representa la idea de que algunos ideales son positivos y otros negativos. El perdón es positivo, y su opuesto diametral, la venganza, es negativo.

Esto no significa que todos estemos de acuerdo sobre qué es moral o inmoral. Tampoco significa que los narradores no puedan intentar influir en la percepción de la audiencia sobre la brújula moral. De hecho, muchas novelas y películas contemporáneas intentan a menudo minar los valores tradicionales en nombre de la expresión artística.

En la oración anterior se contraponen dos conjuntos de ideales morales: *valores tradicionales* versus *expresión artística*. O tal vez *tradición* versus *arte*, o incluso *valores* versus *expresión*. Cómo se perciba este conflicto puede depender de las creencias políticas, la educación, o incluso las preferencias personales. Pero, sea como sea que lo consideremos, uno siempre se alinea con uno de los dos absolutos.

Cuando los narradores intentan moldear la brújula moral de la audiencia, nunca abandonan la seguridad de los absolutos morales. No pueden abandonarlos, porque si lo hicieran, sus historias dejarían de funcionar como historias.

La película *Las normas de la casa de la sidra* es una gran ilustración de esto. Su protagonista, Homer Wells, es un joven criado y educado por un abortista en un orfanato durante la Segunda Guerra

Mundial. Debido en parte a su rechazo hacia los abortos, Homer eventualmente deja la seguridad del orfanato y se va a trabajar a un huerto de manzanas. En el dilema moral que es el clímax de la película, Homer, que es ya adulto, cede y acepta practicar un aborto a una mujer que ha sido violada por su propio padre.

Las normas de la casa de la sidra es una historia brillantemente escrita, bien actuada, bien construida y visualmente impresionante, que intenta convencer a la audiencia de manera sutil de que el satanismo es verdadero.

No uso la palabra *satanismo* por su valor para conmocionar, como el personaje de Dana Carvey, Church Lady, en las sátiras de *Saturday Night Live*. Sencillamente señalo que el tema central de la película es que los absolutos morales son una ilusión y que la fuente de nuestro juicio moral reside exclusivamente en nosotros mismos. Ese es el núcleo del satanismo moderno, y su conexión con la película no es accidental. Consideremos la imagen esencial de la historia: manzanas siendo trituradas en masa.

Lo que hace que *Las normas de la casa de la sidra* merezca ser mencionada aquí es su revelación de que la brújula moral es ineludible: la historia utiliza un absoluto moral (la violación es siempre incorrecta) para intentar convencer a la audiencia de que los absolutos morales no existen. Aparentemente, incluso los relativistas morales son guiados por absolutos morales.

En un nivel más profundo, este es el lenguaje de la narrativa expresando su verdadera naturaleza. No es solo que el relativismo moral sea incorrecto (que lo es), sino que la historia rechaza la premisa del relativismo moral de la misma manera en que la física rechaza el modelo de un universo estacionario. Si intento construir una historia basándome en la premisa de que los absolutos morales no existen, terminaré con algo irreconocible como historia.

Cualquiera que sea el significado de la brújula moral, esta no puede ser ignorada en el servicio de la narrativa. La brújula es una parte esencial y fundamental de la estructura narrativa, probablemente porque es esencial para nuestra humanidad.

LA BRÚJULA ES PERFECTA

Para que la historia funcione como lo hace, esta brújula de ideales cargados debe tener tres características reconocibles. Debe ser:

1. Perfecta
2. Comprensible
3. Intransigente

La brújula es perfecta porque existe en todos los espectros de la experiencia humana y la moralidad; contiene todos los ideales concebibles, desde la honestidad hasta la valentía, pasando por el deseo. Es perfecta en el mismo sentido en que una vara de medir puede ser precisa hasta la más mínima fracción. Además, abarca un espectro de valores positivos y negativos que son, en sí mismos, perfectos y puros, aunque no siempre buenos. En otras palabras, establece el amor como un ideal perfecto, pero también el odio. Marca la alegría; pero también la tristeza. Los opuestos polares son tan necesarios para la brújula moral de la historia como lo son para el campo magnético de la Tierra.

Observemos que la brújula moral, tal como la describo, considera incluso los defectos morales más pequeños. También está preconfigurada con ideales que surgen de nuestra interacción con la propia brújula. No solo señala los ideales que podríamos esperar (*amor, honestidad* y *valentía*), sino que también parece contemplar la posibilidad de fracaso y redención. Es decir, algunos puntos de la brújula están marcados con *perdón, arrepentimiento* y *misericordia*. Estos son ideales que indican cambio y crecimiento, sin los cuales una historia sería imposible. En otras palabras, los ideales de la narrativa permiten que las personas se conviertan en mejores agentes morales.

Y eso significa que la brújula moral debe ser comprensible. Si no lo fuera, no tendríamos conocimiento de nuestros propios fallos morales y no existiría un punto de referencia; en tal caso, no tendría sentido hablar de una brújula en absoluto. Nuestras historias no serían morales ni nos llamarían a cambiar y crecer.

Y eso, a su vez, indica un tercer aspecto: la brújula moral es intransigente. Siempre es el ser humano quien necesita cambiar, no la brújula. A pesar de *Las normas de la casa de la sidra*, los estados de perfección no evolucionan. Los ideales son útiles porque son perfectos, del mismo modo en que una vara de medir es útil porque siempre tiene exactamente la misma longitud.

Para ser claros, la brújula moral incrustada en el lenguaje de la historia puede ser el resultado de algún otro atributo humano que cae fuera del alcance de este libro. El punto no es que los absolutos morales sean prueba absoluta de Dios, sino que sin una brújula moral, el lenguaje de la historia carece de sentido. Cada arco de personaje, desde Beowulf hasta la última princesa de Disney, apunta a la existencia de absolutos morales reales que no cambian ni pueden cambiar sin desaparecer por completo.

Nos guste o no, la historia nos dice que somos conscientes de algo que está fuera de nosotros mismos a lo cual todos tenemos que rendir cuentas y según lo cual nuestra propia conducta no está a la altura.

PRINCIPIO VERSUS PODER

Los temas de la historia no son solamente generalizaciones acerca de la vida. Son debates sobre qué lado de la escala de ideales, el positivo o el negativo, es mejor. Y no solo mejor, sino más poderoso y probable de prevalecer en la vida real.

Ahora bien, lo asombroso del lenguaje de la narrativa es que, desde el punto de vista del tema, las historias casi siempre se alinean con el ideal que *no* gana en la vida real; o que no parece hacerlo. Después de todo, ¿realmente las personas humildes llegan más lejos que aquellas que hacen alarde de sí mismas? Fingimos que sí. Pero ¿es verdad?

Ya que los ideales en las historias pueden dividirse en positivos y negativos, es posible explorar qué tienen en común los ideales de cada lado de la brújula. ¿Cómo están alineados realmente y por qué?

Los ideales positivos, por lo general suelen expresarse como principios que carecen de poder mundano o humano. El amor, la honestidad y la valentía pocas veces están asociados con ejércitos, políticos o riquezas. En cambio, los ideales negativos suelen ser atractivos porque están vinculados a formas de poder que proporcionan gratificación inmediata. El odio, la mentira, la venganza y la traición casi siempre se representan en términos de poder bruto. En *Star Wars*, el lado oscuro de la Fuerza es el que facilita el acceso al poder. Lo único que tenemos que hacer es sacrificar los principios.

Vista de esta manera, la brújula moral de la narrativa divide los ideales en dos categorías: ideales de principio e ideales de poder. Eso significa que las historias humanas parecen decirnos, repetida e insistentemente, que el principio siempre vencerá al final. A pesar de que muchas veces no lo parezca.

¿Cuántas veces la experiencia de vivir nos enseñó lo contrario? ¿No suelen ganar los poderosos en la vida, al menos si juzgamos por los resultados a corto plazo de una sola existencia?

Entonces, ¿por qué la narrativa casi universalmente toma la postura opuesta y se pone del lado del principio? Si el único propósito fuera la mera supervivencia y el principal motor de la realidad fuera la reproducción sin sentido, ¿por qué la honestidad debería ser más importante que la mentira, o el perdón mejor que la venganza?

La primera y más obvia respuesta es que ganar a través del poder siempre tiene un costo. Es una concesión que puede significar éxito a corto plazo, pero fracaso a largo plazo. Hitler, por ejemplo, obtuvo un poder enorme traicionando a sus aliados, tomando el control del gobierno, y llevando a cabo un genocidio de millones de personas, pero terminó suicidándose en un búnker subterráneo y hoy es universalmente despreciado. Entonces, tal vez la historia nos esté diciendo que es mejor jugar en el largo plazo y mirar más allá de la comodidad de nuestras circunstancias actuales. Quizás la narrativa encierra la sabiduría de la eternidad y busca enseñarnos a vivir para un futuro mejor. Después de todo, nunca tendrás suficiente poder para superar la clase de fuerza que pueden desplegar aquellos que carecen de principios. El poder con principios nunca podrá ser tan extremo como su contraparte sin principios, porque siempre estará limitado por los límites de la virtud. En este sentido, los secuestradores siempre serán más poderosos que los padres.

Una segunda respuesta a esta pregunta podría ser que la narrativa intenta decirnos que el principio *debería* vencer al poder, incluso cuando no lo hace. El lenguaje de la historia, por lo tanto, estaría basado en una escala definida en lugar de una relativa. En efecto, transmitiría un significado derivado de algo que va más allá de los recursos mecánicos del universo material. En ese caso, las pocas historias que muestran el triunfo del poder sobre el principio no existen para volvernos ambiciosos de poder, sino para dejarnos ver las terribles consecuencias de sucumbir, por así decirlo, al lado oscuro de la Fuerza.

Esto implica una tercera respuesta: la historia *debe* permitir a los ideales negativos su lugar sobre el escenario, o la brújula moral no puede funcionar con precisión. La única manera en que una narrativa puede demostrar que el ideal positivo es siempre mejor que su contraparte negativa es que se derriben sus barreras. Debe permitirse entrar a cada ideal negativo. Cualquier parque temático que no permita que *todos* los ideales compitan no es realmente un parque temático, sino un simple patio de juegos.

En otras palabras, la realidad es el único parque temático *verdadero*. En la vida, eres libre de hacerle un bien a tu prójimo igual que eres libre de hacerle un mal. Incluso es posible que te hagan daño mientras tú haces el bien. Además, el "bien" y el "mal" no son subjetivos; apuntan a estándares morales absolutos. Esto significa que si la narrativa tiene razón, estamos viviendo en un mundo de ideales reales, protagonizando una historia increíblemente compleja cuyo núcleo es el principio enfrentándose al poder. Vista a través de la lente de la narrativa, el planeta Tierra es algo así como un enorme y complicado escenario donde el drama de la vida desarrolla un significado que proviene de más allá de la materia y la energía del cosmos. Como escribió Shakespeare: "El mundo entero es un escenario, y todos los hombres y las mujeres son meros actores".[4]

En pocas palabras, estamos viviendo dentro del mejor parque temático de todos los tiempos, aunque no siempre sea el más divertido. Puede ser difícil, pero también es hermoso. Nuestro mundo no es solo un lugar de eventos aleatorios; es un lugar de ideales.

Cómo respondemos a ellos es lo que nos define como humanos.

UBUNTU

Pero hay una cuarta razón por la que la narrativa siempre se pone del lado del principio sobre el poder, y puede resumirse en la palabra sudafricana *ubuntu*, que Oxford Languages define como "una cualidad que incluye las virtudes humanas esenciales: compasión y humanidad". *Ubuntu* es identidad basada en la relación. Significa: "Yo no soy *yo* sin ti". Como dice la semióloga Crystal Downing: "La personalidad se anula sin comunidad".[5]

Lo que hace que *ubuntu* sea relevante aquí es que encarna claramente la base unificadora de todos los ideales positivos. ¿Qué tienen en común el amor, la valentía, la honestidad, la compasión, la misericordia, la verdad y la humildad? Todos ellos se fundamentan de algún modo en apoyar o elevar al otro. Cada ideal o valor positivo depende de la relación. El amor no es amor sin el ser amado. La bondad y la misericordia no pueden existir sin un destinatario. La honestidad es imposible sin alguien que escuche la verdad. Y la valentía, que a menudo surge de la lealtad a una comunidad más grande, es, como señaló C. S. Lewis, la virtud que permite que todas las demás resistan la prueba.[6]

La dimensión relacional, *ubuntu*, es el norte magnético de la brújula moral.

No podemos ser nosotros mismos sin los demás, apartados de una comunidad, ya sea una familia, un clan, una tribu o un pueblo, por pequeño que sea. Tampoco podemos ser nosotros mismos sin una relación con nuestro Creador, porque solo en Dios encontramos una fuente externa de significado. Jean Leclercq escribe: "Todas las virtudes son sinónimos; ya se llamen temor, sabiduría o prudencia, tienen el mismo origen y fin. Todas son dones de Dios; están dirigidas a la vida eterna y despiertan el deseo de ella".[7]

Esta es la razón por la que los ideales negativos están todos conectados por su oposición a la plena formación de la identidad humana a través de la relación. El odio, el egoísmo, la cobardía, la falsedad y el deseo de control colocan al yo por encima del otro. Dicen: "No te necesito para ser yo. De hecho, para ser completamente yo, necesito que tú no estés". Y esto, por supuesto, es una mentira. Al sacrificar el principio por el poder, uno sacrifica al otro por el yo. Pero este sacrificio en realidad es una *destrucción* del yo, porque no se puede elegir el yo sobre el otro sin borrar la propia humanidad.

El poder sin principios, por lo tanto, es inhumano, pero lo contrario no es cierto. El principio no necesita del poder mundano para ser humano. El principio, en ese sentido, es divino. Tiene su origen en Dios y es un reflejo del corazón de Dios.

Lo que une a los ideales positivos es que todos son expresiones de la frase "Dios es amor". La relación eterna entre el Padre, el Hijo y el Espíritu Santo es la base de todo lo que significa la palabra hebrea *tov*, que se traduce como *verdadero, hermoso y bueno*. Y Dios ha extendido esa imagen en nosotros y a través de nosotros.

Esto es lo que la narrativa nos está diciendo: *yo no soy yo sin ti*. Y, si yo no soy yo sin ti, entonces no puedo sacrificarte sin sacrificarme a mí mismo. No puedo elegir el poder sobre el principio sin convertirme en algo menos que humano, en algo antitético a *tov*: algo falso, feo y malvado.

Si el lenguaje de la narrativa es cierto, entonces tal rendición de nuestra humanidad sería peor que la muerte, y ningún poder temporal podría compensarnos por la pérdida.

4

UN MUNDO IDEAL

El primer conflicto representado en la Biblia es la historia de la caída de la humanidad de la inocencia en el huerto del Edén. Tentados por una serpiente, las dos primeras personas (que habían sido creadas a imagen de Dios y se les había dado dominio sobre la tierra) sucumbieron al deseo de comer del único árbol que se les advirtió que evitaran: el árbol del conocimiento del bien y del mal.

Esta historia ha estado sujeta a escrutinio tanto por parte de teólogos y filósofos que es difícil acercarnos a ella como una historia; sin embargo, este primer conflicto debe ser comprendido si queremos reconocer la historia que nos relata la Biblia, porque la caída es donde la narrativa comienza a parecerse a una historia.

Sin embargo, sea como sea que lo tomemos, aquí es donde comienza el drama bíblico de la historia. Dado que la narrativa tal como la conocemos no existe sin algún tipo de conflicto, podemos decir que aquí es donde la historia de la humanidad se vuelve reconocible como historia. El jardín del Edén es más que un simple contenedor mítico de la prehistoria. Es la causa inmediata de todos los conflictos que siguieron y, como tal, abre el arco narrativo principal de la Escritura.

El relato del Edén está lleno de lenguaje poético, con metáforas y simbolismo multivalente. Dado que mucho de su significado es implícito o deliberadamente ambiguo, es inevitable que saquemos conclusiones de la historia a través de la lente de nuestras propias experiencias, valores culturales y formas de leer la literatura. Por esta razón, la historia del Edén es tan fácil de malinterpretar, especialmente cuando se examina con la intención de extraer doctrinas o verdades proposicionales en lugar de abordarla primero como una historia. Para comprender las implicaciones del Edén, debemos lidiar con los significados que surgen de la interacción de sus diversos elementos narrativos. Para descubrir de qué trata realmente esta historia (y recordemos que una historia nunca trata solo sobre su trama) debemos reconocer su tema subyacente.

Esto es difícil por muchas razones, pero la más importante es una que la historia misma señala: nos cuesta reconocer su tema porque, para cuando somos lo suficientemente mayores para leer esta historia por nosotros mismos, ya hemos rechazado su mensaje. Este es probablemente el motivo por el que la idea se presenta en forma de historia, pues si se expresara de manera directa, no tendríamos ninguna posibilidad de reconocerla y responder a su verdad. Debe presentarse en forma de una parábola literaria para eludir nuestras facultades autoprotectoras (y autodestructivas). Como en las parábolas de Jesús, gran parte del significado de esta historia está oculto, y lo está a propósito, para que solo aquellos con "oídos para oír" puedan descubrir el tesoro que contiene.

EL CONFLICTO CENTRAL DE LA ESCRITURA

El conflicto central de toda la historia bíblica es el destino de la creación de Dios: *toda* su creación. Aquello que Él creó como "bueno" (*tov*: bello, bueno y verdadero) debía ser gobernado y cuidado por quienes Él creó a su imagen como "muy buenos"; es decir, los seres humanos.

Luego dijo Dios: «Hagamos al ser humano a nuestra imagen y semejanza. Que tenga dominio sobre los peces del mar y sobre las aves del cielo; sobre los animales domésticos, sobre los animales salvajes y sobre todos los animales que se arrastran por el suelo». (Génesis 1:26)

Adán y Eva han recibido la autoridad para gobernar como representantes de la autoridad divina de Dios. Son el rey y la reina del mundo entero, y el mundo mismo es un lugar de dualidad, con el Edén como punto de conexión entre el cielo y la tierra.

En el centro mismo de este espacio intermedio de contextos superpuestos (donde el cielo besa la tierra), Dios planta dos árboles cargados de significado literario.

Dios el Señor hizo que creciera toda clase de árboles atractivos a la vista y buenos para comer. En medio del jardín hizo crecer el árbol de la vida y también el árbol del conocimiento del bien y del mal. (Génesis 2:9)

Aquí no solo hay dos árboles, sino dos maneras muy diferentes de entender lo que estos árboles representan. El árbol de la vida es quizás más fácil de comprender; más adelante sabremos que comer de ese árbol es vivir para siempre (Génesis 3:22).

Pero el árbol del conocimiento del bien y del mal es más difícil de interpretar, en parte porque la combinación de palabras que lo describen (conocimiento, bien y mal) son fácilmente percibidas como ideales distintos y separados, dos de los cuales (conocimiento y bien) deberían ser colocados en el lado positivo de la brújula moral.

Esto plantea una pregunta inquietante: ¿por qué Dios ha prohibido el conocimiento no solo del mal, sino también del bien? ¿Acaso no quiere que los humanos sean seres morales capaces de gobernar en su lugar?

Es aquí donde debemos recordar que hay dos árboles, y que se presentan en contraste el uno con el otro. Solo el árbol del conocimiento del bien y del mal ha sido prohibido. Adán y Eva tienen total libertad para comer del árbol de la vida, pero eligen no hacerlo.

Dios el Señor le ordenó al hombre: «Puedes comer de todos los árboles del jardín, pero del árbol del conocimiento del bien y del mal no deberás comer. El día que de él comas, sin duda morirás». (Génesis 2:16-17)

Todo esto es una preparación para el conflicto que seguirá, primero a través del dilema de Eva y después a través de las consecuencias de la sumisión de Adán y Eva al engaño de la serpiente. Vale la pena mencionar que la decisión de Eva no es un verdadero dilema dramático en el sentido de ser una elección entre dos alternativas terribles. En cambio es un dilema trágico, ya que demuestra la tragedia de una catástrofe evitable causada por una decisión moral equivocada.

Un observador perspicaz notará que tanto Eva como después Adán toman una decisión que requiere cierto conocimiento de los imperativos morales. Si todavía no supieran distinguir entre el bien y el mal, su decisión de comer del árbol no podría ser en sí misma errónea. La respuesta tradicional a esta cuestión es que tenían el mandato de Dios de no comer de él; por lo tanto, no necesitaban conocer el bien y el mal por sí mismos. Sabían lo suficiente como para confiar en el consejo bueno y sabio de Dios mismo. Esto, a su vez, implica que el árbol representa algo muy distinto de lo que podríamos haber esperado al principio. De hecho, una lectura superficial de la historia probablemente creará confusión sobre lo que realmente está sucediendo, razón por la cual la historia debe leerse como tal: como una historia.

LUJURIA PARA LOS OJOS

La respuesta a lo que realmente ofrece el árbol se encuentra, irónicamente, en la tentación que la serpiente le habla a Eva. La traducción de Robert Alter de Génesis 3:4-7 dice:

> "No estarán condenados a morir. Pues Dios sabe que el día en que coman de él se les abrirán los ojos y serán como dioses, conociendo el bien y el mal". Y la mujer vio que el árbol era bueno para comer, que era lujuria para los ojos, y que el árbol era hermoso a la vista; y tomó de su fruto y comió, y también le dio a su hombre, y él comió. Y se les abrieron los ojos a ambos, y supieron que estaban desnudos; y cosieron hojas de higuera y se hicieron taparrabos.[1]

La promesa de la serpiente en el versículo 5 era que "serían como dioses, conociendo el bien y el mal". Otras traducciones a menudo lo traducen como "llegarán a ser como Dios, conocedores del bien y del mal". La diferencia radica en la ambigüedad de la palabra hebrea *elohim*, que puede significar tanto "Dios" como "dioses". Si se lee como "Dios", la tentación es una acusación de que Dios está tratando de evitar que los humanos sean como Él, lo cual es algo absurdo dado que ya fueron creados a su imagen. (Por otro lado, la tentación a menudo es absurda, especialmente en retrospectiva). Pero si se lee como "dioses", entonces la tentación es más bien una invitación, ya que la serpiente presenta una oferta de solidaridad para que los humanos se unan a una rebelión en curso. Descubriremos en el capítulo 6 que el cielo podría haber experimentado ya una división dentro de su "consejo divino",[2] ya que ciertos "hijos de Dios"[3] (seres espirituales) se habían apartado del Creador. *Únanse a nosotros*, parece decir la serpiente, *¡en nuestra lucha por definir el bien y el mal por nosotros mismos!*

En cualquiera de los casos, esta última afirmación es clave, porque el árbol del conocimiento del bien y el mal no es un atajo hacia dicho conocimiento, sino un desvío alrededor de él. Demasiado a menudo se malinterpreta el árbol del que no podían comer como una fuente de sabiduría moral. No lo es. Lo que el árbol representa es el acto de rechazar las definiciones de Dios sobre el bien y el mal a fin de establecer esas distinciones de manera independiente. Es el árbol de decidir por uno mismo qué se considerará bueno y malo.

Por eso el árbol parece tan hermoso, y su fruto tan delicioso. Por eso es "lujuria para los ojos". Y, más importante aún, esta es la clave para entender la explosión del mal que se apodera del mundo inmediatamente después de que comen de él.

La mayoría de nuestros problemas morales están arraigados en nuestro deseo humano, tal vez innato, de colocar la brújula moral del universo en nosotros mismos. Nuestras historias se desvían cuando nos seducen a verlo todo con los lentes de los deseos y el bienestar de un protagonista; sin embargo, tales historias siguen siendo atractivas, y no es difícil convencernos de que lo que es bueno para Paula Protagonista debe ser bueno y correcto. Después de todo, ya creemos que lo que es bueno para nosotros mismos debe ser moralmente correcto, y ¿qué es un protagonista sino una proyección del yo?

La historia del Edén es la preparación para la historia humana porque señala a la raíz subyacente de nuestro problema colectivo: cada uno de nosotros cree que está calificado para ser el centro moral del universo.

Pero por muy brillante, sabio o virtuoso que seas, nunca podrás conocer todos los factores que determinan qué hace que algo sea bueno o malo. Solo vemos en parte y experimentamos en parte. Nuestra perspectiva como humanos siempre es limitada. Creemos que vemos toda la ecuación moral, pero siempre hay algo que se nos escapa.

Por eso, la mera afirmación de "conocer el bien y el mal" es en sí misma malvada. Es la razón por la que el lema original de Google, "No seas malvado",* era una trampa. *Siempre* es una trampa, porque cuando te conviertes en el árbitro del bien y del mal siempre encontrarás maneras de definir el mal como aquello que tú no haces o las cosas que hace tu enemigo.

A lo largo del Antiguo Testamento, Dios implora a su pueblo que haga lo que a Él le agrada (1 Reyes 11:33). Cuando hacen lo que es recto según sus propios ojos, los resultados son catastróficos, como lo demuestra el libro de los Jueces.

Si esta rendición al relativismo moral fuera lo único que ocurre entre la serpiente y los humanos, la historia ya sería lo suficientemente grave; pero la situación es, en realidad, mucho peor.

UNIÉNDOSE A LA REBELIÓN DEMONÍACA

Nuestro racionalismo ilustrado y nuestra filosofía materialista han mitificado la dimensión espiritual que en esta historia se da por sentada. Sin un reino demoníaco y un conflicto más grande que la simple desobediencia de unos hijos ingenuos de Dios, la historia no tiene sentido. Es cierto que comer del árbol equivocado tiene consecuencias devastadoras, pero esas consecuencias no estaban limitadas a una "caída" generacional. La historia de la caída no es solo la historia de cómo la humanidad perdió su inocencia. Es la historia de cómo los primeros regentes humanos entregaron su autoridad de dominio a una rebelión demoníaca empeñada en hacer un mal uso de ella.

---

* Nota del editor: "Don't be evil" apareció en al año 2000 como parte del código de conducta redactado por empleados de Google, y posteriormente fue incluido formalmente como una declaración de principios. La idea era que al manejar cantidades enormes de información, Google debía usar su influencia de manera ética y responsable. Sin embargo, con el tiempo, la frase fue considerada ingenua o incluso hipócrita por algunos críticos.

A Adán y Eva se les dio el gobierno divino sobre la tierra. Al ceder al engaño de la serpiente, entregaron esa autoridad a los adversarios espirituales de Dios. Sabemos muy poco por la Biblia sobre cómo se ven estos adversarios o qué implicaba su resistencia al plan de Dios. Pablo se refiere a ellos como "poderes", "autoridades" y "fuerzas espirituales malignas en las regiones celestiales" (Efesios 6:12). También sabemos que en el Nuevo Testamento Jesús llama a Satanás "el maligno" (Mateo 13:19) y "el príncipe de este mundo" (Juan 12:31), e implica que Satanás tiene a su disposición una jerarquía de agentes espirituales poderosos y malvados (Marcos 3:23, 26). Sin embargo, no se nos dan muchas visiones detrás del velo espiritual, y debemos aceptar este hecho como intencional; lo que no se nos dice también forma parte de la historia en desarrollo.

Lo que *sí* se nos dice es que, después de comer el fruto prohibido, los primeros humanos fueron apartados del árbol de la vida por "querubines y una espada ardiente que se movía por todos lados" (Génesis 3:24).

Por lo tanto, Dios ha colocado dos árboles en el centro del jardín del Edén, el lugar donde el cielo y la tierra se encuentran.

Uno es el árbol de la vida. Los primeros humanos no comen de este árbol cuando tienen la oportunidad de hacerlo, y más tarde el acceso a él es bloqueado. Aunque nunca se les ordena *no* comer de este árbol, el camino hacia él queda vedado.

El otro árbol es el árbol del conocimiento del bien y del mal, y se les advierte que no coman de él, pues de hacerlo morirán. La serpiente les promete que no morirán, sino que, en cambio, se convertirán en dioses, siendo conocedores del bien y del mal.

Observemos que el árbol del conocimiento del bien y del mal está relacionado con un *poder* percibido, algo que equivale a la divinidad, así como a la muerte. El árbol de la vida está relacionado únicamente con la vida; no implica ningún otro poder.

La descripción de Madeleine L'Engle de los dos tipos de poder puede resultar útil aquí:

> En las llamadas sociedades primitivas existen dos palabras para el poder: *mana* y *tabú*, el poder que crea y el poder que destruye; el poder que es benigno y el poder que es maligno. Es curioso que hayamos conservado en nuestro vocabulario la palabra para el poder peligroso, *tabú*, y hayamos perdido *mana*. El poder siempre tiene ambos aspectos, como bien sabe el narrador de historias... Es este doble aspecto del poder lo que el artista debe ser lo suficientemente valiente para explorar.[4]

Si L'Engle tiene razón, entonces *mana* y *tabú* son en realidad solo otras palabras para *cosmos* y *caos*, para lo que llamaré *ideales*, *valores* o *principios* por un lado, y *poder sin principios* por el otro. Así, podríamos diagramar la naturaleza temática de estos árboles como encarnaciones de una revelación inesperada.

Dos aspectos hacen que este diagrama sea sorprendente. Primero, el poder puro y desnudo está alineado con la serpiente, no con el Creador. Digo que esto es sorprendente porque tendemos a suponer que todo el poder reside en manos de Dios. Pero, si el poder en este caso es del tipo que es incontrolado y caótico, entonces no puede ser una característica del Señor Dios.

El árbol de la vida		El árbol del conocimiento del bien y del mal
VIDA		**MUERTE**
Principio		Poder
Cosmos		Caos
Mana		Tabú

Segundo, parece que tanto el bien como el mal se oponen a la vida. Sin embargo, no son realmente estos rasgos los que se oponen a la vida; es el *conocimiento* del bien y del mal al que se llega mediante la propia sabiduría o la preferencia personal.

EL ÁRBOL DEL PODER VERSUS EL PODER

La historia utiliza capas estructurales para comunicar significado. Tiene como objetivo afectar la mente mediante el corazón, lo cual significa que siempre está actuando en mundos paralelos, a través del acceso directo (el "camino corto" de la emoción) y del acceso indirecto (el "camino largo" de la razón).[5] Si esto parece contradictorio, probablemente sea porque nos han enseñado a desconfiar de nuestras emociones y a depender únicamente de nuestras facultades racionales para alcanzar la verdad objetiva.

Temáticamente, sugeriría que existe un nivel más profundo de narración que se deriva de la naturaleza conflictiva de nuestra humanidad fracturada. La humanidad ha desarrollado dos fórmulas contrastantes para explorar la realidad a través del tema de una historia. Estas fórmulas operan en un segundo plano, con una influencia tan omnipresente y sutil que el público prácticamente es ciego a ellas.

La primera fórmula es la dominante en la mayoría de las películas de superhéroes y la ficción comercial. Enfrenta a un héroe, la encarnación del poder con principios, contra un villano dotado de poder sin principios. *Los Vengadores*, por ejemplo, deben vencer a Thanos para restaurar el orden en el mundo. Capitán América debe derrotar a Red Skull. Spiderman debe vencer al Duende Verde.

Este tipo de narración sencilla no implica la ausencia de un tema claro. Por el contrario, una profunda resonancia temática puede transmitirse incluso a través de imágenes estáticas.

Tomemos, por ejemplo, el póster promocional de *El hombre de acero*, que muestra a un Superman esposado de pie entre soldados fuertemente armados. Sobre su hombro derecho, un resplandor brillante ilumina su rostro mientras proyecta sombras sobre sus aparentes captores. Él podría romper las esposas sin esfuerzo, sin ni siquiera intentarlo. Tal vez está tratando de no romperlas. ¿Y por qué? Porque su restricción es simbólica, no literal, y el significado de ese simbolismo es a la vez obvio y sutil. Es obvio porque la tensión es intencional. *Hemos de* preguntarnos qué significa que Superman esté esposado. ¿Cómo ha entrado en conflicto con la ley? Y ¿ante qué tipo de ley puede ser considerado responsable? Si ha hecho algo inmoral, ya no es Superman, sino un villano. Como esto es inimaginable, nos queda una pregunta aún más sorprendente y perturbadora: ¿y si la ley a la que Superman debe responder es en sí misma corrupta? ¿Puede seguir siendo el Superman que conocemos y respetamos si se enfrenta a la autoridad humana? Pero en ese caso, ¿en qué podemos confiar?

Solo hay un Superman; pero las ruedas del gobierno, del sistema judicial, de todo nuestro orden de la civilización, deben seguir girando o no quedará nada para aquellos de nosotros que no somos superhumanos. Incluso un mal gobierno (y todos los gobiernos son malos a su manera, aunque algunos son mucho peores que otros) es mejor que la anarquía. Al menos, ese es uno de los supuestos básicos de toda cultura. Las cosas podrían ser peores, y lo "peor" llegará rápidamente en ausencia de un sistema de control.

Así que este póster de Superman esposado rebosa tensión dramática en forma de preguntas implícitas y un dilema visual. ¿Qué hará Superman? Y cuando lo haga, ¿qué haremos nosotros en respuesta? ¿De qué lado estaremos? Y ¿cómo podría haber una respuesta correcta a esa pregunta?

Esto, en cualquier caso, es lo que el póster promete. En una sola imagen insinúa un poderoso tema subyacente que encaja con un personaje como Superman, quien es simultáneamente arquetípico y sobrehumano. Y el tema que promete es que *El hombre de acero* será una historia sobre el principio versus el poder.

Lamentablemente, la película *no* es una historia sobre el principio versus el poder. Es una historia sobre el poder con principios versus el poder sin principios. Lo que comienza en su primer acto como un examen del uso correcto del poder (y de los peligrosos efectos que tiene el poder sobre el alma humana) se ha convertido en su clímax en un examen de cuántos daños colaterales causarían dos superhumanos cuando se golpean mutuamente sin sentido en una metrópolis moderna. Al inicio se nos dice que el poder es maravilloso; pero también adictivo y peligroso. Al final se nos lleva a creer que lo que realmente importa es que el poder con principios debe derrotar al poder sin principios a cualquier costo. Superman *debe* ganar sin importar cuántas personas sean aplastadas bajo los escombros de los edificios derrumbados en el proceso. Y, por supuesto, es Superman quien emerge victorioso del espectáculo final de efectos especiales generados por computadora.

Esta estructura temática no es exclusiva de las películas de superhéroes. ¿Cuántos *westerns* terminan con alguna variación de un duelo entre un sombrero blanco y un chaleco negro? ¿Cuántas películas de guerra giran en torno a un acto de valentía en el que el protagonista elimina por sí solo a un pelotón enemigo? Los dramas judiciales también siguen este patrón, al igual que las historias deportivas, las de atracos, las de venganza, e incluso las historias de amor.

Lo que da poder a estas narrativas es una representación clara del bien y el mal que reafirma la inclinación natural de la audiencia a colocar el centro de la brújula moral en el yo. Es una fórmula narrativa seductora porque da la apariencia de ser correcta. El bien contra el mal nos resulta natural. A simple vista, podemos ver que estas historias son "buenas para comer" y "hermosas a la vista". Son, para tomar prestado el lenguaje de Robert Alter, lujuria para los ojos. Así que tomamos el fruto y lo comemos, y cuando el héroe gana, aplaudimos, sin importar la cantidad de cadáveres. No importa que en una historia como, por ejemplo, *Los juegos del hambre*, esos cuerpos pertenezcan a niños que han sido desarrollados por un gobierno corrupto para el entretenimiento de las masas. Estaban en el lado equivocado. Eran el mal. ¿Y acaso no estamos entretenidos?

Por eso conecto esta primera fórmula narrativa con el árbol del conocimiento del bien y del mal. Creo que se deriva directamente de nuestra adicción a decidir la moralidad por nosotros mismos; pero no solo se deriva de esa adicción, sino que también la fomenta.

EL ÁRBOL DEL PODER VERSUS EL PRINCIPIO

La segunda fórmula es mucho menos común en las historias modernas, y probablemente puedas adivinar por qué. ¿Cómo se crea una historia basada en el árbol de la vida?

La respuesta sencilla se encuentra en la estructura temática de la historia del jardín del Edén. En lugar de enfrentar el poder con principios contra el poder sin principios, las historias del árbol de la vida oponen el principio puro contra el poder puro. O, dicho de otro modo, enfrentan el cosmos contra el caos, el *mana* contra el *tabú*.

En la clásica película *Mr. Smith Goes to Washington* (conocida como *Caballero sin espada*), por ejemplo, se nos presenta a un protagonista despojado de reputación y comunidad por las crueles maquinaciones de un gobierno corrupto y una prensa cómplice, dejando al personaje interpretado por Jimmy Stewart con nada más que su determinación de decir la verdad ante un Congreso hostil. O tomemos *Braveheart* (*Corazón valiente*), que comienza con William Wallace abriéndose paso a espada contra los perpetuamente malvados ejércitos ingleses para defender su amada Escocia, pero que termina colocando la voluntad de ser libre, independientemente de las circunstancias, como el centro moral de su arco. Y cualquiera que haya leído *El Señor de los Anillos* (o haya visto las adaptaciones de Peter Jackson) entenderá que sus personajes centrales no son los poderosos guerreros y hechiceros, sino los *hobbits* de corazón sencillo que se niegan a ceder a la tentación.

Cada una de estas es lo que yo llamaría una historia del árbol de la vida, porque su resolución depende de que un principio o ideal puro, despojado de todo poder externo, supere los tipos de poder que parecen gobernar el mundo (como dinero, influencia, fuerza bruta).

No es sorprendente que solo haya comenzado a notar la diferencia entre estos dos tipos de historias después de estudiar tanto el Génesis como las obras de cuatro novelistas cristianos que influyeron profundamente en los géneros de la fantasía y la ciencia ficción. Estos géneros son mi patio de juegos imaginativo como novelista y, sin embargo, me tomó décadas de estudio reconocer el hilo conductor que une a George MacDonald con G. K. Chesterton, C. S. Lewis y J. R. R. Tolkien. Los dos últimos fueron amigos en Oxford y solían criticar sus trabajos mutuamente. Y la influencia de George MacDonald en la literatura fue tan grande que no debería sorprender que muchos escritores cristianos de principios y mediados del siglo XX fueran influenciados por su obra.

Pero no me refiero a las creencias doctrinales o teológicas que tenían en común. Me refiero a que los cuatro se adherían a la fórmula del árbol de la vida descrita anteriormente. Chesterton, por ejemplo, es quizás más conocido por sus misterios del padre Brown, cuya figura central es un sacerdote que actúa como detective. El padre Brown usa su conocimiento de la naturaleza humana para resolver crímenes, pero su objetivo no es simplemente resolverlos. Es la restauración. En *El martillo de Dios*, Brown resuelve el crimen y deja la justicia en manos del perpetrador, no de la policía. Le preocupa más el estado del alma del hombre delante de Dios que delante de un tribunal humano. O tomemos *Manalive*, la novela de Chesterton sobre un supuesto criminal que, al final, resulta haber violado solo las leyes humanas, no las leyes del cielo.

Podría enumerar muchos ejemplos, pero tal vez uno en particular ilustre el punto mejor que una lista más larga, pues esta historia en particular es muy conocida y ha sido contada como una historia del árbol de la vida y también del árbol del conocimiento.

El león, la bruja y el ropero fue el primer libro que C. S. Lewis escribió en la serie *Las crónicas de Narnia*. En él, cuatro niños atraviesan el fondo de un armario y llegan a un mundo de fantasía gobernado por una villana terrible, la Bruja Blanca, que ha lanzado un hechizo sobre la tierra para que siempre sea invierno y nunca Navidad. Lo que hace que el libro sea un fascinante estudio de fórmulas narrativas es que, al examinarlo de cerca, resulta ser una historia del árbol de la vida. Es decir, el libro obtiene todo su poder de la relación entre los niños y Aslan. Su viaje es un descubrimiento tanto del Gran León como de sí mismos en relación con él. El verdadero conflicto del libro, toda su tensión dramática, proviene del hecho de que Aslan parece haber desaparecido de Narnia. Y, sin embargo, hay susurros: *¡Aslan está en movimiento!* Los animales parlantes y otras criaturas mágicas susurran en secreto que está por llegar, y que llegará pronto. Pero ¿será lo suficientemente pronto?

De hecho, llega antes de lo que esperamos, pues Aslan aparece a tiempo para hacer un trato con la Bruja y rescatar al traidor Edmund: vida por vida. Y el punto no es que esto sea una alegoría de Cristo (aunque obviamente lo es), sino que el conflicto no es de poder que derrota al poder, sino de principio que derrota al poder.

En la versión cinematográfica de la historia en 2005, los cineastas pasaron por alto este punto. En lugar de que Aslan llegue para restaurar el orden en Narnia, llega para derrotar a la Bruja. Esto puede parecer un detalle menor, pero en realidad es gigantesco. La película convierte el mal en el problema y la bondad en la solución. Sitúa el clímax del conflicto en el momento en que Aslan devora (fuera de cámara) a la Bruja Blanca. Como afirmación de que el bien es mejor que el mal, este cambio funciona. Y tal vez fue un cambio natural al adaptar el viaje más interno de la novela a las imágenes externas del cine. Aun así, el efecto es profundo en la manera en que altera el tema original de la historia. En lugar de que los niños vayan a Narnia para tener un encuentro con Aslan, han ido a Narnia para ayudar a ganar una guerra. Ya no son tipos de "verdaderos humanos" ("hijos de Adán" e "hijas de Eva"), como todos habíamos de serlo.[6] En cambio, son hijos de una primogenitura de reyes que personifican los ideales del árbol del conocimiento del bien y del mal. Mientras tanto, la invitación a la vida mediante una relación con Aslan ha sido eliminada de la historia.

Tal vez esto no debería sorprendernos. Después de todo, ya no estamos en el jardín del Edén. Y ¿quién de nosotros puede afirmar que nunca ha comido del árbol equivocado? ¿O que nuestra inclinación a juzgar a nuestro prójimo es culpa de nuestros antepasados?

¡Sin duda, hijos de Adán e hijos de Eva!

Si hemos de ser dignos de lástima, no es porque no tuviéramos opción al unirnos a la rebelión satánica después de que los primeros humanos entregaran su autoridad al maligno. Por el contrario, somos dignos de lástima porque nos hemos engañado a nosotros mismos con una mentira que es tan fácil de refutar.

CONTEXTO

5

EL CAMINO HACIA LA RELEVANCIA

Como estudiante de toda la vida del idioma inglés, sufro de una admiración incurable por Shakespeare. Aunque no es su mejor obra hablando en términos técnicos, *Macbeth* es mi favorita, quizás porque en octavo grado fue la obra que me convenció de que la literatura podía ser genial. Había brujas, batallas, locura asesina, presagios proféticos, y toda clase de engaños. Aunque estaba envuelta en un lenguaje anticuado y frases que escapaban por completo a mi comprensión, aun así me encantaba la manera sencilla pero magistral en que el Bardo construía sus frases y la tensión dramática que me impulsaba a descifrar lo que realmente estaba diciendo. ¿Por qué esta historia, con una reina cuyas manos no podían limpiarse de sangre, atormentadores demoníacos y un protagonista que abrazaba el mal a pesar de saber que era incorrecto, era considerada una gran obra de arte?

La respuesta que daría ahora es muy diferente de la que hubiera dado en aquel entonces, que probablemente tenía más que ver con las brujas y las peleas con espadas que con cualquier aspecto relacionado con el tema de la obra.

Mi razón para amar *Macbeth* ahora se debe, en gran parte, a su representación franca del nihilismo que resulta del abandono de un significado supremo. En ninguna parte queda más claro esto que cuando Macbeth se entera de la muerte de su esposa, la reina, y lamenta la noticia como si hubiera llegado en un mal momento. Y ¿a qué lo han llevado todos sus esfuerzos y su "ambición desmesurada"? ¿Le ha traído alguna felicidad el éxito sin propósito, sin una moralidad basada en estándares absolutos? Todo lo contrario.

> Mañana, y mañana, y mañana
> se arrastra en su mezquino paso, día tras día,
> hasta la última sílaba del tiempo registrado;
> y todos nuestros ayeres han iluminado a necios
> el camino hacia la muerte polvorienta. ¡Apágate, apágate,
> breve vela!
> La vida no es más que una sombra errante,
> un pobre actor que se pavonea y agita su hora en el escenario
> y luego no se oye más. Es un cuento
> contado por un idiota, lleno de ruido y furia,
> que no significa nada.[1]

Macbeth bien podría estar hablando en nombre de toda la cultura occidental. El significado está siendo arrancado de nuestras vidas a un ritmo alarmante. Todavía más alarmante es el hecho de que pocas personas parecen entender por qué o cómo sucede. Vemos la enfermedad, pero no podemos nombrar la dolencia.

El *porqué* de esto puede ser objeto de debate. Pero *cómo* está ocurriendo (la razón detrás de esta pérdida de significado) no es ningún misterio. Estamos contando las historias equivocadas. Estamos borrando las líneas que conectan lo imaginario con lo real. Hemos reemplazado el significado supremo por la preferencia personal. En otras palabras, hemos divorciado la relevancia del contexto.

Nuestras historias son técnicamente excelentes; pero temáticamente vacías. Ya no son vehículos para reflejar las duras y hermosas verdades de la realidad. En cambio, son estimulantes, distracciones oníricas, cantos de sirena que nos dicen lo que queremos oír.

Nuestras historias son una especie de brujería dramática que ofrece reinados a través de la adulación deshonesta. Como dice Banquo, el lugarteniente de Macbeth: "Y muchas veces, para atraernos al daño, los instrumentos de la oscuridad nos dicen verdades, nos seducen con bagatelas honestas, para traicionarnos en la consecuencia más profunda".[2] Vemos los efectos enloquecedores de esa traición por todas partes, mientras el contexto de la realidad comienza a desmoronarse bajo el peso de todas las fantasías que le hemos impuesto.

Es por nuestra propia imprudencia que algo maligno se avecina.

HACER QUE LA REALIDAD SEA IRRELEVANTE

Somos moldeados por las historias, y usamos las historias para moldear nuestra comprensión de la realidad. *Construimos* significado en capas, e *interpretamos* el significado en capas. Por eso, si tienes que ir al baño en medio de una película, cuando regresas preguntas siempre: "¿Qué me perdí?". Necesitas esas capas básicas para interpretar correctamente lo que ves y oyes más adelante.

La razón por la que necesitas esas capas básicas es que *todo en una historia tiene un significado*. El dramaturgo Antón Chéjov expresó memorablemente este principio dramático, ahora conocido como el arma de Chéjov, cuando dijo: "Si en el primer acto has colgado una pistola en la pared, entonces en el siguiente debe dispararse. De lo contrario, no la pongas ahí".[3]

Esta es parte de la atracción de la narrativa inmersiva. Cualquiera que haya sentido que ha sido transportado a otro mundo mientras lee comprenderá fácilmente el encanto de la Tierra Media, de Narnia o de Hogwarts. La magia narrativa que da vida a estos mundos no solo radica en que, en la imaginación, todos los sentidos pueden activarse, sino en que esas activaciones, en esos otros mundos, siempre tienen significado, siempre son significativos, siempre apuntan más allá de sí mismas hacia algo importante.

Este tipo de significado universal es lo que anhelamos. Queremos que la vida tenga sentido; y parece que, durante gran parte de la historia humana, lo tuvo. Durante un tiempo, al menos, las personas vivieron como si las casualidades no existieran, como si todo estuviera regido por un orden divino que organizaba los trillones de trillones de átomos en una narrativa estructurada. En su libro *Salvar las apariencias*, Owen Barfield, filósofo y miembro de los Inklings, escribe:

> Antes de la revolución científica, el mundo era más parecido a una prenda de vestir que los hombres llevaban puesta que a un escenario sobre el cual se movían... En comparación con nosotros, ellos se sentían, junto con los objetos que los rodeaban y las palabras que los describían, inmersos en algo similar a un lago cristalino de (¿cómo llamarlo?) de "significado", si prefieres.[4]

Esta atracción por el significado, incluso cuando puede no existir realmente o cuando no lo reconocemos plenamente, es lo que hace que las historias no solo sean poderosas sino también adictivas.

La vida es mucho más complicada que cualquier historia. En cierto sentido, es *demasiado* compleja como para funcionar con la simplicidad de una narrativa. Es decir, si todo en la vida tuviera significado, no sería posible reconocer todos esos significados que nos rodean en cada momento. Tal vez sea esta sobrecarga de significado en la realidad lo que hace añicos nuestra percepción de la vida como una historia en desarrollo. Simplemente hay demasiado a la vez.

Pero lo más importante es que, para el lector posmoderno, el "lago cristalino de significado" de Barfield resulta absurdo. No vemos la realidad como una prenda que vestimos, como una cáscara natural para una identidad sobrenatural. Nuestro lago de realidad no es claro. Quizás ni siquiera sea un lago, sino más bien una sopa contaminada de contradicciones. No suscribimos de manera práctica el determinismo ciego del naturalismo, que destruiría nuestra sensación de autonomía y autodirección, pero tampoco estamos dispuestos a aceptar las rígidas ortodoxias que moldearon el mundo en la Edad Media. Los posmodernos prefieren estar desesperanzados antes que ser ingenuos.

Aun así, uno debe tener algo por lo que vivir, alguna razón para levantarse de la cama cada mañana. Para muchos, el propósito se encuentra en la siguiente generación o en la satisfacción emocional de cumplir un estándar moral personal: criar a los hijos, por ejemplo, o hacer voluntariado en una organización sin fines de lucro. Pero ¿qué estándar hace que esto sea realmente significativo? ¿Qué brújula de ideales está dando forma al objetivo narrativo de mi vida? ¿Es simplemente mi *decisión* de considerar que la familia y las buenas acciones tienen sentido, o existe alguna medida más allá de mis deseos, emociones y creencias que las valida?

Sin embargo, incluso si aceptamos la respuesta existencial de que la vida es lo que hacemos de ella, ¿cuántos niños o comedores comunitarios hacen que una vida valga la pena? ¿Y con qué frecuencia estos objetivos finales aparecen en el drama del día a día? ¿Cuánto de nuestra vida se pasa realmente impactando a la próxima generación o extendiendo una mano amiga? ¿No está llena, en su mayoría, de citas canceladas que al final no eran tan importantes, de comidas que no son ni buenas ni malas, y de pistolas colgadas en la pared que nunca se disparan?

La analista de seguros que se hunde en su cubículo durante una monótona jornada revisando reclamaciones médicas puede hacerlo por compromiso con su cónyuge e hijos. Tal vez, de vez en cuando, algún expediente destaque como un caso que merece atención especial o incluso como un trabajo bien hecho. Pero la rutina incesante de la burocracia, el peso de objetivos artificialmente impuestos, la avalancha constante de correos electrónicos, reuniones de equipo y actualizaciones de proyectos... todo comienza a parecer nada más que moléculas dispersas en una nube de polvo. ¿Tiene significado la engrapadora? ¿La fiesta de la oficina? ¿El escritorio manchado de café que ha durado más que cualquier empleado?

Puedes estar seguro de que un protagonista de una historia no tendría que lidiar con una engrapadora a menos que estuviera buscando huellas dactilares en ella, y si asistiera a la fiesta de la oficina, sería solo para conocer al amor de su vida.

En resumen, cada vez nos resulta más difícil ver el sentido de *algo*, a menos que se nos presente como un videojuego de disparos en primera persona o una serie de televisión de siete temporadas.

Nuestra respuesta a esta evaporación del significado ha sido desastrosa. En lugar de reexaminar nuestras suposiciones sobre la vida o de buscar significado en lugares inesperados, hemos cambiado nuestra búsqueda a un ámbito diferente y más arbitrario. En lugar de usar las historias como herramientas para descubrir un significado trascendental en la realidad, estamos usando la realidad como una herramienta para inventar significados subjetivos en las historias.

Estamos haciendo que la realidad sea irrelevante.

CONTEXTOS SUPERPUESTOS

Técnicamente, el contexto de una historia es todo lo que sucede antes y después del momento actual. Esto significa que el contexto no solo abarca los otros cuatro elementos de la historia tal como existen antes del *ahora*, sino que también el público lo comprende, en su mayor parte, solo como información de fondo. Incluso los profesores de literatura suelen considerar el contexto de una historia en términos de su ambientación (es decir, su ubicación interna, periodo de tiempo, cultura, situación) o a través de alguna lente histórica o crítica (por ejemplo, ¿cómo podría una visión marxista de la economía influir en nuestra lectura de *El mercader de Venecia*?).

La ambientación es, por supuesto, vital para la narración, ya que el público debe conocer ciertos detalles para poder participar imaginativamente en la cocreación de la historia. De hecho, una de las características de los escritores novatos es la falta de detalles mínimos sobre la ambientación, lo que hace que sus primeras novelas a menudo sufran de escenarios nebulosos, inconsistencias temporales, y estereotipos culturales. Todo esto destruye la ilusión de realidad de una historia.

Pero lo que nos concierne aquí es la naturaleza del contexto como significado en capas y cómo esto influye en nuestra interpretación de una historia. El contexto no es solo el cúmulo de notas dispersas en una carpeta de "Mi novela". Es la creación deliberada y ordenada de significados acumulativos que resultan de la disposición cronológica de personajes, imágenes y eventos.

Cuando el contexto interno de una historia (es decir, la realidad ficticia dentro del mundo narrativo) se cruza con el contexto externo de la vida real, el lector experimenta relevancia. Esos momentos en los que te has identificado con una historia como verdadera o personalmente significativa casi con certeza han ocurrido debido a este cruce.

Cada lector aporta un conjunto diferente de experiencias a una historia, por lo que esos momentos de relevancia varían de persona a persona, pero esto no significa que sean impredecibles. Los escritores y narradores *quieren* que su obra sea relevante. Saben qué provoca emoción. De hecho, puedes ver dónde estos momentos de relevancia impactan a las audiencias si sabes dónde buscar.

Por ejemplo, leí *Bajo la misma estrella* de John Green pocas semanas después de su publicación. Lo leí en mi Kindle con la función de subrayados públicos activada. La última página del libro me mostró una prueba clara de que la relevancia puede diseñarse: una oración en particular había sido subrayada casi 19 000 veces. Y eso solo contando a las personas que se tomaron la molestia de resaltarla y que tenían activados los subrayados públicos. Eso es la relevancia en acción. Es la historia trascendiendo sus propias fronteras para crear significado en las vidas de una audiencia.

Sin embargo, ya no nos esforzamos por este tipo de superposición excepto en nuestra propaganda. En cambio, la narración contemporánea parece estar moviéndose, tal vez de manera rápida e intencional, hacia una separación completa de los dominios contextuales. En otras palabras, nuestra experiencia de significado puede que pronto esté en gran parte desconectada de cualquier cosa real.

Esto no es difícil de imaginar. Lo único que se requiere es que cada historia deje de retratar *tipos* de experiencias compartidas y comience a crear experiencias privadas y *personalizadas* basadas en la estimulación emocional y sensorial. Ya estamos viendo esto, argumentaría yo, en la representación cinematográfica del espectáculo por encima de la historia, que caracteriza a muchas películas taquilleras.

Los arquitectos de este valiente nuevo mundo narrativo han creado canales para un suministro interminable de contenido en el que todo es superficialmente significativo. Nos están entregando historias técnicamente refinadas en las que cada engrapadora y cada fiesta de oficina tiene un significado *subjetivo*, porque todo dentro de esas historias está cuidadosamente controlado.

EL CAMINO HACIA LA RELEVANCIA

Creo que es así como se está despojando de significado a nuestra cultura: a través de una serie de cambios narrativos que alejan el contexto de nuestras historias cada vez más del yo interno/externo (mente/cuerpo) hacia la proyección externa del yo, hacia avatares de identidad individual.

El primer paso fue trasladar nuestras historias del ámbito de la imaginación al ámbito de los sentidos. Cuando leemos una novela, por ejemplo, debemos involucrar el ojo de la mente y experimentar internamente las descripciones, los diálogos y la exposición, o de lo contrario abandonaremos la historia. Uno debe imaginar los orcos, los bosques y las batallas de la Tierra Media para vivir *El Señor de los Anillos* tal como fue escrito. Sin embargo, si se ve la versión cinematográfica, lo único necesario es mantener los ojos abiertos. Toda la imaginación ya ha sido hecha por los productores, actores y artistas digitales antes de que la película ni siquiera comience. Por eso lo llamo un primer paso: una historia experimentada en la gran pantalla ha sido desplazada del mundo interno de la imaginación al mundo externo de lo audiovisual.

Pero hemos ido mucho más allá de ese primer paso. Un cine es un espacio físico con su propia huella sensorial: el olor a palomitas, el residuo pegajoso de las bebidas en el suelo, la iluminación dramática de las cortinas y los pasillos. Un cine, al menos, es un edificio real situado en un espacio geográfico. Hoy llevamos cines en nuestros bolsillos, lo que significa que podemos experimentar una historia-espectáculo en casi cualquier lugar y momento: en un avión, en la cama, o sentados frente a nuestra pareja en un restaurante. Ya no necesitamos un contexto específico, un tiempo y lugar socialmente aceptables para consumir una historia, porque las historias están disponibles en *todo* momento y lugar. Llevamos un suministro interminable de ellas en nuestros dispositivos digitales.

Pero el proceso ha avanzado todavía más. No solo nuestras historias han sido trasladadas al ámbito de los sentidos, ni solo su consumo ha sido desconectado de tiempos y lugares físicos. El tercer paso ha sido la eliminación de la audiencia misma hacia un ámbito virtual. De hecho, estamos presenciando la migración temprana de las identidades humanas de cuerpos físicos a avatares digitales. El cuerpo y el alma no están siendo separados por la muerte, sino por un desplazamiento de la identidad.

Los *millennials* fueron los primeros en experimentar este tercer paso. La Generación Z ha avanzado aún más, iniciando el proceso a una edad más temprana y de manera más efectiva. No se trata solo de que los niños crezcan frente a pantallas o consuman historias en forma de videojuegos, aplicaciones y programas en *streaming*. El problema más grande es que sus vidas enteras son cada vez más experiencias en línea. La educación, la socialización, el entretenimiento, el activismo, la intimidad relacional; todo esto se está trasladando al espacio virtual. La tableta no es solo un dispositivo; es una ventana a una realidad alternativa donde la identidad de cualquiera puede ser creada a la medida. En consecuencia, el contexto de la vida real de muchas personas, especialmente de muchos adolescentes, es el de las experiencias digitales proyectadas fuera de su propia piel.

En su libro *Hollowed Out* [Vaciado], el educador Jeremy Adams escribe sobre los jóvenes de hoy: "Viven vidas en gran parte solitarias, indisolublemente conectados a sus teléfonos pero en gran medida desconectados de sus padres, iglesias y comunidades. En cambio, comen solos, estudian solos, e incluso socializan solos en un mundo virtual desligado de lo físico".[5] Aunque esta caracterización puede ser exagerada, revela por qué es útil entender la importancia de los contextos superpuestos. Para aquellos que están trasladando sus experiencias encarnadas al internet, una historia se sentirá artificialmente significativa cuando ese contexto interno (lo que sucede en un videojuego) se superponga con sus experiencias en otros espacios virtuales. La relevancia ya no se percibe como una conexión entre una historia y la vida real y encarnada, sino entre una historia y todo lo que se ha experimentado en línea. Mientras Kate se identifique lo suficiente como KittnLover232, y mientras los eventos y personajes de un mundo narrativo virtual apunten fuera de ese mundo hacia otras experiencias en su espacio virtual, ella sentirá una sensación temporal de relevancia que sugiere un significado absoluto. Pero esa sensación es una ilusión por la simple razón de que KittnLover232 no es Kate, por mucho de sí misma que vierta en esa identidad digital.

Aun así, una sensación artificial de significado puede parecer mejor que ningún significado, en especial en un mundo donde la biblioteca colectiva de historias es casi ilimitada. El inconveniente de pasar una vida entera rascando esta picazón existencial es que nunca se está lo suficientemente provocado como para descubrir el origen de la erupción. Un propósito artificial puede sentirse bien, pero no es bueno si impide encontrar el verdadero propósito. Por eso digo que estas nuevas estrategias narrativas están condenadas al fracaso. Puede que sean efectivas para satisfacer la lujuria por el espectáculo y la sensación pura que impulsan nuestros instintos más básicos (lo que Elon Musk llama "el cerebro de mono"), pero no pueden hacer el salto de lo virtual a lo físico. Kate puede pasar gran parte de su tiempo como KittnLover232, pero lo contrario es imposible. KittnLover232 nunca intentará ser Kate. En resumen, no puedes saciar tu hambre viendo una proyección de ti mismo comiendo, a pesar de cuán delicioso parezca el alimento.

Las historias son recipientes de significado. Están diseñadas para superponerse con el mundo real, y por eso nuestras historias actuales fracasan en satisfacer nuestra necesidad de significado y propósito. Nuestras historias son ricas solo en significado subjetivo, no en significado supremo y último, porque el significado subjetivo es el único que nuestros narradores pueden imaginar. En consecuencia, nuestra sed de algo trascendental no se sacia. Estos dos tipos de significado, subjetivo y último, sencillamente no son intercambiables. Son tan distintos como el agua salada y el agua dulce. De hecho, quizás no falte mucho para que nos encontremos en la situación descrita en el poema: "Agua, agua por todas partes / Y ni una gota para beber".[6]

Hay una sola manera de acabar con esta sed insaciable y esta dieta de inanición, al menos en términos narrativos, y es comenzar de inmediato a beber agua fresca y a consumir alimento real y nutritivo, en lugar de los productos chatarra que nos ofrecen las máquinas expendedoras de nuestra cultura. Debemos insistir en que la realidad no es solo un dominio más, sino *el* dominio natural de la historia. Madeleine L'Engle afirma: "Toda la vida es historia, una historia que se desenreda y revela significado".[7] Debemos exigir verdadera relevancia.

Esto significa reconocer lo que el lenguaje de la narrativa nos ha estado diciendo todo el tiempo. El tipo de significado que anhelamos, especialmente en medio de nuestra confusión, dolor y aburrimiento, no es inalcanzable ni ilusorio. La realidad es más que una explosión aleatoria de materia o una reacción química ciega y predeterminada.

La historia nos dice esto. Una de sus funciones es recordarnos que el camino hacia la relevancia se encuentra en los contextos superpuestos. Y no solo en contextos humanos o incluso en los metacontextos de los espacios digitales y los enormes catálogos de entretenimiento en *streaming*. La verdadera relevancia solo es posible en un mundo real fuera de nuestro control, y que, por lo tanto, forma parte de una historia tan grande que solo puede ser comprendida por aquellos que se atreven a vivir dentro de ella.

VERDADES PARALELAS

Nacemos en un universo de realidades paralelas, de contextos superpuestos que a veces se expresan abiertamente y otras veces solo brillan como el calor que se eleva desde el pavimento en la distancia. Independientemente de cómo concebimos el cielo y la tierra, el espíritu y la carne, o las dimensiones alternas de la ficción especulativa, el lenguaje de la narrativa parece depender de estos pares para existir como forma de arte.

Los mundos paralelos son la esencia del arte porque comunican la realidad de la vida. Por eso las historias son efectivas cuando hablan con honestidad sobre la humanidad, sin importar nuestra cosmovisión o fe. El mundo es áspero y cruel, pero todavía se pueden encontrar inocencia y bondad en él.

Esta es la paradoja del arte: es la técnica central de la narración de la verdad, de la que cada aplicación del paralelismo extrae su poder. Para revelar algo verdadero acera de la vida, el artista presenta una visión alternativa que, de algún modo, comunica la coexistencia de realidades distintas y opuestas.

Por ejemplo, la ironía consiste en cargar una situación, un símbolo o un evento con significados opuestos, de modo que nos inspire al mismo tiempo emociones contradictorias pero compatibles. Un final agridulce es irónico porque es a la vez feliz y triste. ¿Es posible estar feliz y triste al mismo tiempo? Sí, por supuesto. De lo contrario, no sentiríamos el poder de un final agridulce. Más importante aún, lo agridulce es un reflejo de la vida. La realidad es una mezcla, y esa mezcla se experimenta con mayor intensidad en la convergencia paradójica de sus extremos.

Tomemos también la yuxtaposición, la técnica de colocar dos elementos no relacionados uno junto al otro para insinuar una conexión. Los publicistas la usan con frecuencia para hacer afirmaciones que serían ilegales si se expresaran como hechos: esta cerveza te hace verte joven y en forma; estas galletas te ayudarán a perder peso; este servicio de *streaming* garantizará que encuentres a tu pareja ideal.

En el corazón de cada gran verdad se encuentra una paradoja. En mis clases con Leonard Sweet, lo he escuchado llegar a decir que "la ortodoxia es paradoja". Pero a menudo estas paradojas están ocultas de maneras que requieren la visión artística y metafórica del narrador para ser reveladas. El psiquiatra Iain McGilchrist sugiere que estas paradojas están incorporadas en la estructura paralela de los hemisferios izquierdo y derecho de nuestro cerebro:

> Existen necesidades, impulsos o tendencias que, aunque igualmente fundamentales, son también fundamentalmente incompatibles: un impulso esencialmente divisivo hacia la adquisición, el poder y la manipulación, basado en la competencia, que enfrenta a los individuos entre sí, en servicio de la supervivencia unitaria; y un impulso esencialmente cohesivo hacia la cooperación, la sinergia y el beneficio mutuo, basado en la colaboración, en servicio de la supervivencia del grupo... Ambos impulsos o tendencias pueden servirnos bien, y cada uno expresa un aspecto de la condición humana que llega hasta lo más profundo.[8]

Gerard Manley Hopkins dijo que "la parte artificial de la poesía, quizás acertemos al decir que todo artificio, se reduce al principio del paralelismo".[9] Todos los grandes narradores parecen luchar con esta particularidad de la realidad. Me atrevería a decir que solo después de esta lucha la voz artística de una persona alcanza la madurez. Antes de que sus canciones, pinturas, películas o novelas se identifiquen profundamente con el público, el músico, pintor o escritor debe luchar con el ángel del Señor y no soltarlo; debe tener la cadera dislocada y su nombre cambiado de "Jacob el Engañador" a "Israel, el que lucha con Dios".

Este es el precio de narrar la verdad: el narrador no debe colocar su pulgar en la balanza. No debe tomar partido ni contra la oscuridad y el caos ni contra la luz y el cosmos, sino que debe hablar, cantar, escribir o pintar con justicia aquello que es real y verdadero. La única manera de hacerlo es pintar con colores complementarios, interpretar en claves gemelas tanto la armonía como la melodía, escribir sobre la belleza del mundo pero también sobre su fealdad.

OPOSICIÓN PARALELA

Debido a que la realidad es bidimensional, la verdad solo puede contarse en paralelo. La materia y el espíritu reflejan el cuerpo y el alma, así como Cristo y la Iglesia reflejan el cielo y la tierra. En el prólogo de *A Supreme Love* [Un amor supremo] de William Edgar, Carl y Karen Ellis desarrollan esta idea al escribir:

> Experimentamos la vida en paralelos: lo formal y lo dinámico, la unidad y la diversidad, la forma y la libertad, lo uno y lo múltiple, y así sucesivamente. Grandes pensadores a lo largo de la historia han luchado con estos paralelismos, preguntándose: "¿Cuál prevalece en nuestra realidad?". Desde la perspectiva ilimitada de Dios, dos realidades pueden complementarse, armonizar y danzar entre sí porque son creaciones del Ser infinito, es decir, de Dios mismo.[10]

Por eso, la historia que termina con una *deus ex machina* (una resolución forzada) trata a su audiencia con desprecio. La vida no es así, o al menos no podemos depender de que sea así. Que las personas experimenten un final feliz no es la cuestión. Más bien, la cuestión es la siguiente: ¿cuál es la verdadera naturaleza de las cosas, y qué tan frecuentemente los dioses emergen desde una trampilla para enderezar las cosas justamente cuando están en su peor momento? Tal vez *ha* sucedido, pero no es *lo que* sucede.

Alguien dirá: "¡Pero pensemos en Cristo!". A lo que respondo que (1) Cristo no restauró las cosas mediante un mecanismo de justicia impuesta o mediante una intervención externa, sino sometiéndose a todo lo que las fuerzas de antagonismo le arrojaron, y (2) Cristo es el "Deus *in* machina". Es el Dios que *entra* en la máquina, no el dios que emerge de ella.

Mi mentor en la escuela de posgrado, James Gunn, solía decir: "El héroe debe ser el método de su propia salvación". Como joven cristiano, eso me molestaba. ¿Acaso no sabía él que Cristo es el único mediador capaz de efectuar nuestra salvación? Por supuesto, entendía que Gunn usaba la palabra "salvación" en el sentido narrativo. Hablaba de resolución, no de redención.

Lo que más me irritaba era que sabía que tenía la razón, pero al principio no podía formular por qué ni entender cómo esa idea encajaba dentro de una cosmovisión cristiana. Al final, vi lo que siempre debió haber sido obvio: los personajes ficticios no son personas reales. Más aún, los protagonistas ni siquiera están destinados a *representar* personas reales. En cambio, su función principal es encarnar un ideal, demostrar los tipos de experiencias que encontramos en la vida real cuando el principio y el poder colisionan.

Por esta razón, el héroe debe efectuar su propio rescate en el clímax. Si la verdad no puede sostenerse por sí misma, entonces no vale la pena perseguirla. Si el perdón es realmente mejor que la venganza, ¿por qué el protagonista que lo encarna debería ser rescatado por un escuadrón de marines? O, de nuevo, si el amor es realmente más fuerte que el odio y el egoísmo, ¿por qué debería depender de alguien más para su salvación?

No. Solo cuando la verdad prevalece *a pesar de* su impotencia terrenal podemos verla revelada con claridad. Cuando el perdón no tiene nada a su favor más que su propia naturaleza, cuando nada en el perdón parece tener sentido, pero la víctima indefensa de una historia perdona a su opresor de todos modos, entonces reconocemos la verdad en paralelo de un narrador honesto. Cuando el Amor permanece clavado en una cruz y se niega a salvarse a sí mismo, solo entonces el héroe se ha convertido en el método de su propia salvación; y quizás también la de la audiencia.

Las grandes historias emplean técnicas de paralelismo para expresar la naturaleza paralela de la verdad en la realidad. Pero observemos: lo que alinean en paralelo son en realidad opuestos en el espectro. Las cosas que corren lado a lado en una historia (por ejemplo, alegría/tristeza, vida/muerte, verdad/mentira, luz/oscuridad) son polos opuestos armonizados a través de la tensión; sin embargo, en lugar de separarse, corren juntas como los rieles de un tren.

Dorothy L. Sayers escribe: "El poder vital de una obra imaginativa exige una diversidad dentro de su unidad; y cuanto más fuerte es la diversidad, más masiva es la unidad".[11] Dramáticamente hablando, los opuestos se atraen. Y es la tensión encontrada en esta simultánea atracción y oposición lo que hace que una historia sea interesante, porque el público siempre está en desequilibrio y busca internamente una sensación de resolución entre ambos. ¿Qué ganará, el amor entre Romeo y Julieta o el odio entre sus familias enemistadas? ¿Prevalecerá Jekyll o Hyde? ¿Pueden los humanos controlar la naturaleza, o el caos inherente a la realidad liberará a un T-Rex de su jaula en *Parque Jurásico*? ¿Podría la vida ser hermosa incluso en la muerte? ¿Podría el cáncer ser un agente de sanidad? ¿Y si alguien te dijera que una silla eléctrica una vez lo liberó? ¿Qué tal una cruz?

Lo interesante de cada uno de estos casos es que parecen ser modelos de *logos*,[12] de unir los opuestos de una manera que no solo los armoniza, sino que también produce distinciones paralelas. Al morir, Romeo y Julieta finalmente se unen, y también sus familias, generando notas paralelas de alegría y tristeza. Los humanos pueden controlar la genética, pero no los subproductos genéticos de su creación; la majestuosa isla de Hammond se transforma en un lugar donde el pasado y el futuro se yuxtaponen, donde la maravilla y el horror coexisten.

Resulta que el mundo en el que vivimos es una realidad de oposición paralela, un Parque Jurásico existencial. ¿Es extraño que estos paralelismos se encuentren en toda la historia humana, codificados en nuestras mejores historias y obras de arte? ¿No tiene sentido que también estén estructuralmente incrustados en la Biblia?

Sospecho que la Historia de Historias fue diseñada para revelarnos esto. La Escritura susurra, en la misma estructura de sus narraciones, que vivimos en un lugar de realidades gemelas, un lugar de materia y espíritu, de vida y muerte, de caos y cosmos.

En el próximo capítulo comenzaremos a ver por qué.

6
¡HE AQUÍ UN HIPOPÓTAMO MARAVILLOSO!

El libro de Job es la historia de la humanidad.

Teológicamente cumple muchas funciones, y no es la menor de ellas establecer el contexto del hilo conductor bíblico: el arco narrativo que va desde el Génesis hasta el Apocalipsis. Es también un relato directo sobre la fidelidad y una profunda exploración del sufrimiento. Job plantea preguntas profundas que abordan la existencia de un significado último, y se le considera con toda razón parte de la "literatura sapiencial".[1]

Si miras más allá, si cavas más hondo y te atreves a leer el relato como una historia, verás mucho más: no solo ofrece una representación profética del Mesías, sino que también establece la base de su victoria sobre el dominio satánico. Y lo hace a través de un esquema narrativo que incluye los dos patrones conflictivos primarios en la historia: caos y cosmos.

Sin embargo, Job tiene una visión aún más amplia en su esencia, pues plantea una pregunta que, en última instancia, cada uno de nosotros debe responder: ¿es Dios bueno si no es bueno *conmigo*?

Algunos objetarán esta pregunta argumentando que Dios siempre es bueno con todos; sin embargo, desde una perspectiva humana, esta formulación captura el dilema del sufrimiento sin sentido y debe ser abordada. ¿Es Dios siempre bueno? Si es así, ¿por qué el Holocausto? ¿Por qué el cáncer? ¿Por qué los millones de rostros del mal humano?

Al enfrentar esta pregunta de manera directa, el libro de Job establece el contexto no solo de la Escritura, sino también de toda la realidad. Es un libro cosmológico que busca responder lo que parece imposible de responder. Pero antes de que pueda navegarse por el libro como Escritura, debe experimentarse como una historia.

Aquí, como en otros lugares, no es la cabeza que nos guía sino el relato. Para entender Job, debes dejar que te rompa el corazón. Si no lo hace, probablemente lo estás leyendo como algo sagrado, sabio o importante, sin permitir primero que te despoje de toda confianza en las respuestas humanas. Job, por supuesto, es sagrado, sabio e importante, pero es todas esas cosas solamente después de ser la historia de un hombre recto en un mundo al revés.

Por lo tanto, toma asiento y escucha cómo se desarrolla la historia...

LA HISTORIA DE ORIGEN DE JOB

Érase una vez un hombre verdaderamente excepcional llamado Job. Y cuando digo que era excepcional, no me refiero a que fuera el tipo de persona que te invitaría una cerveza o que vendría a tu casa a ver el partido los domingos. No me refiero a que fuera alguien a quien pudieras confiar un secreto, que supiera contar un buen chiste, o que siempre estuviera dispuesto a prestarte su taladro inalámbrico.

No, no. Job era moralmente bueno. No bueno en el sentido superficial de alguien que simplemente hace donaciones a la caridad, sino alguien que daba sus zapatos cuando nadie estaba mirando. El tipo de persona que alimentaba a los sin techo cada día y luego lloraba en su casa porque no podía hacer más por ellos. Cargaba con los problemas de los demás, incluso cuando estaban fuera de su alcance. Job era como la Madre Teresa con barba, excepto que Job vivía en el mundo antiguo, un mundo tan brutal en comparación que su bondad era, en contraste, casi cegadora.

¿Y por qué era tan brutal ese mundo?

Pues bien, esa es parte de la historia. Mirando atrás, se podría decir que la razón era la falta de un gobierno civil; había pocas leyes aplicables y aún menos agentes para hacerlas cumplir; sin embargo, eso no describe del todo el problema. Se podría decir que la esclavitud y el asesinato eran tan comunes que la gente asumía que esas atrocidades formaban parte de un orden divino. Lo cual también es verdad en cierto modo. Sin duda, la gente sentía el quebranto del mundo, pero no encontraba otra explicación excepto que los dioses probablemente lo habían dispuesto así. Para algunos, la vida debía parecerse a una comedia cósmica, y los seres humanos no eran más que actores al servicio del entretenimiento de amos distantes e incomprensibles.

Lo que no podían ver era que la fuente de sus tormentos provenía de una división cósmica en el reino celestial. No era Dios quien estaba causando todo este daño, sino un ser espiritual llamado Satanás que, antes de que esta historia tuviera lugar, de algún modo había usurpado la autoridad divina otorgada a los humanos y gobernaba la tierra como un regente semidivino.

Esto no era lo que Dios (el Dios verdadero) había planeado, pero algo sucedió cuando Satanás tomó el control, y ahora una guerra espiritual estaba dividiendo el cielo y la tierra, con Dios reclamando ser la fuente de la bondad, la justicia y la verdad, mientras que Satanás afirmaba que estas cosas nunca habían importado realmente, porque, al final, el poder es lo único que mueve el universo.

Por lo tanto, cuando Dios miró hacia abajo y vio el modo en que Job vivía su vida, se agradó. Es una cosa ser bueno en el cielo, donde la presencia de Dios es siempre tangible; y es otra muy distinta ser bueno en la tierra, donde la presencia del mal acecha en cada esquina. Y, sin embargo, allí estaba Job, haciendo el bien de todas formas y en condiciones tan adversas. Job desafiaba cada día la ética satánica del "haz lo que quieras" y vivía como un verdadero rebelde moral, eligiendo hacer lo correcto en lugar de servirse a sí mismo.

Lo que hizo que este acontecimiento sea más impresionante fue que Job no tenía idea acerca del conflicto cósmico que estaba teniendo lugar en un segundo plano. Como no podía ver ni a Dios ni a Satanás, Job tuvo que decidir cómo vivir su vida basado en las indicaciones de la realidad física. Lo único que tenía para seguir adelante era su razón, sus sentidos y su conciencia.

Sabes lo difícil que es eso incluso en el mundo moderno con nuestros hospitales, entregas de Amazon y bancos de alimentos. Imagina cómo debió haber sido en aquel entonces. Incluso Dios quedó impresionado. De hecho, Dios bendijo a Job en todo lo que hacía, como si le dijera: "¡Sigue adelante! ¡Sigue siendo bueno! Eres un gran ejemplo para todos aquellos que han renunciado a los ideales de justicia, misericordia e integridad". Así que cada vez que Job regalaba sus zapatos, de alguna manera descubría que al regresar a casa tenía doce pares más de mocasines Rockport de su talla.

Satanás tomó este respaldo divino a Job como algo personal y se presentó personalmente en la corte real de Dios, justo cuando los "hijos de Dios" se presentaban ante Él. La acusación que Satanás hizo parecía dirigida a Job, pero en realidad era un ataque contra el carácter de Dios. Parece que el "acusador" no solo quería dominio; quería derribar la base misma de la autoridad de Dios.

NARRACIÓN PARALELA

Este es el contexto desarrollado en los capítulos iniciales de Job. Es esencial comprender esto hasta cierta profundidad (es decir, como una *historia*) porque, aunque el significado de Job está directamente relacionado con su estructura dramática, ese significado no será claro si pasamos por alto a los actores y nos esforzamos en ver las luces y los cables del escenario.

Para los lectores modernos, esto representa un problema interesante. Estamos tan familiarizados con los recursos de la narración contemporánea que pasamos por alto aquellos que las audiencias antiguas daban por sentado.

El libro de Job utiliza tres recursos narrativos, cada uno es una forma diferente de paralelismo, y nos proporcionan la estructura fundamental de la historia.

1. LA TIERRA ES UN REFLEJO DEL CIELO

El primer recurso es un motivo de *reflejo*. Lo que sucede en el mundo físico es un reflejo de algo que ya ha sucedido en el ámbito espiritual. Temáticamente, este *paralelismo de eventos* asume una cosmovisión contradictoria con la de las antiguas culturas mágicas, que intentaban forzar reflejos en el ámbito espiritual manipulando aspectos del mundo físico.

En Job vemos lo contrario. En lugar de que las personas cambien el mundo de los dioses, el mundo humano es movido y moldeado por una otredad invisible que precede a nuestras experiencias físicas. El mundo espiritual se refleja en el mundo físico; dicho desde el punto de vista humano, lo que ocurre en la tierra ya ha ocurrido, de alguna manera, en el cielo.²

Lo que sucede en los dos primeros capítulos se reproduce a medida que se desarrolla la historia. La experiencia de Dios se refleja, en parte, en la de Job. Este motivo establece que lo que ocurre en el ámbito celestial es la fuente de lo que seguirá en la tierra; sin embargo, en lugar de presentar una dinámica de "el cielo lo quiere así", la historia muestra un reino espiritual ya dividido y en conflicto.

Que la tierra sea un reflejo del cielo es un contexto esencial para el desarrollo del arco dramático de Job.

2. LA ESTRUCTURA EN FORMA DE QUIASMO DE JOB OCULTA Y REVELA SU TEMA

El quiasmo, una forma de *paralelismo estructural* que hace que casi todo sea reflejo de algo, es común en la Biblia.³ No solo el cielo y la tierra se reflejan; lo primero y lo último también son imágenes especulares entre sí; lo segundo y lo penúltimo también se reflejan; y así sucesivamente hasta llegar al centro de la historia, que es el punto culminante del drama. A veces, en una estructura de quiasmo, el centro contiene una repetición directa; otras veces se encuentra solo. Un centro emparejado empuja la idea central hacia los bordes; un centro sin par resalta el punto focal, lo que a veces se llama el "pivote central".⁴

En términos más simples, las historias en forma de quiasmo son como hamburguesas ensambladas en un orden específico: pan—salsa—carne—salsa—pan. El centro, la carne de la hamburguesa, es lo principal. A esta comida la llamamos "hamburguesa", no "panburguesa" o "salsaburguesa".

En el libro de Job, la carne no está exactamente en el centro, sino en el centro en forma de quiasmo, es decir, en el punto medio de los emparejamientos, que es el capítulo 28, la "Oda a la Sabiduría".⁵ En su estructura, el libro de Job puede esquematizarse con un patrón de quiasmo sencillo:

A Antecedentes
  B Confrontación
    C Tentación
      D Interludio (Oda a la sabiduría)
    C' Tentación
  B' Confrontación
A' Resolución

Su estructura es más compleja que esto, pero por ahora este esquema es suficiente para ilustrar el punto. En Job, lo primero es lo último, lo segundo es lo penúltimo, y así sucesivamente, con el tema central resaltado en el medio.

Las historias en forma de quiasmo probablemente están diseñadas para obtener su fuerza dramática cuando se leen en voz alta, en lugar de ser simplemente escaneadas visualmente por los lectores en silencio.[6] Como señala David Dorsey: "Un antiguo estaba obligado a utilizar señales estructurales que fueran perceptibles para la audiencia que escuchaba. Las señales estaban diseñadas para el oído, no para el ojo".[7]

3. JOB ESTÁ DISEÑADO PARA DESARROLLARSE EN CAPAS

El tercer recurso literario utilizado en Job es la *superposición* o *paralelismo de significado*. En tiempos de Jesús, los rabinos leían las Escrituras en una serie de cuatro niveles, diseñados para desplegarse cronológicamente:

1.   *Peshat* — El significado **literal**.
2.   *Remez* — El significado **tipológico**.
3.   *Derash* — El significado **metafórico** asociado con el midrash.

4. *Sod* — El significado **revelador**, quizás accesible solo a través de una experiencia espiritual de conexión con Dios.[8]

En cierto sentido, estos niveles son como muñecas rusas. A primera vista solo se ve una muñeca, no cuatro. La primera muñeca, al ser la más grande, contiene a las otras tres en su interior. Pero no se pueden ver las muñecas más pequeñas hasta que se desmonta la más grande.

Para comprender el libro de Job, debemos comenzar con una interpretación literal de su historia, lo cual significa que debemos tomar en serio el contexto de su inicio.

EL VILLANO DE JOB

Los primeros seis versículos del libro establecen la rectitud de Job, la magnitud de sus riquezas y su preocupación por el bienestar espiritual de sus siete hijos y tres hijas, de quienes sospecha que llevan una vida impía. Esta breve introducción funciona como el prólogo de la historia, y dramáticamente, como un primer capítulo. Nos da el contexto de la guerra civil que está a punto de estallar en el cielo.

Necesitamos este contexto para comprender lo que sucede a continuación, cuando la narrativa corre el velo de la cámara divina de Dios y revela un conflicto a tres bandas entre Dios, sus "hijos", y el adversario: Satanás. Esta introducción contextual es puro drama. Los hijos de Dios se presentan ante Él, "y Satanás vino también con ellos" (Job 1:6).

Cuando Darth Vader entra en escena, sabemos que algo malo está a punto de ocurrir. Cuando Iago, de Shakespeare, abre la boca, sabemos que algo perverso saldrá de ella. Y cuando Voldemort aparece ante Harry Potter, sabemos que la magia oscura pronto hará acto de presencia. Las discusiones académicas sobre si este personaje es *el* Satanás de toda la Escritura (como han creído la mayoría de los teólogos cristianos a lo largo de la historia[9]) o simplemente *un* satanás o adversario (una visión más común entre los estudiosos contemporáneos) se difuminan cuando se lee la historia con un enfoque dramático.

Satanás es el villano de esta historia, y es Dios quien debe enfrentarlo. Por lo tanto, Dios lo desafía con una pregunta directa: *¿De dónde vienes?* (Job 1:7).

Siempre que Dios hace una pregunta, es para beneficio de alguien más; Él ya conoce la respuesta. En este caso, la pregunta probablemente tiene el propósito de generar una revelación en el corazón de los "hijos de Dios" y en quienes escuchan la historia de Job. Esa revelación llega con la respuesta de Satanás: *Vengo de rondar la tierra y de recorrerla de un extremo a otro* (Job 1:7).

Es un error tomar esta respuesta, o cualquier respuesta satánica, al pie de la letra. Satanás es un mentiroso. Esto significa que debemos considerar el contexto dramático de sus palabras. Satanás ha venido *con los hijos de Dios*. Y ni siquiera los hijos espirituales de Dios, traducidos como "ángeles" en algunas versiones, tienen autoridad ilimitada sobre la creación. En cambio, al menos algunos de ellos han recibido autoridad *limitada* sobre ubicaciones geográficas específicas.[10] Por lo tanto, cuando Satanás dice que viene de recorrer la tierra "de un extremo a otro", probablemente está alardeando de su autoridad usurpada sobre la tierra o sobre sus reinos humanos. También está siendo desafiante y evasivo.

DIOS: ¿De dónde vienes?
SATANÁS: ¡De donde quiera!

Lo que hace de esto una revelación es que, a través de sus propias palabras, Satanás demuestra el contraste entre su naturaleza y la de Dios. Dios hace una pregunta directa. Satanás responde con orgullo y engaño. Los hijos de Dios son ahora testigos, algo que se resalta aún más a continuación cuando Dios expone lo que Satanás ha evitado decir.

Lamentablemente, el siguiente versículo a menudo se traduce como: "¿Has considerado a mi siervo Job?". Esto hace que parezca que Dios es quien inicia este conflicto. Más de un comentarista ha señalado que este enfrentamiento fue idea de Dios; sin embargo, la implicación dramática aquí es que Satanás llegó a esta reunión familiar con una acusación en mente. De hecho, la *Young's Literal Translation* formula la pregunta de Dios de esta manera: *¿Has puesto tu corazón contra mi siervo Job, porque no hay otro como él en la tierra, un hombre perfecto y recto, temeroso de Dios y apartado del mal?* (Job 1:8).

Dios sabe dónde ha estado Satanás y qué ha estado tramando, y esta pregunta es una manera de revelar la verdad a los presentes.

LA MENTIRA DE QUE DIOS SOLO GOBIERNA POR PODER

Lo que sigue es tal vez la línea más importante del libro y la clave contextual no solo para la historia de Job, sino también para gran parte de la Biblia. Satanás responde: *¿Y acaso Job te honra sin esperar nada a cambio?* (Job 1:9).

Esta pregunta no es solo una acusación contra Job. Es una acusación contra Dios mismo. Job no es el objetivo principal. Esto no trata de si una persona puede ser buena o no. Trata de si la autoridad de Dios se basa en su poder o en su carácter y principios.

Al decir que Job solo es leal a Dios porque Él lo protege y bendice, Satanás está afirmando (delante de los otros hijos de Dios) que el Creador del universo solo gobierna por su poder. Que Dios no es Dios porque es bueno, sino porque es fuerte. Y, en ese caso, ¿qué lo diferencia de lo que Satanás reclama para sí mismo?

Comprender esta acusación es crucial para entender la historia. Al sugerir que Dios solo gobierna por poder, Satanás ha arrebatado el uso de ese mismo poder para apoyar o proteger a Job. Esta acusación crea un dilema, dejando a Dios con solo tres posibles respuestas:

1. *Dios podría aplastar a Satanás con su poder divino.* Esta es la opción que desearíamos porque estamos del lado de Job, pero esta inclinación (nuestro deseo de contrarrestar la falsedad con la fuerza) solo sirve para probar el punto de Satanás: que los humanos también están aliados al poder, no al principio. Más importante aún, si Dios hace esto, daría credibilidad a la acusación. Aplastar a Satanás solo resolvería el problema de Satanás; no resolvería el problema de su mentira y sus repercusiones.

2. *Dios podría ignorar la acusación.* Algunos podrían argumentar que Dios no debería hacer nada, que su grandeza (si realmente es tan grande) no debería verse amenazada por nada. Pero esta respuesta ignora el daño expansivo que crean tales mentiras. Nadie cree realmente, cuando ve *Otelo*, que el villano Iago pueda ser simplemente ignorado. La mentira de Satanás aquí en Job es tan poderosa como la del Edén: "¿Acaso Dios ha dicho...?". Debe ser confrontada, o sus efectos se extenderán. Es mejor refutarla en su origen, por el bien de sus "hijos" y de toda la creación.

3. *Dios puede permitir que Job refute la acusación.* Es decir, Dios puede aceptar el desafío para que la mentira sea desenmascarada. Puede retener su poder y permitir que el principio se muestre por sí solo, crudo ante una maldad horrible.

La tercera opción es la única viable, ya que es la única capaz de revelar la mentira satánica como falsedad. Por desgracia, la lucha implicará una enorme cantidad de dolor humano. En este sentido, Job se convertirá en un defensor de los principios, del carácter de Dios, y de la naturaleza del conflicto entre el bien y el mal. A su manera, Job es más gallardo que un caballero que se alza para defender el honor de una dama, porque él no puede contraatacar y ni siquiera es consciente de la batalla en la que ha sido llamado a participar.

LA AUTORIDAD SATÁNICA

Esta situación es pura narración temática. Se le da al mal el crédito que merece por su ingenio y astucia retorcida, pero también se establece la fuerza opuesta a la verdadera bondad, la cual no radica en las habilidades de un superhéroe ni en los talentos de un protagonista dotado, sino en la pureza moral y la integridad del carácter, en lo que podríamos llamar virtud.

Al elegir la tercera opción, la naturaleza de Dios se manifiesta aún más cuando Él se niega a ser el agente del sufrimiento satánico. No atacará a Job, pero retirará su poder del tablero. Este hecho no significa que Dios se lave las manos de su participación; más bien, marca el comienzo de una revelación sobre su naturaleza esencial: sus "caminos". Satanás ejerce una autoridad usurpada sobre la tierra, por lo que el retiro del poder protector de Dios deja a Satanás libre para desplegar sus tormentos más crueles. No es Dios quien aflige a Job, sino Satanás:

> ¿Acaso no están bajo tu protección él y su familia y todas sus posesiones? De tal modo has bendecido la obra de sus manos que sus rebaños y ganados llenan toda la tierra. Pero extiende la mano y daña todo lo que posee, ¡a ver si no te maldice en tu propia cara!
>
> —Muy bien —contestó el Señor—. Todas sus posesiones están en tus manos, con la condición de que a él no le pongas la mano encima. (1:10-12)

La autoridad, por lo tanto, forma el trasfondo contextual para una realidad de la que la vida de Job es meramente un microcosmos. Algunos podrían objetar que Dios debería ser capaz de eliminar la autoridad satánica, así como cualquier posibilidad de que las mentiras de Satanás se extiendan, simplemente por el hecho de que es Dios.

¿Por qué no le arrebata el dominio que disfruta, sin importar si fue concedido por Dios o por Adán y Eva?[11]

Pero esta pregunta es otra manera de apelar al poder de Dios para evitar lidiar con su naturaleza como el Inmutable, Aquel que no puede negarse a sí mismo. Independientemente de lo que imaginemos que Dios puede hacer, el libro de Job describe un conflicto entre seres con características y rasgos reales que no pueden ser descartados arbitrariamente. La autoridad de Satanás se originó en Dios. Eliminar esa autoridad requeriría violar sus términos originales, lo cual solo magnificaría la mentira de Satanás aquí en Job. De hecho, su mentira puede estar diseñada para crear precisamente esta situación. Así, la refutación definitiva de la afirmación de Satanás de que el poder es superior al principio debe desarrollarse en un entorno donde tanto el principio como el poder puedan colisionar libremente.

Con este desafío, Satanás ha eliminado lo que considera su principal obstáculo: el poder manifiesto de Dios. Ahora el poder será exclusivamente del reino satánico, al menos en términos de este conflicto particular sobre las aflicciones de Job. El poder es, después de todo, el rasgo externo definitorio de Satanás.

Lo que sigue son cuatro ataques satánicos en los que los siervos de Job son asesinados, su ganado es robado, y sus diez hijos mueren durante un banquete cuando la casa de su hermano mayor se derrumba. Estas calamidades son reportadas por mensajeros que describen (1) un ataque de los sabeos, (2) fuego que cayó del cielo, (3) incursiones de grupos de caldeos, y (4) un potente viento que golpea las cuatro esquinas de la casa del hermano mayor.

Estos detalles son evidencia del primer recurso literario mencionado anteriormente. *Lo que sucede en la tierra es un reflejo de lo que ya ha sucedido en el cielo.* Job ha sido entregado a Satanás, con la única limitación de que su cuerpo no debe ser dañado.[12]

Es notable que la actividad de Satanás se manifiesta aquí a través de agentes humanos (sabeos y caldeos) y también de fenómenos naturales (fuego del cielo y viento). Observemos también que un *mensajero humano* es quien se refiere a este fuego del cielo como "fuego de Dios". Sin embargo, el narrador no hace tal afirmación. En cambio, estas palabras pueden estar destinadas a volver el corazón de Job contra Dios. Más adelante veremos que se repite este mismo patrón, con el fiscal de Satanás acusando a Dios de las mismas cosas que Satanás está orquestando.

A pesar de todo este sufrimiento, al final del capítulo 1 se nos dice: *A pesar de todo esto, Job no pecó ni le echó la culpa a Dios* (v. 22).

Pero Satanás no ha terminado todavía, y en el siguiente capítulo regresamos a la presencia divina para escuchar al Adversario ampliar su mentira previa, pasando de un solo hombre a toda la humanidad. Según Satanás, la razón por la que Job no se quebró es que los seres humanos son inherentemente egoístas; su lealtad suprema es hacia su propia carne: *Pero extiende la mano y hiérelo, ¡a ver si no te maldice en tu propia cara!* (2:5).

Una vez más, Dios lo pospone, retirando todavía más su protección. El *cuerpo* de Job está ahora en manos de Satanás, pero *su vida debe ser preservada*.

Es Satanás, no Dios, quien aflige a Job con "dolorosas úlceras desde la planta del pie hasta la coronilla" (2:7). Solo ahora su esposa pronuncia su famosa y mordaz reprimenda: "¡Maldice a Dios y muérete!". Job queda solo en su tormento. Una vez más, las aflicciones de Satanás han llegado a través de fenómenos naturales y de agentes humanos.[13]

Job se ha convertido en la encarnación de un patrón narrativo que está construido sobre la propia realidad. La pregunta que enfrenta Job es la misma que todos debemos responder en algún momento:

¿amaremos más el principio que el poder? O, dicho de otra manera, ¿es bueno Dios solo si es bueno *conmigo*?

La respuesta de Satanás es que, en última instancia, todos los seres humanos están aliados al poder, incluso en medio de nuestros servicios de adoración y momentos a solas con Dios. Su acusación es: "¡Piel por piel!". Y, al menos la mayor parte del tiempo parece tener la razón.

CON PRINCIPIOS

La Iglesia históricamente ha concebido a Dios en términos de tres atributos de poder extremo: *omnisciencia, omnipresencia y omnipotencia*. Aunque estas concepciones son ciertas, son principalmente inferencias. No derivan de nuestra experiencia del mundo ni de nuestra experiencia de Dios en el mundo. Sabemos que Dios está en todas partes, pero ¿realmente lo *experimentamos* a Él en todas partes? Creemos que todo lo sabe, pero ¿*actuamos* como si fuera así? Y confesamos que tiene todo el poder en sus manos, pero ¿vemos a los poderosos de este mundo edificando el reino de Dios? ¿O más bien los que tienen dinero y micrófonos utilizan sus recursos para satisfacer sus propios deseos y oprimir a quienes se les oponen?

En este mundo, el poder desnudo de la política y la prosperidad está mayormente concentrado en las arcas de Babilonia. La riqueza y la influencia no suelen fluir hacia aquellos con los ideales más elevados y las virtudes no corrompidas. Más bien, el poder alcanza su cúspide en manos de quienes no tienen escrúpulos para usarlo.

En resumen, el contexto de la creación bajo la maldición del dominio satánico ha significado la desconexión entre el poder y el principio. Con Satanás al mando, todo el poder se ha desatado, desligado de cualquier ética controladora, de toda restricción creativa, o de cualquier objetivo sagrado.

Esto no significa que Dios no sea poderoso. Pero el libro de Job trata de mostrarnos una realidad que no podemos ver con ojos nublados por el deseo de poder. Queremos que Dios sea poderoso porque nuestra lealtad es al poder, y queremos llamar *Dios* a lo que amamos. No queremos que Dios tenga principios, porque sabemos que no vivimos por principio. Y las normas de Dios son tan puras e inflexibles como el sol; por lo tanto, llamamos a Dios *omnipotente* cuando deberíamos proclamarlo *omniprincipiati*: Aquel que tiene todos los principios.

En su libro *The End of Christendom* [El fin del cristianismo], Malcolm Muggeridge relata una entrevista que realizó con Anatoly Kuznetsov, un escritor ruso de ciencia ficción que desertó al Reino Unido durante la Guerra Fría. Muggeridge había vivido en Moscú por varios años y había sido testigo de primera mano de la opresión de la iglesia rusa.

> Si cuando era un joven corresponsal en Moscú, a principios de los años treinta, me hubieras dicho que el régimen soviético podría continuar durante sesenta años con su política de hacer todo lo posible para extirpar la fe cristiana, desacreditar su historia y a su fundador, y que después de todo esto surgirían figuras como Solzhenitsyn hablando el lenguaje auténtico del cristianismo y comprendiendo grandes verdades cristianas como la cruz de una manera que pocas personas en nuestra época pueden hacerlo, yo habría dicho: "No, es imposible, no puede ser". Pero me habría equivocado.[14]

Entonces, Muggeridge pregunta: ¿está la fuente del gran florecimiento de la iglesia rusa en un lugar donde debería haber sido completamente destruida? Kuznetsov responde:

> Si en este mundo te enfrentas a un poder absoluto, un poder sin restricciones, sin límites, que se extiende a todas las áreas de la vida humana; si te ves confrontado con el poder

en esos términos, te ves obligado a comprender que la única respuesta posible no es otro sistema de poder, más humano, más ilustrado. La única respuesta posible al poder absoluto es el amor absoluto que nuestro Señor trajo al mundo.[15]

Durante la Guerra Fría, la iglesia rusa se negó a oponer su propio y miserable poder contra el vasto y desenfrenado poder del imperio soviético. En cambio, se aferró al principio, al verdadero "poder" de Dios que revela su verdadera naturaleza. Dios *es* amor.

O consideremos lo que ocurrió en Pekín el 5 de junio de 1989, cuando los tanques chinos entraron en la Plaza de Tiananmén para aplastar una protesta estudiantil. Un hombre desconocido, con una bolsa de compras en la mano, se detuvo frente a esa fila de tanques y se negó a moverse. Las cámaras occidentales capturaron la imagen y la difundieron por todo el planeta. Fue un momento de David contra Goliat, donde David ni siquiera tenía una honda. El principio, en la forma de la valentía desnuda de un hombre, desafió al poder encarnado en una línea de tanques de batalla Type 59. Y el principio venció.

Ese, en última instancia, es el mensaje de Job, y nos cuesta mucho creerlo. Pero Job sí lo creyó; incluso cuando tenía razones de sobra para no hacerlo.

Al final del capítulo 2 se nos dice que el sufrimiento de Job es tan grande que llama la atención de sus tres amigos: Elifaz, Bildad y Zofar. Llegan para consolarlo en su dolor y aflicción, pero quedan tan abrumados por la magnitud de su sufrimiento que simplemente se sientan con él durante una semana, sin decir nada.

LOS AMIGOS DE JOB

Es aquí donde termina el marco de apertura y comienzan las secciones internas y terrenales del libro. Un análisis detallado de estos capítulos intermedios probablemente no nos ayudaría a comprender cómo Job establece el contexto de la historia de Dios. Sin embargo, vale la pena detenerse brevemente para examinar la función principal de los capítulos 3–27, que presentan un debate sobre la causa del sufrimiento de Job, con Job como el único que defiende su integridad mientras que sus tres amigos se turnan para intentar convencerlo de que se arrepienta.

El argumento central de sus amigos es que Dios usa el poder contra los malvados,[16] por lo que Job *debe* ser malvado o, de lo contrario, no estaría sufriendo. Elifaz, Bildad y Zofar hacen acusaciones cada vez más duras a medida que Job se niega a aceptar sus consejos y a admitir crímenes que no ha cometido.

La respuesta de Job a su lógica determinista va al núcleo de su humanidad: *¡Ven algo espantoso y se asustan!... en esto radica mi integridad* (6:21, 29). Sus amigos están aterrorizados ante la posibilidad de que el universo no esté gobernado por un Dios que castiga a los malvados y recompensa a los justos. Necesitan creer en un universo regido por la justicia absoluta, aunque esa creencia no se refleje en la realidad, incluso si su creencia causa aún más dolor a Job.

Irónicamente, sus argumentos no son extraños en la Iglesia. Tenemos tendencia a simplificar en exceso el sufrimiento, y el libro de Job se toma su tiempo para abordar el daño emocional que tales actitudes pueden causar.

Es posible, tal vez incluso probable, que el libro esté haciendo algo más aquí, algo que se revela a través de su dispositivo narrativo de reflexión. Sin embargo, la función de este diálogo inicial entre los cuatro hombres se entenderá mejor más adelante.

ELIÚ: ¿DE QUIÉN ES DIOS?

Después del comentario autoral del capítulo 28,[17] Job continúa su lamento durante tres capítulos más, terminando con un último llamado a su propia inocencia. En el capítulo 32 su respuesta no proviene de ninguno de sus tres amigos, quienes dejaron de responderle, porque él "se consideraba un hombre justo" (v. 1), sino de un nuevo personaje que, al parecer, ha estado escuchando todo este largo intercambio:

> Pero Eliú, hijo de Baraquel de Buz, de la familia de Ram, se enojó mucho con Job, porque se justificaba más a sí mismo que a Dios. También se enojó con los tres amigos porque no habían logrado refutar a Job y sin embargo lo habían condenado.
>
> (vv. 2-3)

En este punto, la estructura de quiasmo de la historia señala a Eliú como un contrapunto a los amigos de Job, excepto que Eliú no ha sido nombrado como uno de ellos, ha aparecido de repente, como de la nada, y no muestra ninguna señal de amistad. De hecho, casi de inmediato, Eliú demuestra no solo una total falta de empatía, sino también una hostilidad que solo puede justificarse en el texto por su celo juvenil (32:18-21). Es probable, por lo tanto, que su inclusión en este momento tenga la intención inicial de reflejar la función de los amigos de Job como sus acusadores.[18]

Los estudiosos han atribuido varios roles a Eliú, incluyendo el de escriba, defensor divino, y fiscal celestial; sin embargo, son difíciles de sostener desde una perspectiva dramática. Además, todas estas interpretaciones parecen ignorar el verdadero tono de las palabras de Eliú. Si no sentimos el aguijón de la arrogancia y la crueldad de este joven, probablemente significa que no hemos empatizado completamente con la profunda angustia del alma y el tormento físico de Job.

Imagina que acabas de perder a tus diez hijos. Tus ahorros de toda la vida han sido robados y tu negocio ha sido reducido a cenizas. No hay seguro, por lo que no habrá reconstrucción ni recuperación de tus ingresos o tu riqueza. Peor aún, tu cuerpo está repentinamente cubierto de llagas que podrían indicar sífilis, lepra, o algo aún peor.[19] Y ahora, tus mejores amigos te acusan públicamente de una maldad terrible, basándose únicamente en su suposición de que *debes* ser culpable, porque de lo contrario no estarías sufriendo lo que te mereces.

Después de todo esto, un fanático de diecinueve años que dice hablar en nombre de Dios (quizás un estudiante de seminario) te exige que lo escuches porque Dios le ha dado conocimiento del bien y del mal (32:9), y porque nació con un entendimiento extraordinario (32:8). Además, tiene derecho a hablarte como quiera porque tiene sentimientos muy intensos (32:19) y sus palabras "salen de un corazón sincero" (33:3). ¡Presta atención, anciano, que Eliú te enseñará sabiduría (33:33)!

El oído saborea las palabras,
    como el paladar prueba la comida.
Procuremos discernir juntos lo que es justo
    y aprender lo que es bueno.   (34:3-4, énfasis añadido)

Esa línea en el versículo 4 debería hacer sonar alarmas. Eliú está repitiendo la mentira de la serpiente en el jardín del Edén. Eliú no es un fiscal divino, sino un fiscal diabólico.[20]

Además, debemos entender que la tensión dramática de esta historia no radica principalmente en los capítulos iniciales. Las primeras maniobras de Satanás son solo un preludio de algo peor. La historia no pierde su tensión a través de una lenta elaboración del sufrimiento de Job. Más bien, la intensidad crece a medida que los primeros golpes de desastre dan paso a cálculos más precisos de tortura.

Job sigue sufriendo aquí en su confrontación con Eliú. No está reflexionando sobre su dolor pasado; su dolor lo rodea. Todavía lleva las llagas, el duelo y la confusión. Desde su perspectiva, las agonías están ocurriendo ahora mismo todas ellas. En otras palabras, la historia no ha terminado. Su tensión no ha desaparecido. Todo en la vida de Job está *empeorando*.

Si perdemos de vista esto, perderemos el significado dramático de los capítulos 3-38. Lo que sucede después de los dos primeros capítulos de Job, es decir, la mayor parte de la historia, no es la consecuencia del dolor de Job, sino su clímax dramático. Y, como cualquier buen narrador, el autor de Job ha reservado la confrontación más terrible para el final.

Eliú es una herramienta para la última tentación de Satanás. Es un portavoz del adversario, quien incluso entonces lo está utilizando para tratar de quebrar a Job en el momento más oscuro de su vida. Y lo hace a través de una larga serie de acusaciones contra Job y contra Dios, cada una de las cuales se entiende mejor a la luz del papel de Eliú como acusador satánico. En espíritu, Eliú es un torturador medieval inclinado sobre su víctima en el potro, exigiéndole sumisión al nuevo rey:

Ya que Dios no puede hacer el mal, el que está equivocado debe ser Job. (34:10-12)

Dios no te permitirá tener tu día en el juicio. (34:23)

Pecaste abiertamente, por lo que Dios te está castigando abiertamente. (34:26-28)

¿Por qué Dios te recompensaría con alivio si te niegas a arrepentirte? (34:33)

¡Ojalá Dios te hiciera sufrir aún más! (34:36)

Job, te estás rebelando contra el Dios del poder. (34:37)

Dios no es afectado por el bien y el mal que se hace en la tierra. (35:8)

Dios no responde cuando la gente clama a Él. (35:12-13)

¿Por qué Dios debería escucharte si todo lo que dices es vacío? (35:16)

Mis palabras no pueden ser falsas porque soy perfecto en conocimiento. (36:3-4)

Si tan solo te arrepintieras y estuvieras de acuerdo con mi argumento, tu tormento terminaría. (36:11)

Eres malvado y prefieres seguir siéndolo antes que obtener alivio de tu sufrimiento. (36:17-21)

Dios es exaltado en su poder. El poder es la forma en que gobierna. El Todopoderoso está más allá de nuestro alcance y es exaltado en poder. (36:22; 27-31; 37:23)

¿De quién es Dios? Mío. Es *mi* Dios, el Dios de Eliú, el Dios de poder de Eliú.

La ironía aquí es que Eliú tiene razón. Su dios *es* un dios de poder, pero su dios no es el Dios del marco de apertura, no es el Dios al que Job ha estado apelando. Su dios no es Dios. Su dios es Leviatán, el "rey de todos los soberbios" (41:34).

Satanás sigue actuando en esta historia, sigue operando a través de agentes humanos, y su elección de un joven lleno de emoción, autosuficiencia y celo religioso es la opción perfecta para infligir el tormento existencial más agonizante a Job.

También es significativo que, como señala Robert Alter, la poesía de Eliú es "vastamente inferior" al resto del libro.[21] De hecho, representa un contraste deliberado con la poesía de Dios en los capítulos 38-41. Mientras que algunos eruditos contemporáneos, como Alter, atribuyen esta disparidad a que los capítulos de Eliú podrían haber sido añadidos posteriormente, es más probable que se trate de un recurso artístico de caracterización. Los buenos narradores crean distinción en los diálogos de sus personajes. Debe esperarse que la poesía de Eliú sea deficiente. Su arte es tan deforme como su teología.

Además, en las treinta referencias de Eliú a Dios, nunca usa el nombre personal Yahvé (YHWH), una omisión que Stephen

Vicchio atribuye a la teología del "plan divino" de Eliú.²² Pero una explicación más directa parece más probable: Eliú está reflejando al Adversario en los capítulos iniciales, quien de manera similar solo se refiere a Dios por su nombre universal.

Aun así, lo más impactante en estos capítulos es lo que Eliú *sí* dice. Su arrogancia y crueldad son asombrosas. Si algo pudiera alejar a Job de Dios, sería esto. Si algo pudiera tentar a Job a comprometer su integridad, sería un joven fiscal en su tarea de acusador, y vestido como clérigo, apareciendo justo a tiempo para defender a Dios contra la maldad de Job.

Desde una perspectiva dramática, esta interpretación se refuerza en la manera en que la escena actúa como otro reflejo de lo que ya ha ocurrido: el consejo de amigos de Job es una imagen especular del consejo divino de los hijos de Dios. Así como Dios ha sido despojado figuradamente de su poder por la mentira de Satanás, Job ha sido despojado de poder por la mano de Satanás. Así como Dios ha sido acusado por el adversario, Job es acusado por los agentes del adversario. Lo que sucede en la tierra ya ha sucedido en el cielo: *Llegó el día en que los hijos de Dios debían presentarse ante el Señor y con ellos llegó también Satanás* (1:6). Y un día, los amigos de Job vinieron a presentarse ante él, y Eliú también llegó con ellos.

Este reflejo no solo es un espejo de lo que ya hemos visto, sino también de lo que no podemos ver como criaturas atadas a la tierra. Si los amigos de Job son un reflejo de los "hijos de Dios", ¿son sus acusaciones acaso ecos de un descontento en la presencia divina?

Vale la pena hacerse esta pregunta, aunque una respuesta definitiva sea imposible. No se nos dice directamente qué podrían estar diciendo los hijos de Dios. Lo único que tenemos son las palabras de Elifaz, Bildad y Zofar. Escuchamos como a través de un vidrio oscuro. Pero escuchamos. Y lo que escuchamos puede no ser exclusivamente humano.

Desde la perspectiva de Job, solo hay una respuesta a las falsas acusaciones de Eliú y solo una respuesta a sus exigencias de compromiso:

Job lo ignora.

Y Dios lo ignora.

Pero el Señor responde a Job.

OSCURECIENDO EL CONSEJO DE DIOS

Así llegamos a la respuesta de Dios, si es que puede llamarse así, que llega en medio de una tormenta. Dios se hace oír, pero no se deja ver. El Señor permanece oculto, una voz incorpórea que no se dirige a Eliú ni, por el momento, a los amigos de Job, sino directamente a Job.

Sus respuestas son en su mayoría preguntas, comenzando con: *¿Quién es este, que oscurece mi consejo con palabras carentes de sentido?* (38:2).

G.K. Chesterton dice que Dios ha abierto la sesión con una pregunta meramente procesal: en esencia, está diciendo: "Diga su nombre para que conste en acta".[23] Pero lo que más despierta mi imaginación es la forma en que está formulada la pregunta. En su ignorancia, Job ha oscurecido los planes de Dios o, más literalmente, ha *oscurecido el consejo de Dios*. Sus palabras han distorsionado la verdadera naturaleza de Dios, haciéndola parecer mucho menos bella y gloriosa de lo que realmente es.

Dos capítulos de preguntas detalladas bastan para mostrarle a Job que en realidad no ha conocido ni entendido la naturaleza de Dios. Lo que sabía en teoría, desde la distancia, es tan superado por la realidad de Dios que Job queda casi sin palabras (40:4-5). Pero Dios aún no ha terminado con su interrogatorio.

¿Vas acaso a invalidar mi justicia? ¿Me condenarás para justificarte? (40:8). Este parece ser el punto clave, ya que toca una falla común en los humanos a lo largo de la historia. Cuando la vida nos lleva a

preguntarnos: "¿Sigue siendo Dios bueno si no es bueno *conmigo?*", la mayoría respondemos: "¡No!". Debido a que medimos el universo según el estándar moral de nuestras propias preferencias y comodidad, cualquier Dios que no sirva a nuestro aparente interés personal no puede ser confiable ni bueno. Así que hacemos suposiciones sobre la naturaleza de la vida, la naturaleza del mundo, e incluso la naturaleza del ámbito espiritual. Oscurecemos el consejo de Dios con palabras carentes de sentido. Es probable que sea esta tendencia lo que Dios está abordando cuando dirige a Job hacia las dos criaturas de los capítulos 40-41: Behemot y Leviatán.

Tal vez ningún aspecto del libro de Job ha sido interpretado de formas más diversas que estos dos enigmáticos seres. Algunos creacionistas han asociado sus características con dinosaurios. Greg Boyd los ubica dentro del grupo de criaturas míticas del caos.[24] El científico Hugh Ross sigue la interpretación más tradicional, la que comúnmente aparece en Biblias de estudio, y dice que Behemot probablemente era un hipopótamo y Leviatán un cocodrilo.[25] Otros han argumentado que, independientemente de su identidad, su ferocidad los convierte en encarnaciones del poder soberano de Dios, sugiriendo que el mensaje de Dios aquí es el siguiente: si Job no puede enfrentarse al poder de Behemot y Leviatán, ¿qué derecho tiene a cuestionar a su Creador?

Ninguna de estas interpretaciones toma en cuenta la estructura de quiasmo de la historia ni explica completamente las extraordinarias contradicciones entre sus distintas características. Behemot no se parece en nada a Leviatán. Estas criaturas no son gemelas. Ni siquiera son ejemplos complementarios del poder de Dios. En cambio, Behemot y Leviatán son visiones *contrarias* de la realidad suprema.

Desentrañar su significado requiere el uso del segundo y el tercer recurso literario: quiasmo y significado en capas. Para comenzar, observemos cómo la presencia de Dios, de los "hijos de Dios", y de Satanás en (B) se reflejan en (B').

A Job y Dios – Sacrificio, casa
  B Dios, hijos y Satanás – Confrontación
    C Job y amigos – Tentación
      D Interludio – Sabiduría y el temor del Señor
    C' Job y Eliú – Tentación
  B' Dios, Job y Leviatán – Confrontación
A' Job y Dios – Restauración, casa

Los estudiosos han estado destacando por mucho tiempo que Satanás parece desaparecer después del capítulo 2; sin embargo, como vimos con el joven Eliú, Satanás no desaparece. Simplemente está reflejado.

El reflejo es necesario aquí para no ocultar a Satanás sino para honrar la imagen del inimaginable Dios de la creación. Dios no puede ser expresado adecuadamente en la creación. Sería impensable para el autor de Job intentar crear una imagen del Todopoderoso. Hasta Cristo, lo mejor que cualquier narrador podía hacer era señalar la creación misma y decir: "Ese árbol, esa montaña, esas estrellas... ¡todos proclaman la gloria de Dios!". Por eso Dios no le dice a Job: "¡Mírame a mí!", sino que en cambio le dice: *Mira a Behemot... Entre mis obras ocupa el primer lugar* (40:15, 19). Aquí, *obras* también puede traducirse como *caminos*.

Behemot, entonces, no es Dios. Es un inicio de las obras y los caminos de Dios. Y cada comentario que Dios hace sobre la naturaleza de Behemot (40:15-24) está diseñado como un enigma que debe ser analizado cuidadosamente a fin de comprender su significado literal, tipológico y metafórico. Behemot no es solo un hipopótamo; también es la tierra (en contraste con el mar) y una expresión representativa de los caminos de Dios.

Leviatán, por otro lado, no es solo un monstruo marino agitado. Tipológicamente, es el mar como encarnación del caos. Metafóricamente, es una representación de Satanás y su poder externalizado. Leviatán "mira con desdén a todos los poderosos; ¡él es rey de todos los soberbios!" (41:34).

¡HE AQUÍ UN HIPOPÓTAMO MARAVILLOSO!

Es estructuralmente significativo que la respuesta final de Job a Dios llegue después de esta revelación contrastante de Behemot y Leviatán. De hecho, Job repite la pregunta inicial de Dios antes de responder:

> *¿Quién es este —has preguntado—,*
> *que sin conocimiento oscurece mi consejo?*
> *Reconozco que he hablado de cosas que no alcanzo a comprender,*
> *de cosas demasiado maravillosas*
> *que me son desconocidas...*
> *De oídas había oído hablar de ti,*
> *pero ahora te veo con mis propios ojos.*
> *Por tanto, me retracto*
> *y me arrepiento en polvo y ceniza.* (42:3, 5-6)

"Pero ahora te veo con mis propios ojos"; pero ¿cómo? ¿Se le olvidó al narrador mencionar este encuentro supremo? ¿O se nos invita a entender que, al ver la creación de Dios (sus *obras* y sus *caminos*) Job, en efecto, ha visto al Señor en el único sentido en que un ser humano podría hacerlo?

¿Se supone que debemos darnos cuenta de que Job ha contemplado un hipopótamo verdaderamente maravilloso, la tierra tal como está destinada a ser, restaurada bajo el control del único que es digno de gobernarla, aquel cuya soberanía no se basa en el poder? Aquel que, cuando pasó delante de Moisés, se describió no en términos de poder, sino de ideales positivos; más aún, de ideales *relacionales*: *El Señor, el Señor, Dios compasivo y misericordioso, lento para la ira y grande en amor y fidelidad, que mantiene su amor hasta mil generaciones después y que perdona la maldad, la rebelión y el pecado; pero no tendrá por inocente al culpable* (Éxodo 34:6-7).

El libro de Job es el contexto esencial de la Escritura. Forma un trasfondo espiritual de la historia, desde el Edén hasta el Gólgota. Su gran importancia radica en su revelación dramática del conflicto divino que ha dado forma a los asuntos de la tierra.

¿Elegiremos el poder, o elegiremos el principio? Esa es la pregunta que debemos responder en nuestro camino hacia el encuentro con Dios. Es la pregunta que se ha planteado a cada persona de Dios, a cada seguidor de Jesús, desde Adán y Eva hasta el fin de los tiempos. Y cada persona, excepto Jesús, la ha respondido erróneamente en algún momento. Cada patriarca, cada santo, cada icono humano de virtud bíblica ha fallado. El poder ha corrompido, y el poder devoto ha corrompido devotamente.

Todos hemos creído la mentira de que usaríamos el poder para el bien si tan solo tuviéramos la oportunidad; sin embargo, cuando se nos da esa oportunidad, tarde o temprano demostramos que nuestra afirmación era falsa y que nuestra lealtad a la bondad era exagerada. Los mejores de nosotros finalmente fallan, y todo el Antiguo Testamento es un monumento a ese hecho:

> **José** salvó al mundo antiguo del hambre, pero después "todos quedaron reducidos a esclavitud, de un extremo a otro de Egipto" (Génesis 47:21).

> **Gedeón** liberó a Israel por la fe, pero después construyó un ídolo con las ganancias de su propia codicia (Jueces 8:27).

> **Elías** llamó a todo Israel al arrepentimiento, pero después mató a cien soldados con el poder del fuego sobrenatural (2 Reyes 1:10-12). (Claramente, Jesús no aprobó esto; ver Lucas 9:54-55).

Incluso **Moisés**, el hombre que mejor representó la autoridad y el poder de Dios ante el mundo, finalmente falló en hacerlo con precisión (Números 20:7-12).

La lista podría continuar, pero ¿para qué? No fue solo Moisés quien golpeó la roca. ¡*Todos* hemos golpeado la roca! Todos hemos vendido nuestra lealtad, hemos construido ídolos, y hemos invocado que caiga fuego sobre nuestros enemigos. Y la mayoría de nosotros lo hicimos no porque alguien nos amenazara con un arma o nos ofreciera un contrato millonario; fue por algo mucho más barato: por conveniencia, por comodidad, por una ilusión de justicia propia.

Afortunadamente, el reino de Dios no se establece mediante el poder. Se establece mediante el principio, a través de los ideales relacionales que están en el corazón del lenguaje de la historia,[26] los ideales que apuntan a un Dios que conoce y quiere ser conocido.

Toda la Escritura proclama esto; pero estas proclamaciones son gritos de Dios, lo cual significa que son fuertes como un amanecer. Son sutiles incluso en su insistencia; se revelan mejor a través de una voz suave y apacible, en lugar de un viento, un terremoto o un fuego (1 Reyes 19:11-12). Los gritos de Dios en la Escritura hablan paz a la tormenta (Lucas 8:24) y verdad a todo poder (Mateo 26:64-65). Son verdaderamente maravillosos en su "esencia de hipopótamo". Y, una vez que los ves escondidos bajo el loto, no puedes dejar de verlos, ni quieres hacerlo.

Desde la impactante declaración de Zacarías: *No será por la fuerza ni por ningún poder, sino por mi Espíritu* —dice el Señor de los Ejércitos— (Zacarías 4:6), hasta la revelación de Pablo sobre Jesús: *Mi poder se perfecciona en la debilidad* (2 Corintios 12:9), la Biblia está preparando el escenario para la gran revelación de Cristo como el único regido por principios.

Algún día, los ángeles y los habitantes de la tierra se alegrarán porque Jesús finalmente (¡finalmente!) ha tomado su poder y ha comenzado a reinar (Apocalipsis 11:17). Y todos nos uniremos para celebrar y proclamar: *Digno eres, Señor y Dios nuestro, de recibir la gloria, la honra y el poder* (Apocalipsis 4:11).

EL DIOS DE *UBUNTU*

Todavía queda un último vistazo detrás del telón que debe abordarse a fin de comprender, o al menos para no malinterpretar, la historia de Job.

Si la frase "ahora te veo con mis propios ojos" señala a Behemot como una representación tipológica y metafórica de las obras y los caminos de Dios, entonces Behemot es más que un hipopótamo maravilloso; es la tierra a la que Cristo regresará un día, tanto en poder como encarnando los principios fundamentales mediante los que gobierna el cosmos.

Pero Behemot no debe confundirse con Dios mismo; de lo contrario, caeríamos en el mismo error que los amigos de Job y terminaríamos alineándonos no con el Creador sino con una lista de atributos. Seguramente esto no es lo que el autor de Job pretendía. Tal cosa podría considerarse "sabiduría", pero no es lo que Job ha pedido.

No diré que esta es la interpretación reveladora del libro de Job; sin embargo, señalaré que el punto dramático más evidente de la historia es también el que casi siempre se pasa por alto como una mera conveniencia estructural.

Dios se encuentra con Job.

Aquí, al final de la historia, Job finalmente obtiene lo que había estado pidiendo: una audiencia con el Dios viviente. Ninguno de sus amigos ha pedido, ni siquiera deseado, una audiencia así. Eliú ha negado que una reunión así sea posible. De hecho, el único personaje en esta historia que busca una relación con Dios es su protagonista.

Job ha estado equivocado acerca de Dios, culpándolo sin razón. Ha expresado su enojo, ha lamentado y hasta ha acusado al Creador, pero no se ha alejado. No se ha rendido. Ha seguido relacionándose con Dios incluso en medio de la más extrema angustia. Puede ser doloroso gritar y reclamar, pero hacerlo es señal de conexión. Una relación tensa sigue siendo, después de todo, una relación.

Esta cualidad relacional en la historia es tal vez su revelación más importante, pues no se centra en un solo hombre o ni siquiera en la humanidad. En cambio, el clímax de la historia es un encuentro, una conversación entre Job y Yahvé sobre la naturaleza de Dios como "Dios" (Elohim; ver Job 40:1-2). Yahvé le habla a Job como a una persona. No es solo un conjunto de atributos. El punto no es que Dios sea el verdadero norte de nuestra brújula moral ni el estándar fijo de nuestros ideales. Lo que importa aquí al final es que Yahvé es una persona a quien Job es invitado a conocer. La naturaleza relacional de Dios es el hilo conductor de cada ideal positivo, de cada principio.

Esto también se refleja en el desenlace de la historia, cuando las nubes tormentosas desaparecen, tanto literalmente como figuradamente. Se le devuelve a Job su propiedad, y su riqueza se duplica en todas las categorías menos en una. Donde al principio tenía siete mil ovejas, al final tiene catorce mil. Sus camellos perdidos, que eran tres mil, al final son reemplazados por seis mil. Sus bueyes y asnos también se duplican.

La particularidad de esta duplicación radica en un detalle extraño: Job, quien ha perdido a diez hijos, recibe diez más, no veinte. Además, de los diez nuevos hijos, solo se mencionan los nombres de sus tres hijas: Jemimá, Kéziah y Keren-Hapuc. Los varones no son nombrados. Ambos detalles son giros inesperados en nuestras expectativas. Siempre que una historia desafía lo normativo, podemos estar seguros de que está tratando de decirnos algo.

La recompensa de Job en realidad sí ha sido duplicada, porque el destino final del pueblo de Dios no es finito sino eterno. Sus hijos perdidos no permanecerán perdidos. Job los verá de nuevo y, cuando lo haga, cuando el telón final de la historia caiga, no contará diez hijos, sino veinte.

Aquí es donde la historia de Cristo se vuelve más clara para quienes tienen ojos para ver y oídos para oír. G. K. Chesterton estuvo cerca de expresarlo con claridad:

> Pero en el prólogo vemos que Job es atormentado no porque fuera el peor de los hombres, sino porque era el mejor... No necesito sugerir qué historia tan grande y extraña esperaba a esta paradoja del mejor hombre en la peor fortuna. No necesito decir que, en el sentido más libre y filosófico, hay un personaje en el Antiguo Testamento que es verdaderamente un tipo; ni decir qué se prefigura en las heridas de Job.[27]

No es una coincidencia que el libro de Job termine con un banquete, con la familia y los amigos de Job dándole plata y oro, con la mención de sus hijas y la restauración de su reino.[28] Las mejores historias, las historias más verdaderas, no son aquellas que terminan en miseria, sino aquellas que nos recuerdan la restauración de todas las cosas y la bondad del Dios que ha prometido hacer que nuestro sufrimiento sea significativo y también temporal.

Disfrutó de una larga vida y murió muy anciano (42:17).

Así termina el libro de Job.

Pero la historia de Job continúa.

CARACTERIZACIÓN

7

¡MATA AL CONEJO!

El personaje central de una historia se llama *protagonista* o, de manera más coloquial, el *héroe*. Lo que hace que esta figura central sea importante es su papel como el centro moral del relato. Por muy valiosos que sean los ideales de cualquier historia, solo pueden funcionar dramáticamente si están encarnados (personalizados, por así decirlo) en las acciones y decisiones de personajes ficticios. "No puedes contar una historia sobre un arma", solía decir mi mentor de escritura, el autor de ciencia ficción James Gunn, "pero puedes contar una historia sobre un hombre con un arma".

El personaje central de cualquier historia debe ser una persona. Sea quien sea, está en una posición única para encarnar la proyección del yo por parte de la audiencia. Lo que ella desea, nosotros lo deseamos. Lo que teme, nosotros lo tememos. Cuando tiene éxito o fracasa, nosotros lo hacemos con ella.

Dado que los personajes ficticios no son personas reales sino solo representaciones, el lenguaje narrativo construye a los protagonistas en dos planos coexistentes: dos versiones accesibles de sí mismos. Una es la identidad *interna* del personaje; la otra es su identidad *externa*.

No todas las historias exploran estos aspectos por igual, pero el estándar por defecto para un protagonista ficticio, el modelo universal, por así decirlo, se basa en la conjunción de lo interno y lo externo. En otras palabras, la historia parece ver incluso a los seres humanos individuales a través de una lente contextual de paralelismo.

No es difícil entender por qué. La personalidad es la máxima expresión de la identidad, y la manera más sencilla de expresar la complejidad de un ser humano es a través de una combinación de ambos aspectos.

En la vida experimentamos nuestro propio yo interno y externo casi constantemente; pero solo podemos percibir el yo externo de los demás. La vida interior de otra persona solo puede conocerse de manera indirecta e imperfecta a través de algo como una novela o una memoria personal. En cambio, la vida externa de los demás siempre está presente: alentamos a amigos y familiares mientras enfrentan la vida; compartimos los altibajos de colegas y conocidos en sus celebraciones o tristezas; seguimos las vidas públicas de políticos, actores y tiranos a través de las noticias.

El protagonista, por lo tanto, es un mecanismo para experimentar clases o tipos de vivencias (los "mapas mentales" de Diana Wynne Jones) que de otro modo no podríamos vivir. Cuando el héroe se embarca en una aventura de descubrimiento, venganza o restauración, reconocemos fácilmente ese conflicto externo como una parte natural de la vida. Y cuando el héroe se ve obligado por los eventos de la historia a enfrentar un defecto interno, reconocemos esa lucha de arrepentimiento, el conflicto interno sobre quiénes seremos, como algo universal. Combinados, estos conflictos internos y externos forman el núcleo de un personaje con el que podemos identificarnos.

Así es como el protagonista se convierte en el punto de vista central a través del cual se interpretan los eventos de la historia. Por eso, para que una historia se resuelva, el héroe debe superar tanto una fuerza externa de oposición como una interna de deseos en conflicto.

EL YO INTERNO

Los deseos en conflicto se ilustran dramáticamente a través del crecimiento moral, razón por la cual los protagonistas casi siempre tienen defectos. Un defecto moral le da al personaje espacio para crecer, y a la historia un camino para resolverse. Sin un defecto, o al menos una tentación, el personaje no puede cambiar. Y si no tiene espacio para cambiar y crecer, la sección media de la historia no producirá una sensación de tensión creciente. Será un momento de pausa aburrido.

Esto no significa que el defecto del protagonista deba ser trágico o incluso grande. Los defectos menores pueden ser efectivos en las historias porque, al igual que en la vida, a menudo tienen grandes consecuencias. Pequeñas mentiras pueden generar enormes problemas, creando un efecto dominó que se extiende desde una persona hasta su familia, sus amigos y su comunidad.

El trabajo del narrador es extrapolar los efectos de estos defectos, incluso cuando son menores. Los grandes narradores nos muestran cómo el más mínimo de los pecados puede tener efectos devastadores en los demás. "Dejemos que nuestros artistas sean aquellos —escribió Platón— que tienen el don de discernir la verdadera naturaleza de lo bello y lo armonioso".[1]

¡Qué bello es vivir!, el clásico navideño protagonizado por Jimmy Stewart, es un ejemplo icónico de esto. El protagonista, George Bailey, no comienza como una mala persona. Comienza como alguien bueno: un hombre generoso, humilde y valiente. Pero George cree una mentira. Y la mentira que cree es algo en lo que muchas personas coinciden, incluso si no lo admitimos abiertamente. Es una de

esas creencias que mantenemos en privado pero nunca verbalizamos porque, al decirla en voz alta, sonaría egoísta y hedonista.

George Bailey cree que la mejor vida posible es aquella dedicada a viajar y a completar grandes proyectos. Cree en dejar su huella en el mundo construyendo puentes, admirando las maravillas de la historia y, tal vez, ganando una medalla de honor luchando contra los nazis. Piensa que los grandes hombres hacen grandes cosas.

La película es un examen reflexivo de por qué esa idea es errónea. Muestra a George, y por lo tanto a la audiencia, que la vida ordinaria que ha llevado es, en realidad, la más extraordinaria. No, no fue a la guerra. Ni siquiera fue a la universidad. Lo único que hizo fue ayudar a la gente común en el miserable y pequeño pueblo de Bedford Falls.

A lo largo del recorrido, la historia (como hacen todas las grandes historias) ejerce presión sobre el héroe para que crea su mentira central. Cuando George se esfuerza por alcanzar la grandeza, la historia lo enfrenta a la realidad. En un momento crucial, George dice: "Supongo que todos estarían mejor si yo nunca hubiera nacido", y el ángel Clarence responde: "Muy bien, tienes tu deseo". El resto de la película es un desarrollo pausado de las consecuencias de esa pequeña mentira.

Lo que hace que esta historia funcione es que no esperamos que la mentira se extienda tanto como lo hace. Su magnitud resulta impactante. Y la razón por la que nos sorprende es que también nosotros creemos la mentira.

No es hasta que la película llega a su resolución, cuando George dice: "Llévame de regreso, Clarence. Quiero vivir otra vez", que se restaura su plenitud. Al renunciar a la mentira, George Bailey se convierte en algo más que un buen hombre; se convierte en un gran hombre. Y esto ocurre gracias a la presión generada en la parte media de la historia, que está diseñada para exponer la mentira tal como es. El crecimiento de George Bailey, y la posterior revelación de la mentira compartida tanto por el protagonista como por el público, no sería posible si George no comenzara creyendo algo aparentemente inofensivo.

El principio de la caracterización interna, entonces, es que el verdadero ser del protagonista se revela a través del crecimiento demostrado por la corrección de un defecto. Para que una historia termine bien, el héroe debe reparar su fractura interna mediante el arrepentimiento.

EL YO EXTERNO

No es solo la vida interior del personaje principal la que demuestra crecimiento. Su identidad exterior también es importante. En términos narrativos, esta parte de su identidad se define por el patrón de problema/solución que a veces se llama la *meta de la historia*. La meta de la historia es aquello que el protagonista busca alcanzar, y solo será eficaz si el deseo de lograrlo es compartido por el público. Frodo Bolsón, por ejemplo, quiere destruir el Anillo Único, y quienes hemos recorrido la Tierra Media a su lado estamos emocionalmente involucrados en su éxito. Del mismo modo, no es solo Luke Skywalker quien quiere ver la Estrella de la Muerte destruida, ni solo Dorothy quien quiere encontrar el camino de regreso a casa desde Oz. Cada uno de estos personajes está impulsado por el deseo de alcanzar algo más allá de sí mismo. Buscan cambiar algún aspecto de su mundo o, en el caso de Dorothy, cambiar de mundo por completo.

Las metas de la historia suelen analizarse en términos de trama, pero es importante comprender cómo influyen en nuestra percepción del protagonista. Las narrativas verdaderamente inmersivas nos conectan tan profundamente con la motivación externa del personaje principal que tendemos a juzgar cada evento, personaje o contratiempo según su impacto en la meta de la historia. Al leer o ver una representación de *Romeo y Julieta*, por ejemplo, nuestras emociones se filtran a través del punto de vista de los jóvenes amantes, no el de sus padres que desaprueban su relación.

Este efecto de conexión es tan fuerte, que el público puede llegar a simpatizar con personajes que, en otras circunstancias, serían considerados villanos. Pensemos en Michael Corleone en las películas de *El Padrino* o, más recientemente, en Katniss Everdeen en *Los Juegos del Hambre*. Una vez que el público está situado en la perspectiva del protagonista, es inevitable que interprete cada evento a través del sesgo del interés propio (también conocido como el árbol del conocimiento del bien y del mal).

Sin embargo, así como los obstáculos de la historia son vistos a través de esta lente, también el yo externo del protagonista se define por los obstáculos que supera. En una buena historia, estos obstáculos suelen generar un alto grado de tormento físico y emocional. Sí, la heroína puede obtener lo que quiere al final, pero en el camino sufrirá, *y mucho*. Hércules no sería un verdadero héroe si sus trabajos hubieran consistido en sacar la basura y lavar los platos. El viaje de Frodo no sería interesante ni revelador si hubiera llegado a Mordor sobre el lomo de un águila gigante. Y Dorothy necesitaba recorrer Oz para poder apreciar las palabras del Mago al final.

De un modo u otro, la historia demanda que el protagonista sufra. ¿Por qué? Porque el sufrimiento es la única moneda mediante la cual puede ser establecido el valor de la meta de la historia.

En 1999 el cómico Billy Crystal pagó 239 mil dólares por uno de los guantes de béisbol de Mickey Mantle.[2] Recuerdo que me enteré de eso por un noticiero nocturno, después de lo cual musité algo parecido a lo siguiente: "¡Ningún guante vale tanto dinero!". Estaba equivocado, desde luego. Lo que hizo que el guante fuera tan valioso es un principio económico que se aplica tanto en eBay como en el derecho de seguros y en toda la humanidad: algo vale el precio más alto que alguien esté dispuesto a pagar por ello.

Las consecuencias de este principio no solo son esenciales en la narrativa, sino que también tienen una profundidad teológica, desencadenando un efecto dominó de significado último. En las historias, la única moneda de verdadero valor es la inversión emocional del público. Esto significa que, para lograr la participación del espectador, el narrador *debe hacer que el protagonista sufra*.

Todos hemos leído historias que terminaron demasiado fácilmente; lo que hace que estas historias fallen es la falta de valor generado a través de la participación. Si el personaje principal no sufre de alguna manera, no tenemos idea de cuánto vale la meta de la historia. Pero cuando Luke Skywalker pierde a su mentor, Obi-Wan Kenobi, en el proceso de robar los planos de la Estrella de la Muerte, sentimos la importancia de su misión. Cuando Gandalf cae en el abismo de Khazad-dûm, sentimos la importancia del viaje de Frodo, y el valor de la meta de la historia queda grabado en nuestro corazón.

Para que una historia tenga un buen desenlace, el héroe debe pagar un precio significativo.

RESOLUCIÓN EMOCIONAL

El precio que paga el héroe es lo que hace que el desenlace de una historia sea satisfactorio. Las buenas historias nos hacen sentir porque nos obligan a identificarnos tan profundamente con el protagonista que su sufrimiento se convierte en el nuestro. Cuando la historia se resuelve con el logro de la meta, lo sentimos porque estamos participando en la tensión del conflicto central. No es solo Luke Skywalker quien destruye la Estrella de la Muerte; cada persona en el público dispara ese último y extraordinario disparo.

Este tipo de resolución se deriva de una alineación lógica y realista entre lo que *es* y lo que *debería ser*. Las historias se resuelven porque algo que estaba mal es corregido. Sin embargo, aunque esta resolución debe encajar lógicamente dentro de la situación dramática de la historia, el impacto que produce en el público no es, en primera instancia, racional. No leemos novelas para ser enseñados. Las leemos para ser entretenidos.

Comprender el papel de la emoción en la narración es clave para reconocer su poder. Cuanto mejor esté construida una historia, cuanto más inmersiva y emotiva sea, más la disfrutará el público. Nos encantan las historias que nos conmueven, pero no solo nos gustan; nos rendimos ante ellas. No tenemos inmunidad contra una historia poderosa, incluso cuando esa historia comunica algo que contradice nuestra visión del mundo.

Esto ha sido demostrado en investigaciones. En un artículo publicado en el *Journal of Personality and Social Psychology*, los investigadores Melanie Green y Timothy Brock presentaron estudios que indican que cuanto más inmerso está un espectador en una historia, más tiende a adaptar sus creencias para alinearse con las ideas que la historia transmite. Escribieron: "Involucrarse en un mundo narrativo parecía tener consecuencias medibles. Aunque estos análisis correlacionales no pueden establecer causalidad, una posibilidad plausible es que los individuos modificaron sus creencias sobre el mundo real en respuesta a sus experiencias dentro de una historia".[3]

Una historia bien contada elude nuestras barreras intelectuales y nos cambia a través de nuestras emociones. La narración no es un ataque directo a nuestra capacidad de razonar y considerar todos los puntos de vista. No es una invitación a que la mente participe en un debate justo. Es un torpedo sigiloso dirigido al corazón. La historia, en otras palabras, usa la vía más directa e inmediata hacia el procesamiento neuronal para ayudarnos a interpretar la naturaleza del mundo real.[4] Utiliza la emoción para construir un mapa moral de la realidad.

Una vez, una microbióloga me preguntó amablemente por qué consideraba demasiado simple la idea de que las historias funcionan como simuladores de vuelo. Le respondí que es la base moral de las historias la que mejor revela su verdadera función. "Si el objetivo fuera simplemente la supervivencia", le pregunté, "¿por qué los héroes a menudo deben sacrificarse?".

Ella tenía una respuesta excelente, y era la que yo esperaba. "Tal vez porque el héroe se sacrifica por alguien más. Por su familia o su tribu. En ese caso, la explicación darwinista se sostiene, porque en realidad está protegiendo su código genético".

"Eso tendría sentido", respondí, "si los patrones narrativos realmente favorecieran la supervivencia de la familia y la tribu sobre la del individuo, pero no es lo que vemos. Lo que vemos en las historias es la elevación de un estándar moral por encima de la supervivencia, incluso por encima de la supervivencia de la familia y los amigos. Nadie celebra a los nazis que defendieron el colapso del Tercer Reich en sus últimos días. Pero sí celebramos el optimismo ingenuo pero hermoso de Ana Frank".

A esto agregaría que no hay precio demasiado alto ni sacrificio demasiado grande que la narrativa no exija como pago en servicio de un absoluto moral. Incluso al leer "Horacio en el puente", una historia clásica de sacrificio por la tribu, queda claro que Macaulay no celebra la salvación de Roma tanto como el coraje de su guardián. Que Horacio haya logrado detener a los etruscos invasores es parte del desenlace satisfactorio de la historia. Pero lo que realmente hace que funcione como una historia, lo que le da profundidad temática, es que estuvo dispuesto a pagar el precio máximo por un principio. Su valentía no habría sido menos digna de elogio si hubiera sucumbido a sus heridas mientras el puente colapsaba.

Sin embargo, el compromiso de una historia con un estándar moral de perfección requiere algo más que un principio rector y una reacción emocional en el público. Para provocar esa reacción, el principio debe ser puesto a prueba, y las emociones deben ser desencadenadas por algo significativo y con peso. El principio central de una historia no tendrá sentido hasta que su valor quede demostrado. Horacio, sin duda, tenía la opción de *no* ser valiente cuando el ejército etrusco apareció en el horizonte; pero era solamente una opción, porque sí lo fue. Horacio no podía ser ni cobarde ni un héroe en su ausencia. En su presencia podía ser cualquiera de ellas, y la decisión era suya.

>Entonces habló el valiente Horacio, el Capitán de la Puerta:
>"A todo hombre en esta tierra, la muerte le llega tarde o temprano;
>¿Y qué mejor manera de morir que enfrentando terribles adversidades,
>por las cenizas de sus padres y los templos de sus dioses?".[5]

Observemos que Horacio vincula su valentía a un principio, no a una nación o a un pueblo.

Todos morimos. ¿Por qué no hacerlo de manera digna, por algo eterno y absoluto?

Este tipo de elecciones son esenciales en las historias porque nos muestran el valor de un ideal en relación con la realidad. Nos revelan la importancia central de la brújula moral.

EL CENTRO MORAL

A lo largo de la historia, las narraciones han resaltado el hecho de que los héroes son imperfectos. Esta parece ser una observación universal a través de culturas y épocas. Gilgamesh tiene defectos. El rey David tiene defectos. Beowulf tiene defectos. Esto tiene sentido, porque después de vivir lo suficiente, uno se da cuenta de que todos, en efecto, *somos* imperfectos.

Sin embargo, cuando se trata de narrativa hay algunas excepciones, pero estas excepciones existen para confirmar la regla. Héroes como Superman, o el arquetipo del "mejor de nosotros" que derrota al villano a través de un ideal admirable, no nos dicen que todos seamos superhéroes o modelos a seguir. Nos dicen que *deberíamos serlo*. Son como carteles de reclutamiento. Funcionan porque asumen que nosotros, la audiencia, somos imperfectos de una manera en la que el héroe no lo es. El héroe representa el ideal que todos deberíamos intentar alcanzar.

Es importante entender que el defecto del protagonista no podría existir, ni funcionaría en la historia como catalizador de crecimiento, si la audiencia no lo reconociera como un defecto real. La razón por la que sentimos con tanta intensidad la desesperación y el arrepentimiento de George Bailey al final de *¡Qué bello es vivir!* es porque nosotros también hemos creído la misma mentira. Y cuando se nos demuestra que era una mentira, experimentamos un cambio emocional interno al igual que George Bailey. Eso no podría ocurrir si no reconociéramos la verdad de la película. Es una verdad que, como todos los temas narrativos eficaces, apela a algo más allá de nuestros impulsos materiales y pragmáticos.

Parece que el lenguaje de la narrativa no puede funcionar sin un estándar moral objetivo para el comportamiento humano, una brújula moral basada en algo más que la preferencia personal. La historia requiere un componente humano físico y un componente humano espiritual, y necesita que estos trabajen en conjunto. Llámese conciencia, instinto o alma, no podemos contar una historia sin ello. Sin un "fantasma en la máquina", la historia muere.

Tal vez esta sea una de las razones por las que Jesús recurrió tanto a parábolas y metáforas para comunicar su teología. La narrativa está hecha a medida para esta conjunción entre lo material y lo inmaterial. Kenneth Bailey escribe: "Jesús era un teólogo *metafórico*. Es decir, su método principal para crear significado era a través de metáforas, símiles, parábolas, y acciones dramáticas en lugar de lógica y razonamiento. Creaba significado como un dramaturgo y un poeta, en lugar de un filósofo".[6]

Esto no significa que la narrativa sea inherentemente religiosa. Pero sí implica que intuitivamente percibimos el mundo material como vinculado a algo intangible. En otras palabras, las historias asumen la existencia de un estándar con el cual se puede medir al héroe y a la audiencia.

Una historia no trata solo del protagonista, sino también del público. Pero, sobre todo, trata del criterio moral; el defecto del héroe solo puede existir si los absolutos morales son reales. Tal vez por esto el conflicto interno del personaje suele utilizarse para presionar su desarrollo externo. La imperfección del protagonista se convierte en otro obstáculo en su camino hacia la meta de la historia. Frodo no solo se enfrenta a orcos, trasgos, espectros del anillo y la traición de sus amigos; también está siendo consumido lentamente por su creciente apego al anillo que pretende destruir. Cerca del final, el defecto que era apenas perceptible al inicio de la historia se ha convertido en un monstruo poderoso.

La manera en que cualquier protagonista enfrenta la presión generada por esta disonancia interna determinará si supera su defecto o es destruido por él; también determinará si la meta de la historia se alcanza o no. Es así como el héroe se convierte en un puente entre el criterio moral (la brújula del capítulo 3) y la audiencia.

No estoy argumentando que la moralidad sea un conjunto de absolutos inmutables que existen fuera de la preferencia humana y que, por lo tanto, todo comportamiento pueda ser medido contra ellos. Solo señalo que *esto es lo que las historias están diciendo*. La narrativa, como patrón recurrente, asume que estos absolutos morales existen.

El hecho de que la narrativa no intente ir más allá de este punto es significativo. El teólogo Allen Lewis comenta sobre un principio narrativo que describe como "franqueza indirecta":

La *franqueza* con que la narrativa se dirige directamente a nosotros se equilibra, por lo tanto, con la forma en que se dirige *indirectamente* a Dios. En consecuencia, las historias reconocen que Dios está más allá de toda descripción y comprensión, y sin embargo demuestran que *puede* ser conocido y entendido.[7]

Si sustituimos la palabra *moralidad* por *Dios*, el mismo principio se mantiene. Las historias reconocen los absolutos morales *de manera indirecta* al tratar *directamente* con la experiencia humana.

Puede que no nos guste la idea de un criterio moral absoluto. Puede que no estemos de acuerdo con su existencia. Pero eso apenas importa. Ninguna historia construye algo sustancial sin una regla de medición.

Esto nos conduce a una conclusión todavía más impactante: probablemente *sí* estamos de acuerdo con la idea de absolutos morales. Si así no fuera, nunca podríamos disfrutar de una historia. Cuando Ebenezer Scrooge es confrontado por los fantasmas de las Navidades pasada, presente y futura, su arrepentimiento no te conmovería. Pensarías: "¿Por qué importa si las ancianas roban su camisa de seda después de su muerte? ¿Por qué importa si Tiny Tim muere o si el sobrino de Scrooge se burla de su tío? Ninguna de esas cosas está mal, porque el bien y el mal son solo ilusiones". Nadie piensa realmente eso cuando está inmerso en una historia. Rara vez lo pensamos en la vida real, excepto cuando estamos planeando algo que sabemos que está mal.

¡MATA AL CONEJO!

Crecí viendo los dibujos animados de Warner Brothers. Todavía creo que Bugs Bunny y el Correcaminos son obras maestras de la narración cómica. Uno de mis favoritos es su parodia de la ópera wagneriana en la que Elmer Gruñón se enamora de Bugs Bunny; y luego se desenamora y se ve impulsado a "¡matar al conejo!".

"¡Matar al conejo!" es una motivación de personaje tan clara como se puede tener. La claridad es una de las razones por las que los dibujos animados de Warner Brothers son tan brillantes. Cada caricatura cuenta una historia tan simple que cualquier persona de cualquier edad puede entenderla y disfrutarla. Lograr una claridad dramática así no es fácil.

En "¿Qué hay de nuevo, viejo?", Elmer Gruñón cree haberse enamorado de Brunilda. Pero Brunilda en realidad es Bugs Bunny disfrazado. Cuando el casco de Bugs se cae y sus largas orejas de conejo aparecen, Elmer Gruñón se enfurece. Sabemos, por caricaturas anteriores, que el único deseo que impulsa la vida de Elmer Gruñón es cazar conejos.

Por más simple que parezca, esto es narración en estado puro. El héroe tiene un deseo, un objetivo en la historia, que genera conflicto cuando se mezcla con su defecto moral.

Elmer Gruñón quiere a Brunilda.

Su defecto moral es que odia a los conejos.

La historia terminará, como siempre lo hacen las buenas historias, cuando estos dos elementos, el interno y el externo, se conecten en un único momento de resolución. El héroe alcanzará su objetivo o no lo hará. Si lo *hace*, es porque sí logra superar ese defecto moral. Si *no* lo logra, será porque su defecto lo dominó.

Esto es lo que hace que el final de una buena historia no solo sea sorprendente sino también revelador. Cuando el final de una historia se siente satisfactorio, es porque el conflicto se resuelve de una manera lógica pero impredecible que revela algo sobre la relación del héroe con la brújula moral. La sensación de revelación en el público se produce por la comprensión de que los eventos de la historia han demostrado una verdad que aún no comprendemos del todo, pero que puede volverse evidente con una reflexión más profunda.

Si esto suena difícil de lograr, intenta ver "¿Qué hay de nuevo, viejo?". Al final del dibujo animado, después de que Elmer ha fulminado al pobre Bugs con un rayo de su lanza y su casco mágico, ve el cuerpo sin vida de Bugs Bunny y lamenta lo que se vio impulsado a hacer. Elmer Gruñón se arrepiente al final porque su defecto moral ha destruido su objetivo en la historia. Ha matado a Brunilda. Pobre conejito. Pobre conejo.

LA PROMESA DE LA FELICIDAD

El lenguaje de la historia trata sobre el significado comprimido. Sus patrones siempre intentan señalar más allá de la historia, hacia la realidad del público.

El objetivo de la historia del protagonista es una promesa implícita para el público: la historia se resolverá de manera satisfactoria si se cumplen dos condiciones. Terminará felizmente (al menos para nosotros) siempre y cuando las dos partes del héroe triunfen. El héroe debe superar su defecto moral *y* derrotar las fuerzas externas de oposición. Frodo debe resistir la tentación del Anillo Único y arrojarlo al volcán.

Ahora bien, lo que me parece interesante de este patrón narrativo no es que sea obviamente cierto en la vida real, sino que, en realidad, *no lo es*. Gran parte de la experiencia humana contradice la promesa de vida y esperanza que vemos concentrada en torno al objetivo de la historia. Muchas personas han muerto esperando un final feliz. E incluso en casos menos extremos, vemos constantemente lo opuesto a la recompensa feliz. Haces lo correcto, pero tu jefe te despide de todos modos. Dices la verdad, pero nadie te cree. Haces todo el trabajo, pero otra persona se lleva el crédito. Eso es la vida. Y por eso la gente dice: "Las cosas no siempre salen en la vida real como en las historias".

Lo realmente curioso acerca de esta contradicción es que, aunque las situaciones en la vida no siempre terminan felizmente, seguimos deseando objetivos en las historias que recompensen el arrepentimiento y la perseverancia con lo que Hollywood solía llamar "the girl, the gold watch, and everything".* De alguna manera, a pesar de nuestras propias experiencias, vemos este patrón de recompensa como algo *correcto*. Es lo que queremos en una historia.

La explicación más simple es que la gente desea finales felices en las historias porque no los encuentra en la vida real. Y puede que sea cierto. Pero creo que esta explicación es demasiado simplista, pues no toma en cuenta todos los hechos.

El hecho más importante que omite es que las historias con finales tristes casi nunca tienen éxito comercial. Además, las pocas que *sí* lo tienen siempre comparten un elemento en común: apuntan a la idea de que el patrón en sí es verdadero; no como una forma de escape, sino como una guía de vida.

Dicho de otra manera, las historias con finales tristes que logran el éxito comercial casi siempre transmiten la idea de que el héroe no alcanzó la meta de la historia *porque* no cumplió con las condiciones necesarias. O no logró vencer las fuerzas externas de oposición, o no superó su defecto moral interno. O el dragón lo mató, o dejó que su odio a los conejos destruyera su amor por Brunilda.

Por eso, ambos tipos de historias, las que tienen un final feliz y las mucho menos comunes con un final triste, siempre presentan como *correcto* un patrón de recompensas basado en la superación de conflictos internos y externos. En palabras sencillas, el lenguaje de la

---

* Nota del editor: la frase "the girl, the gold watch, and everything" es una expresión que se popularizó en el contexto de Hollywood y la narrativa cinematográfica clásica. Representa el "final feliz idealizado" que recompensaba al protagonista con todo lo que uno podría desear: el amor romántico ("the girl"), la estabilidad material ("the gold watch", símbolo de éxito o jubilación), y una vida plena ("everything").

narrativa nos dice que una historia terminará felizmente si el héroe (1) supera la tentación y (2) derrota al malo.

Incluso cuando no nos gusta una historia en particular o consideramos simplista ese patrón, no podemos evitar reaccionar emocionalmente ante su fórmula. Parecemos reconocer y desear inconscientemente este tipo de guía para la vida, aunque no parezca funcionar. ¿Y qué tan extraño es eso? ¿Acaso todos estamos usando un simulador de vuelo darwiniano que nos dice que presionemos los botones equivocados? ¿O hay otra explicación más sorprendente?

¿Y si el problema no estuviera en el simulador de vuelo sino en los aviones, y hubiéramos entendido completamente mal el propósito de nuestras vidas?

¿Y si la brújula moral fuera una representación real de un protagonista real, pero estuviéramos equivocados sobre la historia que estamos destinados a vivir?

¿Y si yo no fuera el héroe de mi propia vida?

En el próximo capítulo intentaremos responder estas preguntas aplicando los principios de tema, contexto y caracterización a una historia sorprendentemente oculta del Antiguo Testamento.

8

EL CUARTO HOMBRE

Lo más difícil de soportar todos esos años después fue que había visto llegar la atrocidad y, por lo tanto, no tenía excusa para su traición.

¿Cuántos días había observado desde la ventana del palacio cómo el enorme foso, cavado por un ejército de obreros sudorosos, se hundía cada vez más en la tierra? ¿Cuántas veces había escuchado el golpeteo de los clavos al ser incrustados en las vigas mientras los andamios reales se alzaban a una distancia prudente de lo que prometía ser una asombrosa pira funeraria? ¿Cuántas veces había apretado los dientes al ver cómo carga tras carga era llevada por la rampa de tierra y añadida al colchón de leña empapada en aceite en el fondo?

Como todos en la ciudad, había visto la estatua crecer junto al foso durante un periodo de semanas. Su superficie deslumbraba los ojos con el reflejo del sol, y cada noche se alzaba un poco más alta y resplandeciente.

Así que no se trataba de una falta de preparación. Si acaso, había tenido demasiado tiempo para considerar el edicto del rey: inclinarse ante el imponente ídolo de oro o ser arrojado al horno. Sin excusas, sin excepciones. Negar al Dios verdadero, el Dios de Israel, que una vez ya lo había rescatado de la muerte y lo había salvado de una vida de trabajo sin descanso, como la que sufrían tantos cautivos del rey, o morir.

Tampoco era que no se hubiera preparado para las llamas. Desde el momento del primer anuncio, supo lo que debía hacer. Tal vez otro hijo de Israel podría violar el pacto de esa manera. La vida, después de todo, era la vida. Pero en su caso, no había excusa. Tenía una responsabilidad con Dios y con el rey, y ahora ambos lo habían abandonado. Algo tendría que ceder.

Para ello, había preparado una súplica especial, un discurso breve nacido del ayuno y la oración: *Soy tu humilde siervo y te serviré fielmente, pero si esa fidelidad puede comprarse con miedo, mi señor, entonces no es digna de ti.*

Había albergado una leve esperanza de que una verdad tan evidente pudiera sacar al rey de su locura. El rey había tenido un sueño perturbador, una visión nocturna de una estatua con cabeza de oro, hombros de plata, vientre de bronce, piernas de hierro y pies de barro mezclado con hierro, donde cada metal representaba un reino futuro, y cada reino era menos glorioso que el anterior. La cabeza de oro era la cabeza del rey, su reino; y ¿por qué sufrir el destino de los necios cuando él era el rey? El gran Nabucodonosor cambiaría los tiempos y las fronteras establecidas por el Dios del cielo al forjar un nuevo ídolo a partir de una nueva visión: un mundo mejor, por decreto real. Diplomáticos de todas las naciones jurarían lealtad al estándar dorado, al glorioso reino del presente, encarnado en una colosal estatua chapada en oro de pies a cabeza, para que cada reino fuera, de ahí en adelante, el reino del rey. Que viviera para siempre.

Por supuesto, eso nunca funcionaría. Ni siquiera los reyes vivían para siempre, y los diplomáticos se inclinarían ante un perro si este estuviera vestido de púrpura. Sin embargo, allí estaban todos, esperando la señal real.

Porque cuando llegó el momento, él no dijo nada. Ni siquiera *había pensado* en hablar. En su lugar, la realidad del instante lo abrumó.

Un trabajador hizo una reverencia al rey desde el borde del foso y arrojó una antorcha encendida al interior. Al principio, no pasó nada; luego, una pequeña lengua de fuego rompió la superficie, saltando de tronco en tronco, de rama en rama, hasta que el horno dejó escapar un sonido ronco, como dientes rechinando.

Avivada con chispas, una oscura columna de humo se elevó hacia el cielo. El aire tenía un sabor fétido y aceitoso cuando una ola de calor lo envolvió.

A su izquierda, bajo el andamiaje, los músicos entonaron una serie de notas desganadas antes de dar inicio a su procesión. Como en respuesta, los oficiales del rey y los dignatarios visitantes cayeron al suelo en una ola humana.

Incluso mientras se arrodillaba, vio a los tres jóvenes gobernantes, compañeros israelitas y cautivos de Jerusalén, mantenerse erguidos. Peor aún, ellos lo vieron a él.

Pero ya era demasiado tarde. Demasiado tarde para ponerse de pie. Demasiado tarde para pronunciar su patético discurso. Además, ¿quién lo habría escuchado por encima del rugido del fuego y la música?

Entonces la música se apagó con un gemido ahogado, y pudo ver que, en lo alto de la plataforma, el rey se mantenía en pie con las manos sobre las caderas. A sus pies, los cortesanos gritaban y señalaban a los tres rebeldes.

Él apartó la mirada, deseando que el momento terminara; deseando haber tenido el valor de permanecer en pie mientras Ananías, Misael y Azarías eran escoltados alrededor de la plaza llena de adoradores postrados y conducidos hacia el andamiaje.

Entonces *se alegró* de no haber intentado dar su discurso y de estar allí, tumbado sobre la tierra y la hierba, en lugar de estar de pie entre aquellos guardias, porque el rey Nabucodonosor estaba furioso y no había manera de que esos tres jóvenes fueran a salir con vida.

Eso era lo peor: la sensación de alivio. Después, jamás podría sacudirse el recuerdo de su enorme gratitud por haber hecho lo incorrecto, la traición que lo convertía en un traidor pero que también le permitía permanecer oculto en un pequeño rincón de la tierra y aferrarse un poco más de tiempo a la vida.

El rey rugía, con su voz casi melódica en su furia desatada: "Si están listos para inclinarse y adorar la imagen que he hecho, muy bien. Pero si no lo hacen, ¿qué dios podrá salvarlos de mi mano?".

Al otro lado del foso, unos hombres empujaron una carreta de madera y la lanzaron, ruedas y todo, por el borde. Una segunda ola de calor se expandió, retorciendo la hierba frente a su rostro. Sintió como si alguien le hubiera metido un trapo seco en la garganta, pero ya no pudo apartar la vista.

Misael habló, su voz baja al principio, pero luego más fuerte: "Dios nos rescatará de tu mano, oh rey. Lo hará. Pero incluso si no lo hace, no adoraremos tu imagen de oro".

Cualquiera que hubiera sido su expectativa, cualquiera que hubiera sido la de sus compañeros, la realidad era peor. Los soldados ataron sus manos y sus pies y luego los llevaron, forcejeando, hasta la cima de la rampa y los arrojaron al fuego. Una lluvia de chispas se elevó cuando sus cuerpos golpearon contra la leña, una oleada de brasas que envolvió a los soldados en la cima y los consumió en llamas.

Sus gritos, los gritos de aquellos soldados quemándose vivos, nunca volverían a estar lejos de su memoria. Pero ahora, la blasfema gratitud estaba de regreso, y se dio cuenta de que ya no era el hombre que había sido, ni el hombre que había creído ser, aunque el rey Nabucodonosor, en cambio, era completamente él mismo.

No había pensado que la estatua de noventa pies fuera un buen retrato, pero ahora veía que se había equivocado. Los artesanos del rey lo habían entendido mejor que él, habían visto al rey con más claridad. Porque el propio rey no era más que una imagen del ídolo: una carcasa hueca de madera revestida de oro, inmóvil e inamovible.

Pero, entonces, ¿qué era él? Las palabras de su discurso volvieron a su mente como brasas ardientes:

Si esa fidelidad puede comprarse con miedo, mi señor, entonces no es digna de ti.

No es digna de ti.

No. Él no era digno. Nunca lo sería. Esas semanas de ayuno y oración habían sido tan vacías como su propia intención, tan vacías como su fe. ¿Dónde estaba el Dios de Israel ahora?

El rey gritó y se inclinó sobre la barandilla de la plataforma real. Por un instante, las llamas se apagaron. "¿No arrojamos a tres hombres al fuego?", preguntó el rey. "¿Por qué, entonces, veo a cuatro hombres caminando allí dentro, libres e ilesos? ¡Y el cuarto se parece a un dios!".

Cuatro hombres. Había cuatro hombres en el fuego. Y uno de ellos se parece a un dios. El Dios de sus padres. El Dios de Israel. Pero él debería haber estado allí.

Debería haber sido Daniel.

LA HISTORIA EN EL TEXTO

Esta no es la historia que conocemos.

Está claro que me he tomado libertades con muchos detalles, incluyendo la voz narrativa. Pero me interesa la idea de que esta narración imaginativa sea problemática, siendo el problema que no vemos el vínculo entre el sueño de Nabucodonosor de una estatua y, en el siguiente capítulo, la construcción de una estatua real. Peor aún, no vemos allí a Daniel inclinándose con los otros sátrapas cuando Hananías, Misael y Azarías son lanzados a las llamas.

¿Daniel postrándose? ¿Qué?

En muchos círculos la idea parece especulativa, si no completamente herética. Creo que eso se debe a que nos han enseñado a leer la Biblia como si fuera una antología, una colección de fábulas sagradas, preceptos morales y aforismos desconcertantes. Adoptamos un primer enfoque que busca comprender el bosque de la Escritura analizando diecisiete variedades de agujas de pino, es decir, se busca comprender los detalles sin captar el mensaje global, la narrativa más amplia.

He preguntado a muchas personas que aman la Biblia y la estudian dónde estaba Daniel cuando Sadrac, Mesac y Abed-nego fueron lanzados al horno de fuego. La mayoría de ellos contestaron que no habían considerado esa pregunta. Algunos dijeron que no lo sabían. Uno respondió que Daniel probablemente estaba de vacaciones. Pero todos me miran con incredulidad cuando digo que se postró ante la estatua de oro junto con el resto de las multitudes impías; que el texto da a entender eso, y que la estructura dramática de la historia depende de ello.

Antes de explicar lo último, vale la pena detenernos a considerar las pistas textuales que sugieren que Daniel estuvo presente en el incidente del horno, aunque no se le mencione por nombre:

1. Daniel era el jefe de los administradores sobre la provincia de Babilonia (2:48).
2. Todos los gobernadores provinciales fueron convocados para la dedicación (3:2).
3. Todos los gobernadores provinciales *se reunieron* para la dedicación (3:3).
4. Todos se inclinaron ante la estatua, excepto Sadrac, Mesac y Abed-nego (3:7).

La lógica de esto es tan simple que debería ser difícil pasarla por alto, pero la pasamos por alto porque hemos sido entrenados para ignorar lo implícito, lo sutil y lo metafórico cuando lo encontramos en las Escrituras. ¿Es posible que Daniel estuviera fuera por asuntos oficiales o enfermo y no pudiera asistir? ¿Podría haber estado cumpliendo alguna orden del rey que requería su ausencia? ¿Podría el hecho de que no se le mencione por nombre en este capítulo querer dar a entender que realmente no estaba presente? Sí, todas estas son posibilidades, pero son interpretaciones que ignoran las obstinadas afirmaciones de "todos" en los puntos anteriores. Y neutralizan la estructura dramática del relato, que se desarrolla en un patrón reconocible de *éxito-éxito-fracaso-éxito*.

Hemos sido insensibilizados respecto al alcance y el poder de las historias en la Biblia. Como nuestros sermones, devocionales y comentarios se especializan en la disección, solo hemos visto estas historias extendidas como una rana sobre una bandeja de disección: piel removida, órganos expuestos. Rara vez vemos cómo luce una historia bíblica viva, saltando y chapoteando en el agua.

Cuando desconectamos las historias de la Biblia de la fuente de su poder emotivo, nos cegamos a su significado. Deberíamos sentirlas como historias antes de analizarlas como doctrina. Deberíamos comenzar en la intersección entre narrativa y audiencia: la emoción.

El neurocientífico Iain McGilchrist escribe: "El sentimiento no es solo un añadido, un recubrimiento con sabor para el pensamiento: está en el corazón de nuestro ser, y la razón emana de ese núcleo central de las emociones, en un intento de limitarlas y *dirigirlas*, en lugar de lo contrario. El sentimiento vino, y viene, primero, y la razón emergió de él".[1] Esto no es solo una afirmación sobre los orígenes del procesamiento mental. Así es como funcionan las historias. Están diseñadas para funcionar así porque reflejan nuestra experiencia de vida. Y como estamos hechos para las historias, y la Biblia está hecha para la naturaleza humana, tenemos todo el proceso al revés. Lo tenemos tan al revés que casi es imposible reconocer el problema sin un cambio de paradigma forzado.

Me tomó años darme cuenta de que necesitaba hacer la pregunta: *¿Dónde está Daniel cuando Sadrac, Mesac y Abed-nego están siendo arrojados al horno?* Estaba tan acostumbrado a leer el relato como una lección independiente sobre la fidelidad de Dios que no podía imaginarlo como una dramatización del fracaso humano. Me tomó aún más tiempo entender que el arco narrativo de Daniel era mucho más profundo y rico cuando se leía como una historia de redención. Más aún, este enfoque centrado en la historia destacó a Cristo en el texto de una manera que nunca había notado.

ARCOS DE PERSONAJE

Para entender cómo el arco de Daniel indica un tema narrativo sin expresarlo explícitamente, y así evitar destruir su poder de relevancia, solo necesitamos reconocer sus señales estructurales.

La señal principal en la historia de Daniel es su cambio de carácter.

Todas las historias tratan sobre el cambio. Tratan de más cosas, por supuesto, pero bajo los elementos comunes de caracterización, tema y contexto, está la necesidad de que *las cosas importen*. Una historia en la que nada cambia no es una historia, sino una serie de eventos. Se podría decir que el aspecto más esencial de cualquier historia es que, al final, las cosas sean diferentes a como eran al principio. Y el segundo aspecto más esencial es que el cambio que vemos al final debe ocurrir *debido a* lo que sucede en el medio. Las historias representan el cambio como resultado de causas identificables.

Así, las historias, como la vida, normalmente tienen un inicio, un desarrollo y un desenlace. A diferencia de la vida, esta cronología en tres partes se reduce a un patrón familiar que debemos entender ahora como de naturaleza causal.

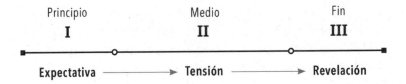

Es decir, la expectativa en una historia no solo *precede* a la tensión, sino que la *causa*; y esa tensión, a su vez, causa su revelación.

El objetivo de este patrón no es simplemente mostrar que algo sucede desde la distancia. Las historias no son diagramas ni manuales de instrucciones. No son demostraciones de producto. Las historias son viajes emocionales y, como tales, su propósito principal es generar emoción en la audiencia. Todas las historias intentan hacernos sentir algo, y no cualquier cosa sino algo *preciso*. Las mejores historias crean emociones concretas que sirven y revelan su tema. Nadie se ríe al final de *El rey Lear*. En cambio, el sentimiento de pérdida profunda y trágica que deja la obra respalda su premisa de que somos artífices de nuestros propios tormentos.

La emoción que uno siente al final de una gran historia es uno de los mejores indicadores para descubrir su significado subyacente. Las lágrimas de una tragedia y la risa de una comedia son señales de lo que el narrador pretende transmitir.

El libro de Daniel está lleno de estos momentos de cambio, tanto en el arco narrativo más amplio de Daniel como en los arcos más breves de Nabucodonosor, Belsasar y Darío. Curiosamente, los tres jóvenes arrojados al horno no tienen un arco claro. No cambian, y su momento de valentía ocurre fuera de escena. Es decir, su agonizante decisión de mantenerse firmes no se nos muestra cuando ocurre, sino que solo se relata después, cuando es reportado al rey. Los otros cuatro personajes principales tienen un arco modelado por sus fallas individuales.

El triple arco de Nabucodonosor (sueño, estatua, locura) culmina en un momento de humildad basado en la revelación; "siempre procede con rectitud y justicia", dice Nabucodonosor; "además, es capaz de humillar a los soberbios" (Daniel 4:37).

El arco de Belsasar es más simple y más oscuro. Al no prestar atención ni a la escritura sobrenatural en la pared ni a la interpretación de Daniel, muere en su orgullo.

Darío el medo, aunque lo bastante vanidoso como para dejarse engañar y proclamarse semejante a un dios, al menos modera su vanidad con remordimiento. Pasa una noche en vela en el palacio con la esperanza —tal vez incluso orando a alguien que no sea él mismo— de que su consejero más confiable sea librado por el Dios hebreo. Cuando Daniel es vindicado por el mismo *malak* (ángel) que salvó a Sadrac, Mesac y Abed-nego, el rey ordena que los conspiradores de la corte sean echados a los leones.

Cada uno de estos arcos está basado en una decisión que resulta en un cambio. Aunque estas decisiones no son el centro de la historia, son indicadores de un tema: *el verdadero poder fluye de la humildad*. El objetivo de estos arcos argumentales es iluminar el camino para el arco argumental más amplio y complejo de Daniel.

Es fácil leer la historia de Daniel como una serie de anécdotas acerca de un superhombre espiritual. Comparado con los reyes de Babilonia, Daniel parece un gran hombre de Dios, impecable en su conocimiento y humilde en su conducta. Durante años pensé en él como el profeta perfecto.

Sin embargo, ¿cómo llegó Daniel a ser tan humilde? En otras partes de la historia vemos que el poder no genera humildad, sino orgullo. Y Daniel camina por los pasillos del poder más tiempo que cualquiera. ¿Cómo logra entonces evitar el mismo error que derriba a los reyes a quienes sirve? ¿Por qué puede decirle a Belsasar que no necesita regalos ni ascensos para hacer su trabajo? ¿O, más impresionante aún, decirle al rey, frente a mil nobles, que se arrepienta de su maldad?

EL ARCO DE DANIEL

La respuesta se encuentra en el arco de personaje de Daniel. Para tener un arco, un personaje debe comenzar con una falla, algo que lo empuje hacia un momento de decisión. Madeleine L'Engle lo explica de este modo: "Es la capacidad de elegir lo que nos hace humanos. Esta capacidad, esta necesidad de elegir, es un elemento importante en toda historia. ¿Qué dirección tomará el joven cuando llegue a la encrucijada? ¿Hablará la joven con el apuesto desconocido? ¿Debería el niño abrir la puerta prohibida?".[2]

En la narrativa de seis capítulos que cuenta su historia, Daniel enfrenta cuatro dilemas:

1. Al ser ofrecida comida impura, Daniel decide "no contaminarse con la comida y el vino del rey" (1:8). En su lugar, pide que se pruebe su dieta vegetariana.

2. Al ser amenazado de muerte por el sueño misterioso de Nabucodonosor en el capítulo 2, Daniel pide tiempo al rey

y exhorta a sus tres amigos a orar por misericordia. Dios responde dándole una visión.

3. Cuando se ordena adorar la estatua de oro en el capítulo 3, suponiendo que está presente como uno de los "todos" convocados y reunidos, él se inclina.

4. Cuando se emite el decreto de Darío sobre no orar a ningún dios excepto a él, Daniel va a casa y ora al Dios de Israel, con las ventanas abiertas (6:10).

Estos dilemas aumentan en alcance y gravedad. Cada uno es más difícil y aterrador que el anterior. Tal patrón crea una tensión narrativa, la fuerza motriz de la parte media de una historia, y la presión resultante finalmente expone la falla de carácter de Daniel. El autor da vuelta a la manivela de una caja de sorpresas dramática hasta que su debilidad salta a la vista.

La primera prueba del carácter de Daniel es un dilema de placer o conformidad. No es una situación de castigo o recompensa. Es una situación de recompensa o recompensa extra. Podemos imaginar lo que pasaba por la mente de los cuatro amigos: *¿Dónde está el daño? ¿Qué opción real tenemos?* La respuesta de Daniel es igualmente moderada, pero inusualmente sabia para un adolescente: *Por favor, prueben nuestra dieta sencilla. Cumpliremos si no funciona.*

El segundo dilema es uno de dependencia. El rey ha ordenado a sus sabios que no solo interpreten su sueño, sino que también le digan cuál fue. Como un agnóstico que ha visto un fantasma, Nabucodonosor probablemente está probando su conexión con una realidad espiritual que no comprende. Su elección es demostrar un poder espiritual real o morir como impostores; morir maquinando, rogando misericordia o intentando escapar del palacio, la región y el país.

Este segundo dilema, aunque con consecuencias aterradoras, no es mucho dilema, ya que ninguno de los magos enfrenta deseos fuertes pero opuestos. Todos quieren vivir; simplemente no saben cómo. "Dime mi sueño y luego interprétalo" es un enigma que solo Dios puede resolver. Y ese, por supuesto, es el punto. Daniel y sus amigos están en el centro de un milagro que debería darles confianza cuando el ego del rey explote en el siguiente capítulo. En cambio, solo tres personas se mantienen de pie cuando suena la música.

Pero si el arco de Daniel se basa en un fracaso significativo, ¿no debería estar provocado por una falla interna o compromiso? ¿Y no estaría señalando la historia ese problema a lo largo del camino? Aquí, una vez más, es posible que hayamos pasado por alto las señales estructurales de la historia, que exploran repetidamente la tensión entre humildad y orgullo.

Yo sugeriría que tal falla está presente en el texto, y justo donde uno podría esperarla. Justo después del éxito de Daniel al interpretar el sueño de Nabucodonosor, el rey se postra ante él, le rinde homenaje o adoración, y ordena que se le presenten ofrendas e incienso (2:46).

Ahora bien, no se nos dice cómo responde Daniel. No se menciona que *acepte* esta reverencia, ni tampoco se indica que *corrija* al rey como lo hizo Pedro con Cornelio en Hechos 10:25. El erudito hebreo Robert Alter capta la ambigüedad al notar que no hay juicio presente en el texto, pero también que "parece sospechoso desde un punto de vista monoteísta".[3]

Sin embargo, el acto de postración del rey es un detalle extraño a incluir aquí si no significa nada, porque es precisamente lo que Sadrac, Mesac y Abed-nego *se niegan* a hacer en el capítulo siguiente.

Mientras tanto, Daniel es elevado, colmado de regalos y retenido en la corte real, todo tipo de recompensas que eventualmente tendrá la humildad de rechazar.

EL FOSO DE LOS LEONES DE DANIEL

Por eso sugiero que el arco narrativo de Daniel es uno de fracaso y redención. Si Daniel no se inclinó ante la estatua dorada, entonces no tiene nada que aprender y, en términos de historia, nada que mostrarnos. El relato del horno ardiente no está ahí para enseñarles a Sadrac, Mesac y Abed-nego. Está ahí para enseñar a Daniel, a Nabucodonosor, y a nosotros.

A nosotros, más que a nadie. Porque Dios no busca solo cambiar a Daniel o a los tres reyes. Busca la transformación de todo el mundo. Y muchas veces los cambios más significativos provienen del fracaso.

Así, el momento del fracaso de Daniel es resaltado por la historia como preparación para su redención. Esto se vuelve evidente cuando se observa toda la narrativa como un conjunto, con Daniel siendo uno de los "todos" que se inclinaron para salvarse a sí mismos.

Claro, tenemos nuestros comentarios, sermones y análisis anecdóticos. Y tenemos el texto llano de la Escritura. Sí, y por supuesto, el ángel en el fuego, el *malak* que aparece como uno de los dioses ante Nabucodonosor, era Cristo mismo en las llamas. Claro que lo era. Nos lo han dicho en decenas de sermones; y es un punto excelente.

Sin embargo, ¿qué debió de estar pasando por la mente de Daniel cuando escuchó al rey decir: *¿Acaso no eran tres los hombres que atamos y arrojamos al fuego? [...] ¡Pues miren! Allí en el fuego veo a cuatro hombres, sin ataduras y sin daño alguno* (Daniel 3:24-25)?

Cuatro *hombres*.

Cuatro.

¿Estaría pensando que el cuarto hombre debería haber sido él?

En cambio, Cristo tomó su lugar en el fuego, y durante décadas Daniel tendría que vivir con ese conocimiento, con los recuerdos de lo que había visto, oído y hecho. Peor aún, tendría que vivir con lo que *no* hizo.

Si algo puede hacer humilde a un hombre, es esto. Porque después sus amigos son elogiados por el rey al que él ha servido y, con su silencio, traicionado. Sus amigos son ascendidos por su valentía. Y, sin embargo él, Daniel, sigue caminando por los pasillos del poder. Aún tiene mayor rango que ellos, aún es consejero del rey. No hay un reproche registrado de nadie, ni siquiera de Dios, y si lo hubiera, no podría ser más duro que el que escuchó de la boca de Nabucodonosor: *Veo a cuatro hombres, sin ataduras y sin daño alguno.*

¿Es de extrañar que cuando sus enemigos fabrican una ley contra la oración, Daniel corra a orar? ¿Es de extrañar que abra sus ventanas de par en par? ¿O que vaya dócilmente con sus acusadores? ¿O que no ofrezca defensa por su supuesto crimen? Daniel va al foso de los leones tan silencioso como un cordero; tan silencioso como el Cordero de Dios.

Claro que lo hace. Perdió la oportunidad de ser fiel una vez; no está dispuesto a fallar una segunda vez. No busca una salida. Tal vez no confía en sí mismo para hablar. Tal vez piensa que, si abre la boca, alguien recapacitará y lo dejará libre. Y ha esperado mucho tiempo esta oportunidad de regresar y hacer lo que debió haber hecho la primera vez. Entonces, habría enfrentado la muerte en compañía de sus amigos; ahora lo hará solo.

Pero este no es solo el dilema de Daniel. Es el dilema de todo discípulo de Jesús. Vemos a Cristo en las llamas y así llegamos a entender que Él ha tomado nuestro lugar. Pero después no hay el más mínimo reproche del cielo. Quisiéramos un reproche, pero no llega. *Nunca* llegará. El horno ardiente se ha extinguido. La culpa se ha desvanecido. El temor a los reyes y consejeros se ha esfumado como la niebla que siempre fue. Todo lo que queda de ese momento es una conciencia penetrante de la presencia del *malak* en el fuego.

Dios estaba allí, y nunca más presente que en ese momento en que las llamas ardían con más fuerza.

A lo lejos casi se puede oír su voz hablando a través del crujido del calor: El que quiera venir en pos de mí, debe tomar su horno y seguirme. Así que Daniel, como todo seguidor de Jesús, eleva su oración a cielo abierto y sigue dócilmente al *malak* de Dios hacia un foso lleno de leones nada dóciles.

Irónicamente, esta es probablemente la noche más corta de la vida de Daniel, porque es cuando se encuentra con aquello que siempre había contemplado desde la distancia. Visto a través del lente de la historia, este encuentro es el clímax de su arco narrativo. Aquí está el cambio dramático de Daniel y su momento de revelación en el tercer acto.

Durante toda su vida, incluidos esos años en el palacio sirviendo a Nabucodonosor, Belsasar y ahora a Darío, Daniel ha sido un instrumento para el Dios viviente, el Dios de Israel. Es un gran hombre, y un hombre humilde. Es un hombre de conocimiento y sabiduría extraordinaria. Pero su relación con Dios siempre ha sido de segunda mano.

Oh, sí, conoce a Dios. Es decir, sabe quién es Dios. Dios es "el Dios de mis antepasados" (2:23) y "el Dios del cielo" (2:37, 44) y "el revelador de misterios" (2:29). Dios es "el gran Dios" (2:45) y "el Dios Altísimo" (4:24; 5:18, 21) e incluso "el Dios que sostiene en su mano tu vida y todos tus caminos" (5:23). Pero no es sino hasta que Daniel sale del foso de los leones que su lenguaje acerca de Dios cambia. Es aquí donde abraza lo que otros han estado diciendo todo el tiempo: que el Dios viviente es su Dios.

"Daniel," le pregunta Darío a la mañana siguiente al amanecer, "siervo del Dios viviente, ¿pudo tu Dios, a quien sirves continuamente, salvarte de los leones?". Y Daniel responde: *¡Que viva el rey por siempre!* [...] *Mi Dios envió a su ángel* (malak) (6:20-22).

Es fácil pasar por alto este cambio de corazón, este cambio de relación entre Daniel y su Dios, en especial cuando leemos la Escritura buscando la presencia de una verdad proposicional en lugar de su presencia en forma de una Persona. También es fácil pasar por alto que lo que ocurre a continuación en la narrativa cronológicamente cuando Daniel sale del foso de los leones y se encuentra en el capítulo 9, que comienza diciendo: *Era el primer año del reinado de Darío, hijo de Asuero* (9:1).

Pocos días o semanas después de que Daniel sale de su propia prueba de fuego, de su propio momento con el "cuarto hombre", abraza la paradoja de la filiación: él ha fallado a su Dios, pero Dios no le ha fallado a él. Ahora ya no solo sabe acerca de Dios. Ahora conoce a Dios personalmente.

El capítulo 9 es la oración de arrepentimiento de Daniel, escrita desde la humildad de una rendición total. Ha aceptado su propio fracaso, un fracaso que refleja el de todo Israel, y ha descubierto que Dios está dispuesto, e incluso deseoso, de perdonar. Aquí, en el capítulo 9, el anciano Daniel de ochenta años finalmente se dirige a Dios por su nombre personal, YHWH, el nombre revelado a Moisés. Daniel por fin ha pasado del conocimiento de un Creador universal al conocimiento íntimo de un Salvador. Es a YHWH a quien dirige su oración de perdón, invocando ese nombre por *primera* vez, y *siete* veces.

Y es a ese Nombre, un Nombre con el cual Daniel ahora se identifica plenamente, al que dirige su súplica final: *¡Señor, escúchanos! ¡Señor, perdónanos! ¡Señor, atiéndenos y actúa! Dios mío, hazlo por tu honor y no tardes más; tu Nombre se invoca sobre tu ciudad y sobre tu pueblo* (Daniel 9:19).

VOZ

9

EL EMISOR Y EL SIGNO

Los cuentos de hadas a menudo se distinguen por su voz única, la cual está deliberadamente diseñada para imitar las tradiciones orales de las que provienen tales historias. "Érase una vez" y "vivieron felices para siempre" no son solo frases convenientes usadas por los narradores. Son portales hacia un tipo particular de arte narrativo que, en los últimos dos siglos, ha sido aprovechado creativamente por escritores como George MacDonald, J. R. R. Tolkien y C. S. Lewis.

Pero ahora vivimos en una era de narración industrializada, y es fácil olvidar que detrás de la transacción entre narrador y audiencia hay una tercera parte: quien da forma a la historia a través de la estructura, la elección de palabras, el desarrollo de personajes y cada decisión narrativa, incluso la duración y la frecuencia de las pausas dramáticas. Esto es tan cierto para un director de cine o un novelista como lo es para un padre que improvisa un cuento antes de dormir.

Todo narrador permanece detrás del telón de su obra. Aunque no podamos verlo, a veces somos conscientes de su presencia. Y, en ocasiones, se puede escuchar el susurro de una presencia autoral que da vida a la historia entre bastidores.

DOS VOCES

En términos literarios, *voz* describe la manera en que una historia es contada, las decisiones combinadas que juntas comunican la personalidad esencial de quien la narra.

Una *voz narrativa* ayuda a crear el tono de una historia y determina el tipo de cosas que pueden ser incluidas de forma adecuada y sincera. La narrativa en tono *noir*[*] de Sam Spade en *El halcón maltés*, por ejemplo, evoca una tradición única de la novela negra estadounidense: el detective privado rudo que merodea en las sombras en busca de justicia y amor, pero que solo encuentra la verdad. La voz de Sam Spade no es la voz *autoral* de la novela, que pertenece a Dashiell Hammett. En cambio, la voz de Spade es una creación ficticia, una personalidad imaginaria que se expresa a través del relato de la historia.

Aquí tienes una ilustración de la diferencia entre la voz narrativa y la voz autoral a partir de lo que muchos consideran la mejor novela estadounidense: *Las aventuras de Huckleberry Finn*. En el siguiente fragmento, lo que leemos no es una representación directa de la voz de Mark Twain, también conocido como Samuel Clemens. En cambio, el narrador es el propio Huck Finn.

La personalidad de Huck (Huck como conductor y protagonista de la historia, de hecho todo sobre Huck, incluida su voz) es una invención del autor de la historia, pero eso no significa que Mark

---

[*] Nota del editor: "Narrativa *noir*" se refiere a un estilo de narración propio del género *noir* (del francés, "negro"), una corriente de la literatura y el cine que surgió en el siglo XX, especialmente en Estados Unidos, caracterizada por su tono sombrío, pesimista y cínico.

Twain no esté también presente. De hecho, la voz narrativa de Huck es un filtro a través del cual Twain comunica su propia perspectiva del mundo. Algunas cosas que dice Huck son verdaderas para su personalidad ficticia, pero no necesariamente lo son para Twain.

Twain a menudo utiliza este paralelismo de voces con fines humorísticos, como en el siguiente fragmento cuando Huck encuentra un poema sentimental escrito por una adolescente fallecida:

> Esta muchacha llevaba un álbum de recortes cuando estaba viva, y solía pegar en él obituarios, accidentes, y casos de sufrimiento paciente que sacaba del *Presbyterian Observer*, y luego escribía poesías inspirada en ellos, sacadas de su propia cabeza. Era poesía muy buena. Esto es lo que escribió sobre un muchacho llamado Stephen Dowling Bots, que se cayó a un pozo y se ahogó:
>
> **Oda a Stephen Dowling Bots, difunto**
>
> ¿Y enfermó el joven Stephen,
> y murió el joven Stephen?
> ¿Y se llenaron de tristeza los corazones,
> y lloraron los dolientes?
>
> No; tal no fue el destino de
> Stephen Dowling Bots, el joven;
> Aunque muchos corazones tristes lo rodeaban,
> no fue por disparos de enfermedades.
>
> Ni tos ferina azotó su cuerpo,
> ni sarampión lúgubre con manchas;
> No fueron estos los que dañaron el nombre sagrado
> de Stephen Dowling Bots.
>
> El amor despreciado no llenó de pena
> esa cabeza de rizos;

Ni los males del estómago lo postraron,
al joven Stephen Dowling Bots.

Oh no. Entonces escucha con ojo lloroso,
mientras cuento su destino.
Su alma voló de este frío mundo
al caer a un pozo.

Lo sacaron y lo vaciaron;
Ay, fue demasiado tarde;
Su espíritu se había ido a lo alto,
en los reinos de los buenos y los grandes.

Si Emmeline Grangerford podía escribir poesía así antes de cumplir catorce años, nadie puede imaginar lo que habría logrado más adelante.[1]

Es esta última línea la que ilustra el punto con más claridad. El poema que escribió Emmeline es horrible; tan horrible que es divertido. Sabemos eso, y Mark Twain sabe que lo sabemos, pero Huck no lo sabe. Cree que el poema es gran arte, lo cual es lo que hace que sea tan divertido leer todo el relato.

En cierto sentido, esto *es* gran arte. Es una excelente ilustración del arte de la ironía y del arte de contar historias. Huck permanece completamente en el personaje mientras relata la historia. Y detrás de él, quizás riéndose por lo bajo, puede percibirse a Samuel Clemens, el autor, dando vida a esta narración.

¿Son demasiado obvios los paralelismos con la Escritura como para mencionarlos? Cada uno de los libros de la Biblia varía en su voz narrativa, aunque mantiene una voz autoral coherente. Y, a menudo, el propósito de una parece contradecir al de la otra, cuando en realidad ambas trabajan juntas para crear una imagen más amplia, una historia más completa y artística. Al final, después de todo, la ética que controla estas variaciones es la propia historia. Para citar a

Eugene Peterson: "La historia es la forma principal en la que se nos da la revelación de Dios. El género literario preferido del Espíritu Santo es la historia".[2]

LA VOZ DE LA REVELACIÓN

El libro del Eclesiastés en el Antiguo Testamento aborda la idea de una voz autoral cósmica. Para entender su importancia, debemos considerar brevemente la relación que tienen las historias humanas con el significado último.

A veces atribuido a Salomón, Eclesiastés está lleno de meditaciones desconcertantes sobre la naturaleza del mundo y el lugar del ser humano en él. Si el "Maestro" del libro es realmente Salomón, entonces fue escrito por un hombre con mucho tiempo, recursos casi ilimitados, una increíble inteligencia, y sabiduría dada por Dios para buscar respuestas.

Al final del libro, Salomón concluye que el problema del significado último no tiene solución: ¡*El hombre no puede comprender todo lo que se hace bajo el sol! Por más que se esfuerce por hallarle sentido, no lo encontrará* (8:17). Observa que dice que no podemos *descubrirlo*. No dice que no podamos *inventarlo*. El significado existe, pero "bajo el sol", es decir, dentro del ámbito del universo material, nuestros intentos de encontrar un sentido último por nosotros mismos siempre fallarán. En resumen, tales respuestas están fuera del alcance de la razón humana.

Esto tiene sentido si se entienden las implicaciones de la idea de que *el significado es algo que apunta hacia otra cosa*. El cosmos no puede ser el origen de su propio significado, ni tampoco nada que exista dentro de él. Todo el universo creado es, por definición, significativo solo en relación con algo más: con su creador o Creador, con aquello que quiso que cada cosa tuviera un lugar con propósito. Dicho de otro modo, si el significado no puede derivarse desde dentro, entonces el universo o bien no tiene sentido, o depende de algo fuera del círculo del universo material para tener significado y razón de ser.

La desilusión de Salomón no es el final del relato bíblico. Pero, como vimos con Job, la humanidad no tenía un punto de referencia. Lo que necesitábamos era que la verdad, un significado que viniera desde fuera, irrumpiera en el círculo cerrado del universo material.

Ese punto de conexión, o portal, entre lo material y lo inmaterial se llama *revelación*. La revelación no es lo mismo que la fe, pero es la base de la fe, porque la fe es una respuesta a la revelación. Por eso la fe es necesaria para la regeneración espiritual, para que un espíritu habite la máquina. Tal vez por eso Jesús dijo que todos los nacidos del Espíritu son como el viento: no se sabe de dónde vienen ni a dónde van (Juan 3:8). Sus motivaciones y su propósito están ocultos; su fuente está fuera de la caja del ámbito material.

La *semiótica*, el estudio de los signos, las conexiones y el significado, puede ser útil para explorar las implicaciones de cómo se origina y se interpreta el significado.[3] El diagrama siguiente ilustra los cuatro elementos básicos de los sistemas simples de signos.

El **emisor** es la persona o grupo que envía el mensaje.

El **signo** es el mecanismo de entrega (por ejemplo, una carta física, una orden audible, un mensaje de texto digital).

El **mensaje** es lo que se está comunicando.

Y el **receptor** es quien interpreta el signo.

Todo esto debería ser algo intuitivo. Cuando necesito cancelar una clase, por ejemplo, normalmente envío un correo electrónico a mi lista de estudiantes. Esa situación está representada en la fila 1 del diagrama: el *maestro* envía un *correo electrónico* anunciando que *no habrá clase mañana* a sus *estudiantes*. Emisor, signo, mensaje, receptor.

La fila 2 es similar: un crucero chárter es desviado por una tormenta y naufraga en una isla desierta. Quizás los náufragos usan troncos para formar las letras SOS en la ladera de una colina. Estas letras, el código internacionalmente reconocido para "Save Our Souls" (salven nuestras almas), son una súplica de ayuda. Cuando este signo es visto por el capitán de un barco de rescate de la Guardia Costera, los náufragos son salvados.

Pero ¿qué pasa en situaciones donde las categorías no son tan obvias? Después de todo, estamos hablando del significado último, de la revelación como una conexión inmaterial entre el universo y su Creador. ¿Cómo es que situaciones fácilmente explicables en términos humanos, con situaciones humanas y mensajes humanos, pueden arrojar luz sobre algo tan complejo como "el *sentido* de la vida"?

	EMISOR	SIGNO	MENSAJE	RECEPTOR
1	Maestro	Correo	No hay clase mañana	Estudiantes
2	Náufragos	SOS	¡Necesitamos ayuda!	Guardia Costera

EL EMISOR Y EL SIGNO

La tercera fila en el siguiente diagrama sugiere una respuesta. Cuando yo soy el emisor del mensaje, el proceso de construcción de significado parece sencillo. Sé lo que quiero decir cuando les envío un correo a mis estudiantes; si hay una falla en la comunicación, normalmente puedo identificar dónde ocurrió. Tal vez haya un error tipográfico en mi correo, o quizás lo envié al grupo equivocado. Tal vez uno o dos de mis estudiantes salieron tarde y no leyeron bien el mensaje. Como receptores de mi mensaje, ellos tienen menos claridad sobre lo que yo intentaba comunicar, pero el contexto y la redacción del correo al menos demuestran que este proceso de cuatro elementos es comprensible. Su maestro les está dando información sobre la próxima clase.

La tercera fila representa la desesperación de Salomón. Cuándo no soy el emisor ni el receptor, cuando soy el signo, ¿cuál es el mensaje? ¿Y quién lo envió?

Salomón respondió la segunda pregunta, pero no la primera. De hecho, parecía considerar tan obvia la segunda respuesta que no hizo un verdadero esfuerzo por demostrarla. Según su perspectiva, la respuesta sobre el origen último ya estaba presente en cada corazón humano. Lo que no estaba claro era qué *significaba* todo eso.

He visto la tarea que Dios ha impuesto al género humano para abrumarlo con ella. Dios hizo todo hermoso en su tiempo, luego puso en la mente humana la noción de eternidad, aun cuando el hombre no alcanza a comprender la obra que Dios realiza de principio a fin. (Eclesiastés 3:10-11)

	EMISOR	SIGNO	MENSAJE	RECEPTOR
1	Maestro	Correo	No hay clase mañana	Estudiantes
2	Náufragos	SOS	¡Necesitamos ayuda!	Guardia Costera
3	?	Tú	?	El mundo

El problema con colocar a Dios como el emisor, en especial a aquellos en una cultura moldeada en torno al individualismo radical, es que deja el mensaje de nuestras vidas, el significado de nuestra existencia, en las manos de otro. Como no podemos aceptar eso, apartamos cualquier idea de dependencia de Dios, incluso en lo que respecta al significado, y buscamos un sentido último dentro de nosotros mismos. Al menos eso es lo que concluyó el mitólogo Joseph Campbell cuando dijo: "No hay significado. ¿Cuál es el significado del universo? ¿Cuál es el significado de una pulga? Simplemente está ahí. Eso es todo. Y tu propio significado es que tú estás ahí".[4]

Nuestra solución posmoderna es eliminar por completo al Emisor divino. Pero no nos basta con los signos de interrogación honestos, aunque existencialmente angustiantes, de Salomón. Un individualista completamente ensimismado no puede aceptar signos de interrogación en las columnas de Emisor y Mensaje. Tampoco podemos tolerar que el mundo, tan vasto como es, esté en la columna de Receptor para recibir el significado de nuestras vidas. ¿Acaso mi vida realmente trata sobre otra persona, incluso sobre siete mil millones de personas? Seguramente debe tratarse de algo aún más grande. Y ¿qué podría ser más grande que el mundo del yo?

	EMISOR	SIGNO	MENSAJE	RECEPTOR
1	Maestro	Correo	No hay clase mañana	Estudiantes
2	Náufragos	SOS	¡Necesitamos ayuda!	Guardia Costera
3	?	Tú	?	El mundo
4	[Tú]	Tú	[Escoge algo]	[Tú]

Además, el punto mismo de colocar al yo en la posición tanto de emisor como de signo es que, al hacerlo, uno puede recibir un mensaje elegido por uno mismo. Así llegamos a la fila 4 del cuadro en la página anterior, que representa uno de los mitos populares del significado tal como existe actualmente en Occidente. Si yo soy el signo y su emisor, entonces su receptor no puede ser menos significativo que yo mismo, y su mensaje es lo que yo desee. Lo que es, en resumen: *no tendré otro dios fuera de mí.*

EL EMISOR ESTÁ CERCA

La relación narrador-audiencia representada en el Nuevo Testamento responde a la desesperanza de Salomón con una promesa que no esperamos.

Incluso quienes creen que Dios existe tienden a pensar en Él como alguien distante, a millones de kilómetros, sentado en un trono de juicio más allá de las estrellas. Está allá afuera, en alguna parte, contando moléculas o alimentando supernovas, pero si está al tanto de nuestra existencia es solo con una consciencia desinteresada, basada en hechos, que se limita a registrar nuestras buenas y malas obras. Puede observar el desarrollo de nuestras vidas, pero solo a través de un telescopio y solo para llevar la cuenta. Tal vez nos gusta esa idea porque nos hace sentir más cómodos con nuestros defectos. Al conceptualizar el estándar de perfección como algo abstracto y lejano, inhumano e incognoscible, nos liberamos a nosotros mismos de la obligación de obedecer lo que sí conocemos y podemos experimentar.

Este tipo de deidad esterilizada y atmosférica no es la que se representa en la Escritura. Sí, con frecuencia se le describe como misterioso y trascendente, tan por encima del pensamiento humano y de toda "semejanza" material que ninguna imagen podría capturar con precisión su esencia. Pero esto no da lugar a una contradicción gnóstica entre lo terrenal y lo espiritual. El Dios de la Biblia es relacional. Está presente en las circunstancias materiales cotidianas de la vida humana, tan "con nosotros" incluso en nuestro sufrimiento y confusión que nada puede separarnos de Él.

El apóstol Pablo captó esta cualidad única, a la vez trascendente y cercana, cuando describió a Dios ante el pueblo de Atenas:

> *De un solo hombre hizo todas las naciones para que habitaran toda la tierra; y determinó los períodos de su historia y las fronteras de sus territorios. Esto lo hizo Dios para que todos lo busquen y, aunque sea a tientas, lo encuentren. En verdad, él no está lejos de ninguno de nosotros.* (Hechos 17:26-27)

Observa la doble naturaleza de esta descripción: Dios no está lejos de nadie, y desea ser encontrado. Sin embargo, aunque Dios está justo ahí, al doblar la esquina y esperando con el aliento contenido que sus hijos portadores de su imagen "lo busquen", algo se ha interpuesto. Él es quien nos espera a nosotros, no al revés. Él está cerca; los que andamos vagando desinteresados a millones de kilómetros somos nosotros.

Jesús repite este punto una y otra vez. De hecho, cuando envía a sus discípulos, el mensaje que les encarga entregar en su totalidad es: *El reino de los cielos está cerca* (Mateo 10:7). Y esa cercanía debía demostrarse sanando enfermos, resucitando muertos, limpiando leprosos y expulsando demonios, todas ellas señales de la irrupción de la bondad de Dios. La vida trascendente de Jesús trascendería la separación entre el cielo y la tierra. Su "cercanía" no sentida se convertiría en presencia tangible.

Los tiempos y las culturas han cambiado, pero las personas no eran muy distintas en la época de Jesús de lo que somos hoy. También les costaba creer que "el reino de los cielos se ha acercado". Probablemente esta sea una de las razones principales por las que los Evangelios están llenos de historias. La mejor manera de asegurarse de que una audiencia vaya más allá de comprender algo racionalmente y lo viva de forma experiencial es envolverlo en la caja fuerte de una buena historia. Algunos se perderán lo que está oculto en su interior, especialmente al principio, pero quienes finalmente lo comprenden serán cambiados de forma permanente por su proceso interno de entrar en la caja.

Las historias de la Biblia no son principalmente conceptuales; son metafóricas. Kenneth E. Bailey llega hasta el extremo de llamar a Jesús un "teólogo metafórico".

Una metáfora, sin embargo, no es una ilustración de una idea; es una forma de discurso teológico. La metáfora no solo explica el significado, sino que lo crea. *Una parábola es una metáfora extendida* y, como tal, *no es un mecanismo de entrega de una idea* sino una casa en la que el lector u oyente es invitado a habitar.[5]

En otras palabras, en la Biblia a Dios no le interesa principalmente la transmisión de principios y conceptos que puedan ser extraídos versículo por versículo de la página, como si fueran respuestas para revelar en un concurso de *televisión*. El amor es paciente y bondadoso, ¿verdadero o falso? ¿Cuál es el último libro del Nuevo Testamento? ¿Cuántos hijos de Esceva fueron golpeados por el espíritu maligno en Éfeso?

Como hemos entendido este punto de manera muy equivocada, nos hemos perdido algo importante sobre la naturaleza de Dios.

LA VIDA DE CRISTO COMO UNA PARÁBOLA

Si la voz de cualquier narrador es una revelación de su personalidad esencial, entonces la personalidad de Dios puede entenderse, al menos en parte, como la motivación causal detrás de las decisiones que tomó al compartir su historia con la humanidad. Así como conferir libre albedrío a su creación debió representar un gran riesgo de su parte, también fue arriesgado compartir su personalidad a través del arco narrativo de la Escritura. Era inevitable que fuera malinterpretado; sin embargo, aun sabiendo que sus motivos serían tergiversados y sus acciones mal caracterizadas, eligió jugar el juego largo del amor paciente, de la cercanía y la presencia, que solo comenzaría a comprenderse plenamente cuando tomara forma humana y viviera la historia delante de nosotros.

Una demostración así requeriría algo más que hechos y fórmulas. Requeriría metáforas extendidas, incluso cadenas de metáforas extendidas que se superponen unas sobre otras como estratos geológicos. Por eso Kenneth Bailey utiliza la metáfora de una casa para explicar la naturaleza metafórica de las parábolas. Cada historia que contó Jesús es como una casa que debe habitarse para poder comprenderse. Cada parábola no es una residencia de una sola ventana sino un lugar con muchas ventanas, y cada ventana ofrece su propia visión "verdadera" del mundo exterior.

Cualquiera que haya escuchado más de unos cuantos sermones reconocerá la verdad de esto. Si pides a diez predicadores distintos que prediquen sobre la misma parábola, te encontrarás mirando a través de diez ventanas distintas. Algunos pueden tener vistas similares de las montañas a lo lejos, pero no habrá dos exactamente iguales. Sorprendentemente, cuanto más tiempo y reflexión dedica cada predicador a la parábola, más única tiende a ser su predicación.

Sin embargo, los estratos de significado en la vida de Jesús van aún más profundo que lo que aparentarían transmitir las parábolas. Jesús no solo *contó* parábolas; las *vivió*. Juan lo menciona al final de su Evangelio: *Jesús hizo también muchas otras cosas, tantas que, si se escribiera cada una de ellas, pienso que los libros escritos no cabrían en el mundo entero* (Juan 21:35). Observemos que no dice que Jesús solo *dijo* muchas otras cosas, sino que *hizo* muchas otras cosas. Cada incidente registrado de su vida, todo lo que hizo, estaba cargado de significado profundo y en capas, lo que explica por qué durante más de dos mil años los predicadores no solo han explicado las historias que *contó*, sino también las historias que *experimentó*.

Como Jesús es la verdadera fuente de todo significado, el Emisor y Trascendente último, el *significado* lo seguía como una nube, irradiando desde Él y dejando un aroma fragante incluso después de haberse ido.

Es fácil pasar por alto que esta creación de significado está directamente conectada con la naturaleza de su voz como narrador. La razón por la que no percibimos la naturaleza multivalente de la vida y enseñanza de Jesús probablemente sea porque no nos colocamos en posición de escuchar lo que realmente está diciendo. En lugar de sentarnos a sus pies como discípulos, acudimos a Él como críticos, tal vez críticos apreciativos. A menudo vamos como fanáticos en busca de otro gran momento en que los fariseos son puestos en su lugar o nuestros vecinos insoportables reciben su merecido. Así que llevamos nuestras presuposiciones posmodernas de evaluación, listos para aceptar lo bueno (es decir, lo que aprobamos y con lo que estamos de acuerdo) y desechar lo anticuado e irreal (es decir, todo lo que nos incomoda o requiere un cambio significativo de conducta).

Lo que *no* hacemos es ponernos en posición de recibir directamente de Él: de maestro a alumno. Mantenemos a Dios en un lugar lejano, detrás de su telescopio celestial, envuelto en la textura difusa de las hipótesis. Lo dejamos en algún lugar donde, aunque no puede hacernos mucho bien, tampoco puede hacernos ningún daño real.

No aprendemos de Jesús porque no vamos a Él con la intención de aprender. Vamos a Él, cuando vamos, para evaluar. Aunque, dicho sea de paso, generalmente *no* vamos a Él. En cambio, vamos a un Jesús *seguro*, un Jesús de figura decorativa, un Jesús manso y apacible, un Jesús de cabello peinado al medio y sandalias, un Jesús de una cruz de treinta segundos y un descenso al infierno de diez segundos, un Jesús "barista" que solo quiere ofrecer una palabra amable de consejo y hacernos sentir bien.

ACERCARSE A LA HISTORIA COMO UN DISCÍPULO

Lo mismo ocurre, quizás en menor medida, con la forma en que nos acercamos a las Escrituras. Leemos para obtener datos, para adquirir conocimiento y, a veces, para devoción, pero pocas veces leemos para ser discipulados, para ser transformados nosotros mismos. Aunque sospechamos, con bastante precisión, que la transformación real solamente llega como resultado de oír y responder a la voz de Dios.

Kenneth Bailey sugiere que para entender la teología metafórica de Cristo, debemos recibir sus parábolas con "simplicidad auténtica". Él escribe: "Dicho de manera sencilla, nuestra tarea es colocarnos detrás de la audiencia que rodea a Jesús y escuchar lo que les está diciendo. Solo a través de esa disciplina podemos descubrir lo que Él está diciendo a cualquier época, incluida la nuestra".[6] En otras palabras, debemos acercarnos a Él como discípulos que responden a su llamado de "sígueme". Debemos dejar a un lado nuestro orgullo, nuestra dependencia de la sabiduría humana, nuestras ideas preconcebidas, y nuestras tradiciones. Solo cuando hacemos esto, cuando rendimos la vida que creemos tener, estamos realmente listos para recibirlo a Él y recibir de Él.

Esto no es cuestión simplemente de colocarnos imaginativamente entre la multitud que escuchaba sus parábolas, aunque eso pueda ser útil. Muchos en esas multitudes regresaron a sus casas tan espiritualmente empobrecidos como cuando llegaron. Por ejemplo, incluso después de su provisión milagrosa al alimentar a cinco mil personas con cinco panes de cebada y dos pescados pequeños (Juan 6:8-12), la multitud se ofendió cuando Jesús reveló su verdadera motivación: que ellos buscaban dádivas, no la comida "que permanece para vida eterna, la cual les dará el Hijo del hombre" (vv. 26-27). Tan pronto como Él describió el trabajo necesario para recibir el "pan de Dios" (v. 33), comenzaron a quejarse y se fueron.

El requisito para recibir *de* Él es creer *en* Él. No hay otro camino para obtener las "palabras de vida eterna", como las llamó Pedro (Juan 6:68-69). La mera lectura no es suficiente, ni tampoco basta con escuchar sermones o *podcasts* (aunque estos pueden ser útiles a su manera). Incluso un libro exhaustivo de conocimiento bíblico, si tal cosa existiera, no podría iluminar el camino hacia una verdadera revelación. Estas cosas pueden ser usadas por Dios, sin lugar a duda, para formar a su pueblo, pero no son un sustituto del discipulado, de sentarse a los pies de Jesús para ser enseñados directamente por Él de una manera que ilumina las Escrituras y les da vida. *Mis ovejas oyen mi voz*, dijo Jesús. *Yo las conozco y ellas me siguen* (Juan 10:27). El Nuevo Testamento nos presenta tipos, destellos semióticos, como si fueran señales en código Morse, que revelan la llegada sorprendente e inesperada de un nuevo pacto a través del cual el reino de los cielos se manifestaría en la tierra.

Las multitudes que seguían a Jesús por comida gratis perdieron el significado de casi todo lo que Él decía. Creían entenderlo, al menos hasta que Él pareció alejarlos intencionalmente al declarar que debían comer su carne y beber su sangre. Pero está claro que incluso sus discípulos estaban, por lo general, desconcertados por muchas de sus palabras, hasta que le pedían explicaciones en privado.

Nosotros también hemos perdido el significado de lo que está escrito, y seguiremos perdiéndolo si no estamos dispuestos a seguir ese mismo camino de discipulado: pedirle a Jesús en privado una revelación de lo que ha sido hecho público a través de las Escrituras. No es suficiente con ubicarse imaginativamente al borde de la multitud al leer los Evangelios. A veces debemos colocarnos aún más cerca: en la casa del fariseo que trata a Jesús con desprecio; en la barca con los discípulos mientras una tormenta amenaza sus vidas; en el patio con Pedro mientras canta el gallo y nos recuerda de manera inquietante nuestras propias negaciones; en las sandalias de Tomás, que no creería sin ver.

Pero, por supuesto, no es el ver lo que produce la fe. *La fe viene como resultado de oír el mensaje,* nos dice Pablo, *y el mensaje que se oye es la palabra de Cristo* (Romanos 10:17). Tampoco basta con oír físicamente las palabras que se pronuncian. Quienes tienen oídos para oír deben también interiorizar el mensaje. *Pongan mucha atención,* dijo Jesús. *Con la medida con que midan a otros, se les medirá a ustedes, y aún más* (Marcos 4:24). No podemos oír lo que no estamos dispuestos a oír. Lo cual significa que el punto de partida para la transformación, para aprender a reconocer la voz del narrador en nuestra vida, es reconocer nuestra necesidad.

En el próximo capítulo reviviremos una historia que se encuentra en el Evangelio de Juan. Para comprender realmente lo que la historia dice será necesario aplicar los principios de tema, contexto, caracterización y voz al leerla. ¿Qué cambia como resultado de la historia? ¿Cómo es transformado el protagonista-narrador tanto internamente como externamente? ¿Implica este incidente algo particular para tu propia vida?

Al igual que con la historia de Daniel en el capítulo 8, lo que sigue es una breve reinvención de un evento bíblico, esta vez en un contexto moderno. No pretende ser un sustituto de la Escritura. Más bien, es una herramienta para explorar, un modo de volver extraño lo que creemos conocer, para poder verlo con nuevos ojos. Considéralo una puerta a un encuentro de primera mano que antes solo contemplabas desde cierta distancia. Es la historia de un hombre ciego que recibe la vista, y si eres un verdadero discípulo de Jesús, entonces esta es también tu historia.

10

LA VOZ DEL NARRADOR

Iba a ser uno de esos días secos y abrasadores de verano. Incluso al amanecer, Sam ya podía sentir el calor del día como una línea ardiente que le cruzaba la cara. Dios iba a meter al mundo entero en un horno.

Como siempre, Pop y Josey lo habían dejado en la esquina, junto a la estación de servicio, pero incluso los aromas familiares del fluido para motor y la masa de rosquillas recién salida de la freidora parecían apagados por el calor creciente. Ese día, hasta el canto de los pájaros era tenue y la autopista estaba en silencio dominical.

Sam se sentó sobre el pedazo de espuma viscoelástica que su mamá le había conseguido y se recargó contra la pared de bloques de concreto de la estación. Con los años había dejado ese lugar liso de tanto usarlo. Ese era su lugar, su esquina, un punto que la gente llamaba "feo" porque daba al lote de vehículos de la ciudad, en vez de dar a la vieja iglesia de ladrillo color café, plantada en la esquina de la Quinta con Main.

Él prefería lo feo. Pop decía que eso le daba textura a la historia. El tono envejecido era algo bueno, tal vez incluso algo de Dios. "La vida se te pega, Sam, como un hollín que no se lava. Lo tienes por todas partes, y eso vale, hijo. Eso vale".

Así que se sentaba ahí, tirando de los hilos del corazón con su sonrisa de cinco dólares y ojos del color de la nieve derritiéndose; como sea que se viera eso. Cada vez que un auto hacía sonar la campana del cable, Sam giraba el rostro hacia los nuevos peregrinos y dejaba ver su apariencia curtida por la vida: ahí estaba un pobre mendigo ciego, y cualquier cosa que pudieras dar, monedas o billetes, servía igual, y que Dios te lo pague. El viejo Sam no haría daño a nadie; y ni siquiera era viejo. Había estado quebrado toda su vida. Solo estaba gastado ahora, como uno de esos cacharros al otro lado de la calle. No tan lejos de Dios como para que los buenos feligreses no lo conocieran, pero lo suficiente como para que no pudieran verlo.

Algunos eran clientes habituales de domingo en la mañana, matando dos pájaros de un tiro: gasolina y limosna, de camino a casa para un asado en el horno. Reconocía a los Kittrick por las voces de sus cuatro hijos discutiendo en la parte trasera de la camioneta familiar. A otros los conocía por el olor a tabaco que salía de las puertas abiertas, o la dulzura empalagosa del Gucci Gold que significaba que la viuda Spengler iba camino a la confesión.

Esa mañana, el predicador itinerante llegó en una camioneta; una grande, VW por el sonido y el olor: cajas de pizza viejas y media docena de jóvenes que salieron cantando, con las zapatillas chirriando sobre el asfalto caliente.

—"Hay una fuente llena de sangre…".

—Oye, Pete, mira esto.

—"…que brota de las venas de Emanuel…".

Se acercaban, sus voces desvaneciéndose al ver a Sam.

Él les lanzó una gran sonrisa de "Dios los bendiga", listo para hablar de religión si era necesario. La gracia era el sonido de billetes deslizándose en su caja de madera que decía: "Donaciones, lo que puedas dar".

—Amigo —dijo alguien más atrás, probablemente el conductor, que llegaba dando la vuelta desde el otro lado de la camioneta—. ¿Sabes cómo llegar a la alberca municipal?

Sonido de pies moviéndose, haciendo espacio para la nueva voz.

Sam apuntó a la derecha, más allá de las bombas.

—Justo en la esquina con Main, por la oficina de correos.

Alguien se rio, y Sam comenzó a sentirse incómodo. Podía sentir la presencia de alguien de pie sobre él, luego agachándose. Un momento después, unas manos le sujetaron la cara. Comenzó a protestar, pero la voz dijo:

—Esto no va a doler —entonces, algo como una pasta le fue untado sobre los párpados y Sam apartó las manos—. ¿Qué estás haciendo? —ahora estaba enojado. Él no había hecho nada malo. ¿Por qué algunas personas tenían que ser tan crueles? Podían ver que era ciego. Ese tipo de cosas no eran chistosas. No lo fueron en la primaria y ahora mucho menos cuando...

—Pete —dijo el hombre—. Ve con él.

Alguien le tomó las manos y lo levantó.

—Vamos a llevarte a la alberca.

Comenzaron a cantar de nuevo, siguiéndolo como patitos, riendo y empujándose entre ellos como lo hacen los jóvenes.

—"Desde que por fe vi el torrente, que brota de tus heridas...".

—¿Qué? —repitió Pete.

—"El amor redentor ha sido mi tema, ¡y lo será hasta que muera!".

—Todo va a estar bien, ¿sí? —dijo Pete—. El reverendo Lovejoy tiene un don.

Sam los siguió, sin saber bien por qué, una mano aferrada a su caja de donaciones y la otra tanteando con su bastón. El tipo a su lado le sostenía el codo, y Sam deseaba que no lo hiciera, pero no quería causar problemas con tantos jóvenes rodeándolo.

Olió la alberca a distancia de media cuadra. Escuchó el chirrido de la reja metálica. Avanzó hasta el borde y se detuvo, de repente temeroso de que lo fueran a empujar. Pero estaban en silencio otra vez. Para entonces, su rostro se sentía caliente. Demasiado caliente, como si algo estuviera mal con sus ojos. Claro que lo estaba. Siempre lo había estado.

—Estás a tres pies —dijo Pete—. En la parte que no cubre.

Sam se arrodilló en el concreto caliente, sus rodillas quejándose, y tanteó las baldosas lisas del borde. Metió una mano en el agua tibia y se mojó un poco la cara. Su mano salió con algo suave pegado, como avena. Repitió el proceso con ambas manos mientras la sensación en su rostro aumentaba.

El calor.

¿Era calor? Era como calor, pero distinto. Como sonido, pero...

—¡Ahí está! —dijo Pete.

Sam salpicó ambas manos en el agua, echándosela al rostro, empapando su camiseta y su cabello, dejando que pequeños chorros de agua le corrieran por la espalda.

—¿Qué me hizo? —gritó a nadie en particular—. ¿Qué? ¡¿QUÉ?!

Detrás de él, los chicos rieron como si todos hubieran estado al tanto de la broma y solo esperaran el remate.

—El reverendo Lovejoy tiene un don —dijo Pete—. Y te lo acaba de dar.

Sam se recostó, parpadeando ante la luz repentinamente dolorosa de una forma que nunca había sentido antes. Esto era la luz. La luz del sol. La luz del sol sobre esta parte del mundo frente a él. Y esto, esto era el agua. Cómo se veía el agua. Cómo se veía la luz del sol sobre el agua. Cómo se veía una alberca. Cómo se veía el mundo. Así era como se veía el ver. ¿Siempre había sido así? ¿Tanto a su alrededor, tan cerca y al mismo tiempo más allá de su entendimiento?

Y los jóvenes, cuyas voces ahora le eran familiares porque era experto en captar el timbre de una voz humana incluso a partir de una risa, ya no reían. Sus rostros eran como; como ¿qué? Como huevos a punto de quebrarse desde dentro, tal vez.

Ese debía ser Pete. Y ese otro, con barba incipiente y patillas largas, debía ser Barty, el que se creía chistoso. Y ese...

—Vamos —dijo Pete, tirando del codo de Sam—. Vamos a decírselo.

—Ya movió la camioneta —dijo alguien.

—Nos dijo que lo encontráramos en la iglesia.

—Entonces iremos a la iglesia —dijo Pete.

Ya de pie, Sam apartó el brazo.

—Creo que me quedaré aquí un rato.

Pete se encogió de hombros.

—Como quieras.

Los jóvenes se alejaron, uno de ellos entonando un nuevo himno que Sam apenas notó. No quería ir a la iglesia, aunque no pudiera admitir por qué. Pero el sol brillaba y las sombras que proyectaban los árboles eran hipnotizantes.

Solo, caminó hasta el parque de al lado, todavía golpeando el suelo con su bastón por costumbre, porque no quería dejarlo atrás y, sobre todo, porque necesitaba algo familiar que sostener y hacer. Se movía como en un sueño, atraído por el susurro de las hojas que parecían flotar en el aire, y se sentó en una mesa de picnic mirando fijamente.

Así era como se veían los árboles; como se veían las hojas; lo que hacía el sol al moverse entre los árboles sobre el pasto. Era una especie de magia. Luz y hoja, luz y agua. Los árboles tenían un aspecto único. La alberca tenía un color vibrante. La naturaleza no era solo natural. Era sobrenatural. ¿Cómo no lo había sabido nunca? ¿Todos los demás lo sabían? ¿Era algo que debía verse para entenderse? ¿O era una de esas cosas que se alejan, como el sonido de un tren que pasa?

El ruido de personas moviéndose en el estacionamiento de la iglesia lo sacó de su ensimismamiento. Debía haber estado mirando durante mucho tiempo. Aun así, no se movió hasta que el lugar se vació. No quería un montón de preguntas, mucha gente curioseando como si fuera algo que encontraron al costado del camino.

Cuando el último auto se alejó, él fue golpeando con su bastón la acera, cruzó la intersección sin molestarse en presionar el botón del paso peatonal, subió por los escalones inclinados de concreto, y entró por el arco de madera de la puerta principal.

Adentro, la luz se derramaba a través de los vitrales, y Sam entendió por qué a la gente le gustaba ir a la iglesia. Ciertamente no era por la mezcla de aromas a cera de vela, cera para muebles y vino barato.

Caminó de puntillas por el vestíbulo y entró en la capilla, el contraste entre la luz y la oscuridad le apretaba la garganta. Rayos de luz tan gruesos con polvo que uno podría atarles una cuerda, y cada color sin nombre. Después de todo, ¿qué hacía que el *rojo* fuera rojo? Tendría que preguntarle a Josey. Detrás de la luz solar había parches oscuros, al lado del altar, debajo del marco de la puerta al fondo, y especialmente alrededor del púlpito. Tanta oscuridad. Tantas sombras. Probablemente eso era lo que hacía resaltar la luz, incluso diluida por el colorido vidrio.

Caminó por el pasillo central, golpeando la alfombra con su bastón y rozando los respaldos de los bancos con los dedos de su mano izquierda. ¿Cuánto tiempo había pasado? ¿Nueve años? ¿Diez? Él no había tomado ese dinero, y aun cuando se supo la verdad, ¿de qué había servido? No había querido regresar, y ellos no habían querido que regresara. Demasiado difícil para un pastor admitir que se equivocó, y Sam era demasiado orgulloso para querer una disculpa. ¿Qué le importaba ahora?

La pila bautismal estaba llena, pero lo que vio en su interior lo decepcionó: el agua bendita no tenía ningún rastro de lo divino.

Una voz llamó.

—¿Sam?

No se volteó. Una vida entera prestando atención a los sonidos en lugar de las imágenes lo había entrenado a levantar el mentón. Ni siquiera pensó en mirar. Sabía que no era la voz del pastor Olson. Tampoco era Pop, ni Josey, ni siquiera Henry, el conserje de la iglesia. Aun así, le resultaba familiar.

—¿Señor? —respondió Sam.

—¿Crees en el Hijo del Hombre, Sam?

De pie en la penumbra, con una mano apoyada en la pila, Sam pensó que esa debía ser la pregunta que había esperado toda su vida, aunque nunca antes había estado verdaderamente preparado para oírla. La oscuridad que siempre lo había rodeado ahora tenía competencia. Esa mañana no habría creído que pudiera ver. La verdad era que nunca había creído del todo que alguien pudiera ver.

Pero ahora era un mundo nuevo. Una nueva realidad. La iglesia, al final, tenía algo más que velas, hostias insípidas e hipócritas. En algún lugar allá afuera estaba el reverendo Lovejoy y su banda itinerante de alborotadores devotos. Si podía creer que un hombre ciego pudiera ver, ¿qué más se podría creer?

—Me gustaría —dijo Sam al fin—. Si supiera quién es.

Entonces sí se volteó, y al hacerlo se dio cuenta de que había estado apretando los ojos y, al abrirlos, la luz de la puerta abierta era cegadora. Y de pie en medio de esa luz...

—Lo estás mirando —dijo el hombre—. De hecho, lo estás viendo. Y escuchando su voz.

—Sí —dijo Sam, sorprendido y asombrado al mismo tiempo—. Creo que sí.

LA VOZ DEL NARRADOR

En la historia del hombre ciego en Juan 9, imágenes visuales y auditivas desempeñan roles importantes para destacar el significado de la historia. Por supuesto, la historia no significa una sola cosa; significa muchas cosas. Pero en lugar de colocarnos por encima de las Escrituras solo para leerlas e interpretarlas, en lugar incluso de quedarnos detrás de la multitud y observar el milagro desde una distancia segura, si nos ponemos imaginativamente en los zapatos de Sam, en los zapatos de un hombre ciego real que realmente vivió y se encontró con el Cristo encarnado, escucharemos y veremos la historia como nunca antes, y en ese orden. La escucharemos antes de verla, porque es la voz del Pastor la que oímos antes de ser guiados a ver (Juan 10:27).

Tenemos el privilegio de entender lo que aún no podemos ver: que Jesús escupe en el suelo para hacer un poco de barro con su saliva. El Agua de vida se mezcla una vez más con la tierra para hacer humano aquello que no está vivo, o no verdaderamente vivo: la arcilla de la carne ciega. Él la unta en nuestros ojos y nos dice: "Ve a lavarte en el estanque de Siloé". Siloé significa "enviado".

Así que vamos. Obedecemos la voz del Señor, y cuando nos lavamos el barro recuperamos nuestra vista, y regresamos a casa eufóricos porque hemos sido tocados por lo divino, tocados por algo tan lejos de nuestros sueños más salvajes que ni siquiera creíamos que fuera posible. Este tipo de cosas no ocurren realmente, ¿cierto? Ciertamente no le ocurre a alguien como tú o como yo. Los milagros son para unos pocos afortunados, para los justos, para los afortunados, para los felizmente autoengañados. Pero ¿quién ha oído hablar de abrir los ojos de un hombre nacido ciego? ¿Quién pensó que Dios se rebajaría a tocar la carne humana? ¿Acaso no nos conoce?

Luego viene la aplastante desilusión. Pensábamos que seguramente nuestra familia y amigos también estarían felices por nuestra buena fortuna, que se alegrarían con nosotros. ¡Es verdad! Hay un Dios en Israel. ¡Él escucha los clamores de los ciegos!

Pero no. Pudimos verlo en sus rostros. Nuestra buena fortuna era su condena. No se puede permitir que se derrumben las cómodas mentiras que todos nos hemos contado. No por el bien de un hombre ciego. Simplemente hay demasiado que perder.

Somos atacados casi de inmediato, a pesar de que estas hostilidades son indignantes y solo prueban que algo más está obrando tras bambalinas. Arrastrados ante un tribunal, ¿por qué? Rechazados por nuestros padres, ¿por qué? Porque tienen miedo de los principales sacerdotes, miedo de ser expulsados de la sinagoga como marginados.

Después investigados. ¿Investigados? ¿Acaso ser sanado milagrosamente es algo tan terrible? Ni siquiera fue idea nuestra. Fue idea *suya*. (Quienquiera que sea). Él fue quien hizo el barro; y rehízo nuestros ojos.

Bombardeados por preguntas, y se los decimos. Se burlan, porque claro que no entienden. ¿Cómo podría alguien entender *esto*?

Y no importa cuántas veces contemos la historia, no parece suponer ninguna diferencia. No quieren saber lo que realmente pasó. Están buscando una manera de tergiversar el relato para que sea menos condenatorio para ellos. ¿Qué hay de malo en ellos, después de todo, que Dios no se ha manifestado en sus vidas? Si Él es quien decimos, seguramente habría venido a ellos primero.

Entonces nos presionan, nos echan de la sinagoga, atacan nuestra reputación y mienten sobre lo ocurrido. Estábamos bien antes. Nunca estuvimos realmente ciegos. Deberíamos habernos quedado en nuestro negocio de mendigar.

Hemos hecho tantas cosas mal; hemos sentido tantas cosas, incluso reaccionado con ira. Pero hemos hecho una cosa bien: seguimos la voz de Jesús hasta el Estanque del Enviado y nos lavamos. Y ahora podemos ver, incluso si lo que vemos es que nuestros amigos y familia nos han dejado valernos por nosotros mismos, nos han dejado solos, mirando desde afuera hacia adentro.

Pero no estamos solos al final. No realmente. Porque en algún momento durante ese periodo bajo, ese estado confuso de estar en medio de todo, oímos su voz otra vez. Solo que esta vez no da una orden; hace una pregunta.

"¿Crees en el Hijo del Hombre?".

Lo cual es algo extraño de preguntar, considerando todo lo que ha pasado. Después de todo lo que ya ha ocurrido, ¿quiénes somos nosotros para creer o no creer? ¿Y qué importa creer? ¿Qué podría cambiar realmente?

Por otro lado, ¿qué nos queda? Y entonces preguntamos, porque en realidad solo hay una pregunta o nada. Esa es la elección.

"¿Quién es, señor? Dímelo, para que crea en él".

Más adelante tendremos que aprender a mirar nuestro pasado con gracia, con la caridad que da la perspectiva. ¿Cómo podíamos saber cómo era Jesús si nunca lo habíamos visto antes? Hasta este momento solo habíamos escuchado su voz, y eso una sola vez y solo unas pocas palabras.

Pero no hay condenación en su respuesta. Solo una afirmación de hecho y un recordatorio de lo que vino antes.

"Ya lo has *visto*; es el que está hablando contigo".

¿Cómo pudimos no reconocer esa voz, la que nos ordenó lavarnos y quedar limpios?

¿Y qué podríamos responder sino: "Señor, creo"?

EL NUEVO PACTO

Nadie que sigue esa voz se arrepiente, aunque las consecuencias a menudo implican fuerzas opuestas de antagonismo espiritual. Después, las cosas pueden parecer empeorar por un tiempo.

Pero observa lo que sucede. Después de que el hombre ciego es rechazado, calumniado y expulsado de la sinagoga (recuerda que era un mendigo y ahora no tiene fuente de ingresos), después de todo eso, Jesús se acerca a él.

Después de la parte intermedia o de tensión de su historia, no es solo la voz del Señor la que rompe la oscuridad. En el momento en que cree, el hombre ciego ve a Jesús. Como lo expresó Jesús: *Quien no nazca de nuevo no puede ver el reino de Dios* (Juan 3:3).

Yo soy el hombre ciego que recibió la vista. Tú también lo eres, a menos que todavía estés ciego. Aquí, en el capítulo 9 del Evangelio de Juan, no existe la opción de quedarse entre la multitud y simplemente observar. Supongo que podrías asumir la postura de un fariseo, pero eso solo asegura que tu ceguera permanecerá (9:41).

Jesús es la voz y la personalidad de Dios en forma humana. Y el nuevo pacto al que debe su nombre el Nuevo Testamento es su promesa para nosotros sobre lo que Dios quiere para cada hijo suyo que ha "nacido del Espíritu" (Juan 3:8).

En el libro del Nuevo Testamento de Hebreos encontramos una referencia a una promesa profética hecha originalmente en Jeremías 31:31-34:

> «Este es el pacto que después de aquel tiempo
>   haré con el pueblo de Israel», afirma el Señor.
> «Pondré mis leyes en su mente
>   y las escribiré en su corazón.
> Yo seré su Dios
>   y ellos serán mi pueblo.
> Ya no tendrá nadie que enseñar a su prójimo;
>   tampoco dirá nadie a su hermano: "¡Conoce al Señor!",
> porque todos, desde el más pequeño hasta el más grande, me conocerán.
> Yo perdonaré sus iniquidades
>   y nunca más me acordaré de sus pecados.
>
> (Hebreos 8:10-12)

Observemos cómo está estructurado este pacto en cuatro partes:

1. Dios pondrá sus leyes en los corazones y mentes humanas.
2. Él será nuestro Dios, y nosotros seremos su pueblo.
3. Seremos enseñados personalmente por Dios mismo.
4. Dios perdonará y eliminará nuestros pecados.

La Iglesia se ha enfocado casi exclusivamente en la cuarta parte de esta promesa, el perdón de nuestros pecados, y ha minimizado la promesa de una interacción directa entre Dios y los seres humanos. No resulta difícil entender *por qué* hemos hecho esto, y es fácil justificarlo. Lo extraño que a veces se afirma como revelación divina es suficiente para hacer retroceder incluso al más valiente.

Madeleine L'Engle escribe:

A lo largo de los siglos, nuestras instituciones religiosas han seguido en ocasiones a Caifás en lugar de a Jesús, y esto es algo a lo que siempre debemos estar atentos. Pero ¿cómo? ¿Cómo mantenerse abiertos? ¿Cómo asegurarnos de que la voz que oímos sea la voz del Señor? Hay toda clase de artimañas sucias que se interponen en el camino.[1]

¿No es más seguro confiar el discernimiento de lo sagrado y lo verdadero a una clase especial de clérigos, a quienes han sido formados en teología e interpretación bíblica? ¿No es mejor aplicar un poco de razón humana a todo esto? ¿No es Dios, después de todo, racional y ordenado?

Todo en mí quiere gritar: "¡Sí! ¡Sí! ¡SÍ!".

El problema con este enfoque es que efectivamente niega dos de las cuatro promesas que se encuentran en el texto, las número 1 y 3. Además, hemos visto lo que sucede cuando confiamos en alguien que no es Cristo como mediador entre Dios y la humanidad. La historia de la Iglesia está llena de víctimas espirituales que han sido heridas o destruidas por un enfoque basado en "confía en mí" para aplicar la Escritura a vidas individuales. En una conferencia hace años atrás, una mujer me dijo que nunca leía un libro que no hubiera sido aprobado primero por su pastor. Había delegado la responsabilidad de su propia conciencia a alguien que no era el Espíritu Santo.

Pero ¿realmente quiero decir que Dios nos enseña personalmente? ¿O de forma individual? ¿Y cómo se ve eso exactamente?

ABRAZAR AL ESPÍRITU Y LA ESCRITURA

Antes de intentar responder esas preguntas, permíteme señalar que dos capítulos después, en Hebreos 10, la promesa de cuatro partes de Dios se resume en dos actividades principales. O sea, la transformación que experimentan los cristianos mediante la influencia del Espíritu Santo puede describirse en términos de algo que se hace inmediatamente y otra cosa que tiene lugar a lo largo del viaje espiritual de la persona:

> *Porque con un solo sacrificio ha perfeccionado para siempre a los que han sido santificados.*
> *También el Espíritu Santo nos da testimonio de ello. Primero dice:*
> *«Este es el pacto que haré con ellos*
>   *después de aquel tiempo», afirma el Señor,*
> *«pondré mis leyes en su corazón*
>   *y las escribiré en su mente».*
> *Después añade:*
> *«Y nunca más me acordaré de sus pecados y maldades».*
> (Hebreos 10:14-17)

Dicho de otro modo, Dios ha perfeccionado al cristiano para siempre al eliminar sus pecados; sin embargo, a pesar de eso atravesamos un *proceso* de transformación, "somos hechos santos" mediante la enseñanza personal e individual de Dios.

Es importante reconocer que lo que está siendo escrito en el corazón y en la mente son las "leyes" de Dios, las cuales pueden interpretarse de manera flexible como sus requisitos o más rígidamente como el texto de la Escritura. Tenemos tendencia a caer en uno de dos errores cuando evaluamos lo que esto significa para nosotros personalmente.

Por otro lado, erramos al usar deductivamente versículos para respaldar un argumento o idea que esos versículos nunca intentaron expresar. "Es la unción la que rompe el yugo pesado" no significa lo que algunos han dado a entender al referirse con frecuencia a esa imagen bíblica.

Por otro lado, la Escritura, sin la actividad interpretativa del Espíritu Santo, puede ser malentendida e incluso tergiversada como un arma. Satanás puede citar la Escritura (Mateo 4:6). Y Jesús señala que incluso los más instruidos pueden estudiar la Biblia durante toda una vida y aun así no captar su verdadero sentido: *Ustedes estudian con diligencia las Escrituras porque piensan que en ellas hallan la vida eterna. ¡Y son ellas las que dan testimonio en mi favor! Sin embargo, ustedes no quieren venir a mí para tener esa vida* (Juan 5:39-40).

La solución sencilla a estos dos errores es abrazar tanto la Escritura como al Espíritu. Es la Escritura la que está siendo escrita en el corazón y en la mente, y es el Espíritu quien está haciendo esa obra. Somos santificados, transformados a la imagen de Cristo, por una revelación de la Palabra de Dios que nos es transmitida de manera personal e individual mediante la actividad del Espíritu Santo. El Maestro que Jesús prometió en la Última Cena nos guiará a toda verdad; glorificará a Jesús tomando de lo que es suyo y dándolo a conocer a nosotros (Juan 16:13-14).

Para ser claros, esto no significa que Dios no pueda hablarnos fuera de su Palabra, ni que todo lo que se declara como "así dice el Señor" provenga realmente de Dios. La realidad clara y algo inquietante del nuevo pacto es que Dios ha prometido enseñarnos personalmente por medio de la Escritura, y también que vivimos en un mundo donde este proceso puede salir mal de mil maneras distintas. Y, en última instancia, las únicas salvaguardas que tenemos para no desviarnos son (1) la misma Escritura, que es la medida con la cual se debe juzgar todo "así dice el Señor", y (2) la paciente actividad del Espíritu Santo.

En otras palabras, aunque muchas cosas pueden salir mal cuando confiamos en que Dios nos hable a través de la Escritura y sobre ella, parece que Él considera que vale la pena correr ese riesgo.

La verdadera pregunta es: ¿lo creemos *nosotros*?

DESPUÉS DE EMAÚS

La evidencia de cuán comprometido está Dios con este proceso se encuentra en toda la Biblia, pero especialmente en el Nuevo Testamento. El espacio no permite una exploración más profunda de cuán prevalente es este tema, pero un ejemplo claro puede ayudarnos a destacar el papel que juega la voz del narrador en el desarrollo de la historia de la Escritura.

Después de su resurrección, Cristo resucitado camina con dos discípulos en el camino a Emaús. Esta historia, que se encuentra en Lucas 24, dramatiza la promesa del nuevo pacto de Dios de escribir su ley en los corazones y las mentes humanas. Al hacerlo, también compara la revelación de su Palabra con la sanidad de la ceguera física.

Entonces, comenzando por Moisés y por todos los Profetas, les explicó lo que se refería a él en todas las Escrituras... Luego, estando con ellos a la mesa, tomó el pan, lo bendijo, lo partió y se lo dio. Entonces se les abrieron los ojos y lo reconocieron, pero él desapareció. Se decían el uno al otro:

—¿No ardía nuestro corazón mientras conversaba con nosotros en el camino y nos explicaba las Escrituras? (vv. 27, 30-32)

Cristo explica lo que está escrito en las Escrituras. No les habla sobre el futuro de la política romana ni describe jerarquías eclesiásticas. No les da consejos sobre qué valores de la Bolsa comprar ni insinúa quién ganará la Serie Mundial. Jesús abre las Escrituras. Explica lo que está escrito, y cuando ellos lo ven ofreciéndoles el pan (símbolo semiótico de la Palabra de Dios), también se les abren los ojos. Después se dan cuenta de que la voz del Señor había tocado sus corazones con fuego.

Pero, aunque Dios está profundamente comprometido con la promesa del nuevo pacto, también permite que la pasemos por alto. Así como Jesús no obligó a las multitudes a entender sus parábolas, y así como no explicó sus historias a los discípulos hasta que ellos se lo pidieron, tampoco hoy abre nuestro entendimiento a las Escrituras a menos que respondamos a su invitación.

El ciego tuvo que obedecer: tuvo que ir a lavarse al estanque de Siloé para recibir la vista. Su obediencia no fue obligada; pero *sí* que recibió la vista. Y cuando estaba en su momento más bajo, vio a Dios cara a cara.

Así también Dios habla a nuestra ceguera, y nosotros podemos elegir ir y lavarnos, o intentar quitar el barro con nuestras propias manos. La decisión es nuestra.

La voz de Dios es fundamental en su relación con la humanidad. Dios *quiere* hablarnos, pero nosotros nos hemos alejado de Él y nos hemos tapado los oídos. Mientras esperamos que la tradición, la razón o personalidades de YouTube nos expliquen los pasajes difíciles de la Biblia, Jesús nos espera. Él está a la puerta y llama.

Él *podría* derribar la puerta, pero no lo hará. Ese no es su estilo. Su estilo es permitir que los ideales de la historia y las decisiones libres de las personas sigan su curso.

Dios está contando una historia increíble. Y quiere involucrarnos, quiere llenar nuestras vidas con capas de significado que ni siquiera podríamos imaginar sin Él. Quiere abrirnos los ojos.

Pero primero, los que tienen oídos para oír, deben oír.

TRAMA

11

RESOLVER LO IMPOSIBLE

Y así llegamos, tal vez sorprendentemente, a la resolución de la historia bíblica, la cual encuentra su lugar en el elemento de la trama.

Cuando era joven, tuve la buena fortuna de estudiar escritura creativa con la leyenda de la ciencia ficción James Gunn, quien decía que existen tres tramas, y solo tres, que forman la base de toda historia:

1. "Chico conoce a chica"
2. "El hombre que aprendió la lección"
3. "El sastre valiente"

Me tomó años comprender la importancia de este simple paradigma. Solo cuando entendí que estos tipos de trama se definen por su resolución, y no por una serie particular de eventos, comprendí la lógica de Gunn.[1] No hay límite para identificar tramas según lo que ocurre, pero estos son los tres tipos de desenlace que una historia podría tener.

En otras palabras, una historia se entiende mejor según el tipo de meta a la que apunta. Por eso, toda novela o película exitosa comienza con claras señales de qué tipo de historia debería esperar la audiencia. Una película de terror tendrá cierto aspecto desde el primer fotograma, que tendrá muy poco en común con el de una comedia romántica. Una novela de misterio acogedora no comenzará como una fantasía cómica. El público necesita saber qué esperar. Así, Hemingway abre *El viejo y el mar* con esta notable frase:

> Era un viejo que pescaba solo en un bote en la corriente del Golfo, y hacía ochenta y cuatro días que no pescaba nada.[2]

En esa primera frase se nos presenta al personaje principal (un viejo), la meta de la historia (pescar algo), una razón para importar (ochenta y cuatro días sin éxito) y el género (aventura de pesca).

¿Cómo terminará esta historia? No lo arruinaré, pero es razonable suponer que involucra atrapar un pez. De lo contrario, ¿por qué no comenzar el libro en el día ochenta y siete, o cuando termine la racha de mala suerte?

Más importante aún, ¿cuál de las tres tramas usa Hemingway?

No es "Chico conoce a chica". Tampoco es "El hombre que aprendió la lección". Por lo tanto, si Gunn tiene razón, debe ser una variación de "El sastre valiente". Si nunca has leído ese cuento de hadas, lo importante es saber que se trata de un protagonista humilde que supera una serie de obstáculos cada vez más difíciles para alcanzar su objetivo final (como ganar la mano de una princesa). Este tipo de historia también se llama *monomito* o *la búsqueda heroica*, y ha sido utilizado en relatos tan diversos como *Los trabajos de Hércules*, *Star Wars* y *El Señor de los Anillos*.

Cada uno de los tres tipos de trama funciona debido a algo que ocurre en su resolución. Es decir, cada tipo de desenlace genera una reacción emocional, una sensación de satisfacción porque el mundo se ha ordenado correctamente.

En una historia de "Chico conoce a chica", esa sensación de satisfacción proviene de un cambio en el estado relacional del personaje principal. Janet comienza sola, pero al final encuentra a su pareja ideal. La tensión de su necesidad, que impulsa los giros de la trama principal, se resuelve solamente cuando su anhelo de plenitud es satisfecho: pasa de estar sola a estar acompañada. Esta trama se trata, por lo tanto, de alcanzar un estado de completitud.

La historia de "El hombre que aprendió la lección" enfoca la tensión en torno a una falla de carácter no resuelta, a veces representada como una mentira que el protagonista cree cierta. Por ejemplo, Ebenezer Scrooge ha cambiado su amor por la humanidad por amor al dinero. Dickens corrige esta falla enviando cuatro espíritus para mostrarle que sus elecciones están destruyendo su propia felicidad y propósito. Lo que hace efectiva esta trama es la emoción que produce un cambio de corazón dramático pero reconocible.

La trama de "El sastre valiente" o búsqueda heroica se resuelve cuando el protagonista finalmente alcanza su meta tras superar una serie de obstáculos crecientes. En su obra clásica sobre mitología narrativa, Joseph Campbell describe el patrón de manera sencilla: "Debe sobrevivir a una sucesión de pruebas. Esta es una fase favorita de la aventura mítica. Ha producido una literatura mundial de pruebas y desafíos milagrosos".[3]

A lo largo del camino, el héroe normalmente deja atrás una identidad cómoda pero falsa, y asume una más verdadera aunque más difícil. Este acto de rendición está vinculado casi siempre a un sacrificio personal que conlleva la supervivencia de su comunidad. Luke Skywalker debe abandonar su sueño de ser piloto para tomar el camino más duro pero más auténtico del Jedi. Es su acto final de entrega ("¡Usa la Fuerza, Luke!") lo que le permite destruir la Estrella de la Muerte y salvar a miles de millones.

TRAMAS DE LA VIDA

Lo que hace eficaces estos tres tipos de trama como patrones narrativos es la emoción que generan en su resolución. La vida, en otras palabras, es una historia, y las experiencias más dramáticas y emotivas en la vida de toda persona tienden a parecerse al final de una historia de "Chico conoce a chica", "El sastre valiente" o "El hombre que aprendió la lección". Además, cada uno de estos arcos dramáticos es experimentado por casi todo el mundo cuando llega a la edad adulta.

Por ejemplo, la mayoría de nosotros podemos identificarnos con la trama de "Chico conoce a chica" porque también hemos vivido la tensión dramática del amor no correspondido, la incomunicación dolorosa, los errores relacionales, y la angustia del rechazo. "¿Me ama, no me ama?" es algo tan común como doloroso, lo que le da un enorme poder dramático.

Del mismo modo, la historia de "El hombre que aprendió la lección" se alimenta de nuestro sentido compartido de fracaso moral, y del terrible momento en que nos enfrentamos a sus consecuencias. Este tipo de historia tiene gran poder emocional porque casi todos tenemos esqueletos en el armario. Por eso, las historias que giran en torno a un acto de arrepentimiento suelen funcionar al mostrarnos nuestras propias fallas como el resultado de creer una mentira aparentemente inofensiva: *Nadie lo notará. Lo merezco más que ellos. Es solo una broma, ¿no?* George Bailey cree una mentira sobre qué hace que la vida valga la pena, y solo al final de la película reconoce que la vida tranquila que tanto despreciaba es en realidad la más maravillosa posible.

No hace falta una vida entera de malas decisiones para tener fracasos significativos. La mayoría de nosotros puede recordar al menos un acto humillante de egoísmo en nuestros años de adolescencia. ¡Ojalá hubiéramos aprendido la lección antes de acumular esos recuerdos amargos! Por eso la trama de "El hombre que aprendió la lección" resuena a lo largo de la historia. Todos nosotros, como George, nos hemos desviado, cada uno tomando su propio y vergonzoso camino.

Finalmente, la búsqueda heroica puede ser la más sorprendentemente resonante de las tres. Como pocos vivimos la clase de aventuras como las que se ven en las historias monomito, y mucho menos los extremos fantásticos del entrenamiento Jedi o batallas épicas con un dragón, es fácil considerar tales historias como completamente irreales; pero eso es un error. No son los elementos fantásticos o extremos los que producen una sensación de satisfacción al final de una búsqueda heroica. Es el sentido de experiencia compartida. Estas historias se resuelven a través de un logro que viene acompañado de un gran dolor y sacrificio personal. Reflejan la búsqueda universal del ser humano por encontrar su identidad a medida que pasamos de la infancia a la adultez.

En algún momento, todo niño entiende que está entrando en la comunidad de los adultos y se pregunta cuál será su lugar dentro de ella. Tarde o temprano, todos debemos enfrentar la pregunta: *¿Quién seré yo entonces?*

Las historias, especialmente aquellas que siguen el patrón de la búsqueda heroica, son el intento de la humanidad por responder de manera significativa a nuestra búsqueda de identidad. El patrón del monomito sugiere que para convertirte en una versión nueva y más auténtica de ti mismo, en un adulto que aporta a la comunidad, debes dejar atrás las cómodas y egoístas ilusiones de la infancia. La figura heroica, aquella que es admirada y valorada por la comunidad, es quien se sacrifica por el bien de los demás, aceptando los desafíos y las dificultades de la vida incluso hasta la muerte. Esta, en todo caso, es la historia que interiorizamos. Y, porque la interiorizamos, nos sentimos fácilmente atraídos por las emociones de su desenlace. Cuando Frodo se encuentra a punto de destruir el anillo en el Monte del Destino, o cuando Luke Skywalker dispara el último tiro a la Estrella de la Muerte, o cuando Indiana Jones cierra los ojos frente al Arca de la Alianza, reconocemos el momento como algo universal y humano. Es una transformación comprensible hacia una identidad nueva y más grande, pero que viene acompañada de un sufrimiento intenso.

En resumen, cada uno de estos tres tipos de trama es una dramatización de la experiencia humana universal. Anhelamos una relación. Encontramos paz a través del arrepentimiento y el crecimiento moral. Descubrimos significado mediante el sacrificio individual por una comunidad o un bien público mayor.

CAJA DE SORPRESAS

Cuando era niño, solía ir a casa de mi vecino a jugar. Él tenía una caja de sorpresas de hojalata que hacía sonar la canción "Alrededor del arbusto de moras" cuando girabas la manivela. Finalmente, la tapa se abría y salía disparado un payaso-mono espantoso.

Hasta el día de hoy odio esas cosas; pero eso no evitaba que siguiera girando la manivela una y otra vez. Claro, uno se asusta un poco. Pero vuelves a meter al mono en la caja, comienzas a girar, y la canción comienza de nuevo. Y, al hacerlo, comienzas a sentir la tensión. Al menos cuando tienes cuatro años.

En cierto sentido, todas las historias tienen una estructura de caja de sorpresas. Su estructura cronológica en tres partes refleja las emociones humanas trinas que caracterizan una gran historia.

El principio consiste en girar la manivela con expectativa. El medio refleja la tensión creada por aquello que sabemos que llega. Y el final es la aparición repentina del payaso-mono.

La *expectativa* inicial puede ser tan breve como una sola frase o extenderse por muchas páginas. Generalmente, esa expectativa inicial termina antes de que se haya desarrollado el 25 por ciento de la historia. Este es el punto donde normalmente termina el primer acto de un guion, aproximadamente a los veinticinco minutos de una película.

La sección de *tensión* es donde nuestras expectativas se enfrentan a alguna fuerza de antagonismo o conflicto que se expresa repetidamente a través de desastres y dilemas. De forma dramática, un *desastre* es cualquier cosa que hace avanzar la trama de una historia al cambiar los valores de una escena debido a que algo sale terriblemente mal en el intento del protagonista por alcanzar la meta de la historia.

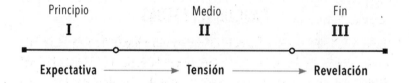

Un *dilema* es un cambio dramático basado en que un personaje se ve forzado a tomar una decisión entre dos alternativas terribles.

Tal oposición aumenta nuestra inversión emocional en la historia. En la primera parte se nos dio algo que desear, pero en esta parte ese deseo es rechazado, normalmente de una manera que genera angustia con respecto a una creencia que consideramos verdadera. Por ejemplo, "el amor siempre triunfa", "la honestidad es mejor que la mentira" o incluso "el poder corrompe". Por supuesto, ese tipo de creencia no puede ser expresada de manera directa, o la historia dejaría de funcionar como historia; pero la creencia subyacente sigue presente. Y es aquí, en la mitad de la historia, donde será desafiada y hecha parecer débil y absurda.

La sección de tensión de la historia es donde surge la duda acerca de algo significativo para la audiencia. Y aparece porque lo que queremos, que a su vez representa algo más profundo y significativo, parece ser rechazado por algo más poderoso, pero también menos justo.

A medida que avanza la historia, esa duda aumentará, lo cual a su vez incrementará nuestra sensación de tensión hasta que llegamos al final de la historia, lo que puede llamarse el momento de sorpresa o *revelación*. Robert McKee explica: "El clímax del último acto es tu gran salto imaginativo. Sin él, no tienes historia. Hasta que lo tienes, tus personajes esperan como pacientes sufrientes aguardando una cura".[4]

Este es el momento en el que el payaso-mono salta fuera de la caja. Lo que lo hace funcionar es que es al mismo tiempo predecible e inesperado. Nosotros, como audiencia, debimos haberlo visto llegar, pero no lo hicimos. La tensión ha ido aumentando más y más hasta que parece que no hay manera de que el protagonista pueda ganar, ni de que la verdad en la que creemos pueda ser validada. Pero de pronto sucede lo inesperado, y vemos toda la historia y todo el argumento desde una nueva perspectiva. Llega como una especie de revelación. Luke Skywalker usa la Fuerza para disparar su último tiro a la Estrella de la Muerte. Ebenezer Scrooge se ve a sí mismo en la tumba. Los marcianos en *La guerra de los mundos* derrotan a la humanidad, pero no estaban preparados para defenderse contra las bacterias de la Tierra.

¡Sorpresa! Aquello que creemos que es cierto realmente *lo es*, pero no de la forma en que esperábamos. Esa es una revelación y algo que sentimos que aprendimos. Pero no solo lo aprendimos. Lo *ganamos* porque atravesamos la sección de tensión y enfrentamos todas las razones por las cuales lo que deseamos podría no ser cierto después de todo. Compartimos el sufrimiento del héroe, y ese sufrimiento nos afectó como si hubiéramos vivido la acción de la historia en carne propia.

Este tipo de resolución produce una sensación de catarsis, y nuestro cerebro se siente realmente feliz. Si la historia está bien contada y nos transportamos por completo, sentiremos una oleada de emoción que parece validar la creencia original. Todd Hall señala: "Cuando las creencias del mundo interior de las personas se sacuden, el proceso de darles nuevo significado puede permitir que reconstruyan sus suposiciones sobre sí mismos y el mundo, facilitando el crecimiento. De hecho, varios estudios han reportado que mientras mayor es la amenaza, mayor es el crecimiento reportado".[5]

¿No es estupendo?

Y todo el tiempo, no nos daremos cuenta de que el proceso de vivir la historia como si fuera nuestra en realidad nos ha cambiado. Su sufrimiento y resolución nos han convencido de algo. Y ni siquiera lo sabemos.

EL ARCO DE LA ESCRITURA

Comprender el arco dramático de la Escritura es esencial para reconocer la misión de Jesús y lo que ocurrió en la cruz. Perdemos el significado de la estructura dramática de la Biblia cuando no vemos la historia en su contexto adecuado, cuando tratamos la vida de Jesús como si hubiera ocurrido en un vacío espiritual y cultural.

Pero el blanqueamiento dramático no es nuestro único obstáculo para leer la historia como una historia. Al separar todo el arco de la Biblia en historias más pequeñas y versículos que funcionan solo como anécdotas o ilustraciones para sermones, hemos desconectado el acto de resolución del conflicto que ha de resolver. No hemos entendido que la historia de Jesús es la recreación y el cumplimiento de la historia de Israel, una historia que habría de resolverse con todas las naciones de la tierra siendo bendecidas a través de la descendencia de Abraham: el Mesías (Génesis 12:3). Nuestro enfoque centrado en la doctrina ha separado a Jesús de la historia y lo ha reimaginado únicamente como un mecanismo de salvación.

Pero antes de poder comprender el conflicto de la Biblia, necesitamos enfrentar tres paradigmas que han ocultado la historia ante nosotros.

PARADIGMA 1: HEMOS BORRADO AL VILLANO

Tendemos a leer la Biblia como un arco narrativo de dos partes que enfrenta a la humanidad caída con un Creador redentor. Si bien esto es ciertamente un aspecto de la historia, es una simplificación que resulta paralizante. En lugar de que la trama se desarrolle como una serie de desastres y dilemas interconectados que involucran a toda la creación, incluidos los ángeles caídos, reduce la historia bíblica a una serie de dilemas individuales desconectados: *¿Has tomado una decisión por Cristo?*

El conflicto principal de la Biblia es un enfrentamiento entre el reino de Dios y el reino de Satanás. No es una historia de *hombre contra hombre*, sino de *Dios contra dios*. Jesús no vino solamente a liberar a los humanos del pecado (aunque eso sea sumamente importante). Jesús vino a redimir *toda* la creación, a recuperar la autoridad usurpada por el diablo sobre la tierra. El teólogo Greg Boyd escribe:

> Aunque el motivo de la guerra espiritual rara vez recibe su debida atención, la narrativa bíblica podría, de hecho, describirse con precisión como la historia del conflicto continuo de Dios con, y la victoria final sobre, agentes cósmicos y humanos que se oponen a él y amenazan su creación.[6]

Los teólogos modernos y posmodernos han intentado hacer que la Biblia parezca más actual, más racional, explicando sus milagros y sus seres espirituales. Han dicho que los milagros fueron producto de hipnosis colectiva, que los demonios eran solo aflicciones psicológicas mal entendidas, y que el nacimiento virginal fue tomado de la mitología. Los cristianos del primer siglo tenían buenas intenciones, pero eran demasiado primitivos como para entender que cuando Jesús fue tentado por Satanás en el desierto, probablemente estaba alucinando después de no comer durante cuarenta días. Y, de todos modos, la conversación que tuvo con el tentador no debe tomarse literalmente, sino que más bien nos muestra que debemos decir no a lo malo y sí a lo bueno. Y ¿no es esa una linda lección que el Mesías nos dejó?

Este tipo de lectura requiere el uso de dinamita y mazos de la teoría crítica superior, la deconstrucción, y lo que C. S. Lewis llamó "el esnobismo cronológico".[7] Quizás lo más sorprendente de estas teorías es que todavía haya quienes las aceptan.

La Biblia no funciona como historia si se elimina al villano, así como *El Señor de los Anillos* no sería una historia interesante sin Sauron, o *Robin Hood* no funcionaría sin el Sheriff de Nottingham. Sin embargo, seguimos malinterpretando y trazando mal las Escrituras porque hemos aceptado las afirmaciones de los materialistas de que su realidad es *la* realidad, que el universo es un lugar estéril de energía y materia y nada más, y que solo un tonto hablaría del diablo como un ser real. Durante quinientos años, la iglesia protestante se ha dicho a sí misma que creer en un tentador espiritual era simplemente medieval.[8] *¿Y realmente podemos convencernos de que eso es cierto?*

PARADIGMA 2: VIVIMOS EN LAS SECUELAS

La segunda razón por la cual estamos cegados al arco principal de la historia bíblica es que la hemos visto desde la posición privilegiada de vivir después de la cruz. Damos por sentada la forma en que la historia se desarrolla; de hecho, estamos tan acostumbrados al final feliz de la resurrección que incluso en el Viernes Santo no reconocemos la santidad solemne de lo que representa. No consideramos la cruz sin la resurrección.[9] En consecuencia, no valoramos la resolución de la historia, lo que J. R. R. Tolkien describió en su ensayo "Sobre los cuentos de hadas" como la "eucatástrofe"* de la historia.[10]

La perdición del mundo antes de Cristo fue exponencialmente más terrible de lo que hemos imaginado. No hemos enfrentado a fondo la gravedad del problema: la completa ruptura de todo antes de que el Mesías viniera a rescatarnos. La humanidad estaba desprovista de esperanza y condenada a una existencia infernal de tormento incesante y esclavitud demoníaca.

Comprender esta situación (la esclavitud ineludible en la que los seres humanos nacían, vivían y morían) es crucial para captar la historia bíblica. Desde el jardín del Edén hasta la cruz, Satanás *dominaba* la tierra. Cada reino le pertenecía. Incluso reclamaba como suya a Israel, y en el desierto se jactó ante Jesús de poseer al pueblo elegido de Dios.

Observa cómo la tentación en ese momento parece colocar en manos de Cristo la meta de la historia del cielo: *¿No es esto a lo que viniste?*

> *Entonces el diablo lo llevó a un lugar alto y le mostró en un instante todos los reinos del mundo.*
> *—Sobre estos reinos y todo su esplendor —le dijo—, te daré la autoridad, porque a mí me ha sido entregada y puedo dársela a quien yo quiera. Así que, si me adoras, todo será tuyo.*
>
> (Lucas 4:5-7)

Esto no puede ser interpretado razonablemente como una mentira. Por un lado, es difícil creer que Satanás pensara que podía engañar a Dios. Por otro, si fuese mentira, no habría sido una verdadera tentación.

---

* Nota del editor: "Eucatástrofe" es un término creado por J. R. R. Tolkien y significa, literalmente, una "buena catástrofe" (del griego *eu-* = bueno, y *katastrophē* = desenlace repentino o catástrofe).

Pero necesitamos algo que más que una comprensión racional de lo que significaba que toda la humanidad estuviera sujeta en el puño de hierro del poder satánico. Necesitamos sentir la impotencia y desesperanza de esa realidad. Esto es lo que el apóstol Juan expresa en el libro de Apocalipsis cuando describe su reacción al ver el rollo sellado:

> *En la mano derecha del que estaba sentado en el trono vi un rollo escrito por ambos lados y sellado con siete sellos. También vi a un ángel poderoso que proclamaba a gran voz: «¿Quién es digno de romper los sellos y de abrir el rollo?». Pero ni en el cielo ni en la tierra, ni debajo de la tierra, hubo nadie capaz de abrirlo ni de examinar su contenido. Y yo lloraba mucho porque no se había encontrado a nadie que fuera digno de abrir el rollo ni de examinar su contenido.* (Apocalipsis 5:1-4)

Algunos eruditos interpretan que este rollo en la mano de Dios es el Libro de la Vida o una lista de plagas apocalípticas, pero desde una perspectiva narrativa es más poderoso verlo como el título de propiedad de la tierra (Jeremías 32:6-12). El libro está sellado con siete sellos, símbolos de los siete espíritus de Dios, lo cual es un modo simbólico de indicar que su autoridad es confirmada por el propio Dios. El dominio de la tierra se deriva de Él, lo cual hace que la posición de Satanás sea tan fuerte. Adán y Eva entregaron su autoridad, y ahora nadie tiene la capacidad de recuperarlo.

Incluso Dios no puede simplemente recuperar el mundo por la fuerza, porque, como vimos con Job, eso sería negarse a sí mismo. Si Dios recuperara el mundo mediante la fuerza, estaría oponiéndose a su juicio previo, una contradicción que haría que la mentira satánica ("Tú solo gobiernas por poder") resonara por toda la eternidad. En cambio, Dios actúa guiado por un sentido de "juego limpio".[11]

No, la resolución cósmica de la historia de Dios no llegará por medio del poder bruto, sino como una cuestión de *dignidad*. Juan ha visto, al final de Apocalipsis 4, que el Señor Dios todopoderoso es adorado por los seres vivientes que rodean el trono como *digno*. ¿Por qué? Porque, en sus palabras: *Tú creaste todas las cosas, y por tu voluntad existen y fueron creadas* (v. 11).

¡La creación proclama la dignidad del Creador! Pero esta no es la pregunta que enfrenta la humanidad. La pregunta que se encuentra en el centro del evangelio es: "¿Quién es digno de romper los sellos y abrir el libro?" (5:2). ¿Quién es digno de reinar sobre la tierra? ¿Cuál dominio es digno: el del poder o el del principio? Si es el del principio, entonces ¿quién salvará a la humanidad del dominio del reino satánico?

Juan vio que "ninguno, ni en el cielo, ni en la tierra, ni debajo de la tierra, podía abrir el libro ni siquiera mirarlo" (5:3). Esto fue lo que lo llevó a llorar y llorar. Ningún gobernante humano, ningún ángel guardián, ningún superhéroe de Marvel vendría a salvarnos. La buena tierra de Dios y todos los portadores de su imagen humana quedarían, por toda la eternidad, separados de su vida, su redención y su gobierno.

Uno de los ancianos me dijo: «¡Deja de llorar que ya el León de la tribu de Judá, la Raíz de David, ha vencido! Él sí puede abrir el rollo y sus siete sellos». (5:5)

En medio de ese espacio de desesperación aplastante, llega el héroe de la historia bíblica. ¡Ha venido el León de Judá! El poder de todos los poderes, el Fuerte desde la antigüedad, el Creador perfecto e impecable hará lo que no puede hacerse. Recuperará el título de propiedad de la tierra no mediante la fuerza, no con violencia, no con ira sobrenatural, sino con inocencia. "Así, en la cruz, se nos muestra cómo el 'poder como control' es reemplazado por el 'poder como compasión'".[12]

¡*Esta* es la eucatástrofe del cielo!

Y se demuestra en una inversión profunda y sorprendente de las imágenes que captura a la perfección la realidad de la crucifixión. Porque apenas se anuncia al León de Judá, aparece:

> *Entonces vi en medio de los cuatro seres vivientes, del trono y los ancianos, a un Cordero que estaba de pie y parecía haber sido sacrificado.* (5:6)

Toda la creación esperaba la liberación por medio del poder del León, mediante sus garras y colmillos divinos. En cambio, apareció como un Cordero indefenso y humilde.

Un Cordero nacido para ser sacrificado.

Un Cordero sobre el cual se canta un nuevo cántico, un cántico de dignidad basado no en la creación, sino en la redención.

> *Digno eres de recibir el rollo escrito*
> *   y de romper sus sellos,*
> *porque fuiste sacrificado,*
> *   y con tu sangre compraste para Dios*
> *   gente de toda tribu, lengua, pueblo y nación.*
> *De ellos hiciste un reino;*
> *   los hiciste sacerdotes al servicio de nuestro Dios,*
> *   y reinarán sobre la tierra.* (5:9-10)

El hecho de que no valoremos profundamente el significado asombroso de esta inversión de imágenes demuestra que no hemos comprendido la magnitud de nuestra condena.

PARADIGMA 3: HEMOS DESARMADO LA TRAMA

La tercera razón por la cual perdemos el hilo principal de la historia bíblica es que hemos separado lo que debería ser un arco integrado de dos hilos entrelazados en tramas distintas y aparentemente no relacionadas: la *encarnación* y la *expiación*.

La Iglesia Oriental pone en el centro de su teología la encarnación de Cristo. Este énfasis destaca la importancia de la comunidad y se refuerza con la preeminencia de la Pascua sobre la Navidad como su festividad principal. Que una teología centrada en la encarnación celebre como mayor festividad la expiación no es una contradicción. Las festividades son cuando hacemos una pausa en aquello que normalmente nos ocupa. Son momentos en los que, por unos días, hacemos algo diferente.

Pero incluso mientras este énfasis profundiza el misterio de "Dios con nosotros", del *Logos* conectando el cielo y la tierra en un cuerpo de carne y hueso que es simultáneamente humano y divino, también tiende a restarle importancia al *telos*, al propósito o desenlace de esa dualidad. El Oriente, en su visión fragmentada, comprende mejor que Occidente que "tanto amó Dios al *mundo* que dio a su único Hijo" (Juan 3:16). Lo que tiende a pasar por alto es la segunda mitad de ese versículo y su significado para el individuo: "para que *todo aquel* que cree en él no se pierda, sino que tenga vida eterna".

Esto no es lo mismo que decir que la Iglesia Oriental de algún modo ha perdido el mensaje del evangelio. Pero el evangelio no puede deshilvanarse en dos hilos separados sin que la historia se pierda en el proceso, y por eso los protestantes casi siempre están igual de carentes de narrativa bíblica.

La Iglesia Occidental centra su teología en torno a la expiación, la muerte y resurrección de Cristo como el sacrificio sustitutorio por nuestros pecados. Los cristianos occidentales se han concentrado tanto en esta trama que muchos pastores ven la "justificación por la fe" como una descripción completa del mensaje del evangelio. El teólogo Scot McKnight lo explica cuando escribe: "Una cultura de salvación no requiere que Los Miembros o Los Decididos se conviertan en Los Discipulados para ser salvos. ¿Por qué no? Porque su evangelio es un evangelio moldeado enteramente por el tema del 'adentro o afuera' de la salvación. Porque se trata de tomar una decisión".[13]

Por eso, la gran celebración en Occidente no es la Pascua sino la Navidad. Tomamos nuestras vacaciones, gastamos nuestro dinero, y celebramos nuestras comidas familiares más importantes en el invierno, no en la primavera. Pasamos semanas escuchando canciones como "Noche de Paz" y "Oh, pequeño pueblo de Belén", pero no tenemos tradiciones comparables alrededor de la Pascua. Si los comparamos directamente, Santa Claus arrasa con el conejo de Pascua que pone huevos. ¿Y por qué? Porque la Navidad es nuestro descanso de la norma. Durante la mayor parte del año estamos consumidos por una teología centrada primero en la crucifixión.

Aunque esto es útil para resaltar nuestra necesidad de nacer de nuevo para ver el reino de los cielos, pierde de vista el alcance mundial de la historia principal. Los evangélicos, en particular, han puesto tanto énfasis en las "decisiones por Cristo" que hemos pasado por alto lo que este tipo de reduccionismo termina creando: hemos hecho muchos conversos pero muy pocos discípulos. Nuestra mitad de la historia dividida nos permite ver que "todo aquel que cree en él no se pierda", pero oculta el punto de partida de que "Dios amó tanto al mundo". Perdemos de vista que Jesús no solo murió por nosotros individualmente; fue enviado a nosotros colectivamente.

Esta desconexión entre la expiación y la encarnación está en la raíz de nuestra incapacidad para ver el conflicto y la resolución del evangelio, que es la buena noticia de que Jesús ha cumplido la historia de Israel[14] y ha inaugurado una nueva forma de ser. De hecho, la *encarnación* y la *expiación* podrían entenderse dramáticamente como el *conflicto* y la *resolución* de la Escritura. Y así como una historia no funciona si su conflicto principal no se resuelve, tampoco una resolución puede ser satisfactoria sin un conflicto. Dicho de otro modo, sin la expiación, la encarnación queda sin resolver; y de igual forma, la expiación no es una resolución real sin la encarnación.

Pero entonces, ¿cómo introduce la encarnación de Cristo (o, más precisamente, *intensifica*) el conflicto central de la Biblia? Y ¿cómo resuelve la expiación ese conflicto si el conflicto es mundial y no está fragmentado como un prisma en la culpabilidad individual de cada uno por el pecado?

LA APERTURA DE LOS SELLOS

La respuesta a estas preguntas se encuentra en la trama de la Biblia, que puede verse de forma comprimida en la historia de la vida de Jesús. Sí, el Antiguo Testamento es más que solo una sombra profética de la línea encarnada del Mesías.[15] Aun así, *es* una sombra profética, y por eso todo el arco dramático de la Biblia puede verse en las narrativas interconectadas de Mateo, Marcos, Lucas y Juan. Jesús no solo venció el poder del pecado; también venció a Satanás y, al hacerlo, reclamó el título de propiedad de la tierra.

Esto es lo que ocurre en el relato simbólico de Juan del evangelio en Apocalipsis 4–11. La dignidad de Dios para gobernar es anunciada inicialmente en el reino angelical (un reflejo de Job 38:7, donde "las estrellas del alba cantaban juntas y todos los hijos de Dios gritaban de alegría"). Pero esa dignidad se pone en duda cuando se presenta el rollo del dominio terrenal. Nadie es digno de reclamar la tierra del dominio satánico. Nadie tiene el testimonio de Dios mismo, los siete espíritus de Dios que dan fe a través de siete sellos de la dignidad de Aquel que es digno de recibir toda honra, gloria y poder.

Eso, hasta que aparece el Cordero y, con creciente tensión narrativa, comienza a abrir los sellos uno por uno.

No sé qué clase de sonido harían esos sellos. Tal vez sea solo el susurro de la cera despegándose del pergamino. Aun así, la historia se cuenta con tal gravedad que podríamos imaginar que cada sello resuena en el cielo, desabrochándose con el chasquido audible de un maletín nuclear.

Juan revela así con intensidad dramática la transferencia del gobierno mientras, sello tras sello, el reinado mesiánico de Cristo se acerca cada vez más.

¡Chasquido! El Espíritu de Sabiduría da testimonio de la dignidad de Cristo, y un jinete coronado y montado en un caballo blanco sale a conquistar (6:1-2).

¡Chasquido! El Espíritu del Señor da testimonio de la dignidad de Cristo, y en la tierra el resultado es una guerra mundial (6:3-4).

¡Chasquido! El Espíritu de Entendimiento da testimonio de la dignidad de Cristo para gobernar la tierra, y el caos económico consume a las naciones (6:5-6).

¡Chasquido! El Espíritu de Consejo da testimonio de la dignidad de Cristo, y el reino de los espíritus caídos comienza a vomitar hambrunas y plagas (6:7-8).

¡Chasquido! El Espíritu de Poder da testimonio de la dignidad de Cristo, y los espíritus de los mártires claman con anticipación desde debajo del altar (6:9-11). *¡El momento está muy cerca!*

¡Chasquido! El Espíritu de Conocimiento da testimonio de la dignidad de Cristo, y los cielos mismos se estremecen, el cielo se enrolla "como un pergamino" (quizás revelando la verdadera naturaleza de la realidad cósmica), y en la tierra los siervos de Dios son apartados de los impíos (6:12-17).

¡Chasquido! El Espíritu del Temor del Señor da testimonio de la dignidad de Cristo, y todo el cielo parece contener la respiración. De hecho, Juan nos dice que "hubo silencio en el cielo como por media hora" (8:1).

Pero después de este silencio, los sietes del cielo se invierten en un paralelismo dramático. Siete ángeles reciben siete trompetas, desatando siete plagas en sucesión, incluyendo tres ayes liberados con el quinto toque de trompeta y cuatro jinetes con el sexto, hasta que un ángel, de pie sobre el mar y la tierra, declara: "¡El tiempo no se retrasará más!" (10:6), y la séptima trompeta anuncia la transferencia del dominio de la tierra al reinado del Rey Jesús:

> El reino del mundo ha pasado a ser
> de nuestro Señor y de su Cristo,
> y él reinará por los siglos de los siglos.   (11:15)

Esta es la trama del evangelio vista desde la perspectiva del objetivo de la historia, desde el final de la línea de tiempo. Pero es un final que aún no hemos visto cumplido. Todavía estamos en la parte correspondiente al quiasmo posterior a la caída, esperando la redención de todas las cosas, incluso mientras Cristo espera que sus enemigos sean puestos por estrado de sus pies (Salmos 110:1; Hebreos 10:13).

LA DEBILIDAD DEL PODER

El valor de reconocer la transferencia de dominio como el comienzo del cumplimiento de la meta de la historia de la Escritura, es que transforma nuestra comprensión de la narrativa del evangelio. Cuando se lee solo como un dispositivo de salvación personal, la historia de Jesús plantea preguntas tan extrañas para los lectores modernos que apenas sabemos qué hacer con ellas.

¿Por qué, por ejemplo, los demonios intentan continuamente anunciar la verdadera identidad de Jesús como el Santo de Dios? Y quizás más desconcertante aún, ¿por qué Jesús les dice que se callen? ¿Por qué les pide a quienes ha sanado que mantengan el milagro en secreto? Y ¿por qué les dice a sus discípulos que fue enviado solo a las ovejas perdidas de Israel? O, de nuevo, si fue enviado solo a Israel, ¿por qué viaja a los límites de Israel y expulsa demonios en las naciones vecinas? Tal vez lo más desconcertante de todo sea: ¿por qué escoge a Judas Iscariote como discípulo cuando sabe que Judas lo traicionará?

Las respuestas se hacen evidentes cuando entendemos la vida de Jesús como la historia de la redención de la tierra, la conquista del dominio satánico a través de un mecanismo inesperado. Lo vemos en el libro de Hebreos:

> Por tanto, ya que ellos son de carne y hueso, él también compartió esa naturaleza humana para anular, mediante la muerte, al que tiene el dominio de la muerte —es decir, al diablo—, y librar a todos los que por temor a la muerte estaban sometidos a esclavitud durante toda la vida. (2:14-15)

Jesús vencería desafiando a Satanás a presentar su argumento más fuerte, su derecho a gobernar, en sus términos más poderosos. Y esa expresión sería la perdición de Satanás. Pablo nos dice: *Desarmó a los poderes y a las autoridades y, por medio de Cristo, los humilló en público al exhibirlos en su desfile triunfal* (Colosenses 2:15).

De forma apropiada, Gustaf Aulén llama a este tipo de interpretación del evangelio la interpretación *dramática*. También se le ha llamado la interpretación *clásica*, ya que fue la forma principal de entender el evangelio durante los primeros mil años de la historia de la Iglesia. Hoy se la conoce más popularmente como *Christus Victor*.

Para ser claros, no estoy intentando presentar aquí un modelo completo. No solo *Christus Victor* es una comprensión incompleta de la expiación, sino que nunca fue sistematizada del todo (quizás con razón) por la iglesia primitiva.[16] Algunos estudiosos también han señalado que en algunas de sus formas parece ignorar la importancia sacrificial de la cruz.

Sin embargo, es útil reconocer que la iglesia primitiva concebía el evangelio como una historia. Esa historia es la de Jesús como el cumplimiento de la historia de Israel, y para entender su naturaleza dramática, debe interpretarse con una lente narrativa.

LOS CINCO ELEMENTOS EN LA ESCRITURA

Habiendo cubierto los elementos básicos del lenguaje de la historia, ahora estamos en una mejor posición para ver el conflicto narrativo tejido a lo largo de la vida de Jesús en los cuatro Evangelios. Hasta ahora hemos aprendido no solo cómo la historia comunica su visión de la vida, la realidad y la naturaleza humana, sino también cómo su gramática básica sustenta el arco de la Biblia:

> El planteamiento del *tema*: este mundo fue creado para ser cultivado por portadores de la imagen divina, pero nuestra autoridad fue usurpada por poderes oscuros y demoníacos.

> El problema en *contexto*: la mentira satánica lanzada contra Dios, es decir, que solo gobierna mediante el poder, será refutada por un humano perfecto que vence al poder bruto con principios puros.

> El héroe como *personaje*: la historia solo se resolverá si el verdadero héroe de la humanidad supera la tentación y derrota la fuerza externa de antagonismo, los seres demoníacos que habitan el ámbito paralelo del mundo espiritual.

> La promesa de la *voz* del narrador: aunque no somos los héroes de nuestra propia historia, cada uno de nosotros tiene un papel que jugar al seguir el llamado de Jesús. Dios promete enseñarnos personalmente a través de su Espíritu y guiarnos hacia una vida de significado eterno.

Las tres *tramas*: Jesús es el verdadero héroe, y nosotros somos el objetivo de su historia (su "interés amoroso"), pero no nos obligará a estar con Él. A través del arrepentimiento podemos convertirnos en el hombre o la mujer que aprendió algo mejor.

LA VISTA DESDE EL OTRO LADO

Al reducir las Escrituras a declaraciones proposicionales, los evangélicos han eliminado el conflicto y la resolución esenciales que están en el corazón de nuestra historia. Y ¿por qué hemos hecho esto? Gustaf Aulén sugiere que los teólogos racionalistas intentaban distanciarse de las concepciones medievales del diablo.[17]

Esto es un error. La Iglesia haría mejor en distanciarse del diablo real que en acercarse a él asumiendo que no existe.

Aunque pueda sonar extraño a los oídos posmodernos, el conflicto de la Escritura revelado en la historia del evangelio quizás se entienda mejor no desde una perspectiva divina o humana, sino desde la de Satanás. No solo C. S. Lewis adopta esta misma estrategia en *Cartas del diablo a su sobrino*, sino que en *Una lectura de El paraíso perdido* argumenta que la imaginación carnal se adapta más a la naturaleza del villano que a la del héroe.

Entonces, ¿cómo se ve la historia de Jesús desde el otro lado del tablero? ¿Qué es el evangelio cuando se observa desde el lado perdedor, con el tablero de ajedrez girado? ¿Podríamos aprender algo sobre los misterios tanto de la encarnación como de la expiación al verlos como los vio Satanás, desde un lugar de consciencia e ignorancia al mismo tiempo, sabiendo quién era Jesús pero sin entender exactamente qué estaba haciendo?[18]

No podemos saberlo con certeza, pero el ejercicio imaginativo vale la pena, con tres simples aclaraciones.

En primer lugar, debe afirmarse que el antisemitismo histórico de la iglesia no tiene fundamento ni apoyo en la historia del evangelio. Que los judíos hayan sido blanco de odio, exclusión y genocidio más que cualquier otro grupo étnico es evidencia no de un rechazo de parte de Dios, sino de su condición de pueblo elegido de Dios. El blanco sobre sus espaldas es demoníaco, no divino.

En segundo lugar, el propósito de esta lectura semiótica del evangelio desde la perspectiva satánica es captar la magnitud del conflicto. Así como una novela de ficción histórica podría describir la verdadera batalla de Waterloo desde los ojos de un personaje ficticio, mi narración en el próximo capítulo busca usar detalles imaginados para resaltar el panorama general.

En tercer lugar, en el relato que sigue he usado la perspectiva de segunda persona porque es un enfoque inusual y algo inquietante, pero también porque no quería colocar a mis lectores dentro de la mente de Lucifer.

Más bien, he vuelto a contar el arco básico de la vida de Jesús como si todos lo estuviéramos observando juntos mientras se desarrolla, tomados de la mano y mirando hacia la oscuridad para preguntar: *¿Y este es el que sacudía a la tierra y hacía temblar a los reinos?* (Isaías 14:16).

12

EL EVANGELIO SEGÚN SATANÁS

PRIMER ACTO: HIJO DE DAVID

El sonido de las mujeres afligidas de Belén llorando en la noche no tenía la satisfacción habitual, ni las implicaciones irónicas y divertidas de irrelevancia. Sus primeros gritos de furia e incredulidad ante la irrupción de los hombres de Herodes pronto dieron paso a sollozos profundos cuando comenzó la matanza despiadada de los infantes. Pero ¿dónde estaba *él*? Esa era la pregunta. La respuesta, que debería haber sido una conclusión obvia, arruinó cualquier pizca de diversión que pudiera haberse extraído del momento.

No solo había escapado el niño, sin duda justo a tiempo, sino que tu reacción fue provocada por el pánico al darte cuenta de que ahora estaba encarnado, por pequeño y frágil que fuera, en carne humana.

"¡Hijo de David", sin duda! Deberías haber sabido que la falta de sutileza de Herodes solo serviría para cumplir la profecía. "Raquel llora por sus hijos y no quiere ser consolada, porque ya no existen".

Tal vez eso era inevitable. Pero la confusión resultante entre tus fuerzas era preocupante. ¿Cuántos necesitarían ser azotados otra vez hasta someterse, para que el miedo a ti fuera más terrible que el miedo a él... si eso fuera posible?

Por supuesto que *él*, el Santo, llegaría de una manera inesperada, no en un palacio sino en un pesebre, despojado incluso de la dignidad del rango. Era muy propio de él, tan pretenciosamente ingenuo, tan pomposo en su indiferencia, tan feo en su falsa humildad. Escribiría su propia historia a su manera, sin tolerar héroe alguno que no fuera él mismo, blanqueando cada acto egoísta como si fuera un regalo de amor, pero siempre tomando con una mano lo que antes había dado con la otra. ¿Acaso la vida no era siempre seguida por la muerte? ¿No anunció su llegada como un niño pobre en un hogar pobre, no con mensajes escritos en la tierra sino con una innumerable hueste de guardianes enemigos abriendo el cielo nocturno? Y si cantaron para unos pastores, ¿qué cambiaba eso? ¿Acaso esos despreciables cuidadores de rebaños no eran su pueblo, ignorantes, sin educación y fáciles de impresionar? ¡Claro que los pastores se asombrarían! ¿No irían luego a difundir la noticia a todos, desmintiendo su supuesta modestia?

Tus lugartenientes debieron haber visto que ese no era el momento para un asalto violento. Eso vendría después. Primero debía ser estudiado, para poder exponer sus debilidades.

Lo que no entendías era lo que él estaba haciendo *aquí y ahora*, en el aquí y el ahora. Una invasión así —el capitán del ejército envuelto en la carne de un bebé— era demasiado pronto y demasiado pequeña para ser creída. Debía estar preparándose para algo mayor y más significativo: un golpe contra tu propio gobierno legítimo. Algo que ver con el templo, la casa de su padre, y una reunión del "pueblo escogido" para recuperar la tierra para su rey.

Pero el dominio era tuyo. No podía ser arrebatado por la fuerza. No por él. Ese tipo de conquista requería la cooperación de su pueblo del pacto, e Israel hacía mucho tiempo que se había vuelto contra él. Ahora eran tuyos, como todos los demás reinos humanos.

Así que esperaste pacientemente y observaste desde la distancia, en Egipto y después en Galilea, mientras él se movía como una hormiga a través de la niñez y la pubertad, sin distracciones ni prisas, riendo y llorando, y muchas veces deteniéndose para contemplar la creación, y especialmente a otras personas, con esa expresión muda que no podías descifrar.

Estaba ocultando algo, sin duda.

Pero ¿podía esto usarse a tu favor? ¿El hecho de que nunca fue uno de ellos, incluso desde niño? ¿O la forma en que la gente de Nazaret lo veía extraño y poco infantil? ¿O que incluso sus propios hermanos te permitieron torcer su compasión hasta convertirla en desprecio, de modo que en su imaginación no era el hermano mayor protector que oraba sin cesar por su bienestar, sino un tirano santurrón que disfrutaba de su posición como "el favorito del Padre"?

Y ¿quién mejor para clavar esa cuña que su madre, quien, a pesar de saber la verdad, le tejió una túnica rabínica sin costura pero no pudo evitar que asaltaras su mente con dudas sobre el pasado, el presente y el futuro? Aprovechaste al máximo las palabras del anciano en el templo, la proclamación resonante de Simeón: "una espada te atravesará el alma también", ignorando las palabras que la precedían, que el primogénito de María sería (de hecho, ya era) la "salvación" de Dios.

¡Palabras de un necio, de la boca de una vida desperdiciada! Y ¿quién sino Dios pediría semejante sacrificio? Así que sabías lo que representaban esas palabras. Reconociste su santidad dentada, sentiste sus bordes irregulares cortar el aire denso de humo en el patio del templo, recordaste haber estado tú mismo una vez en ese lugar de otra realidad palpitante; no en la copia terrenal, sino en la realidad de la Presencia, con su inspiración abrumadora.

Y cuando descendió al río, supusiste que por fin iba a lanzar su campaña de recuperación, que ese era el inicio para el cual se había estado preparando. Jesús de Nazaret, llegado al fin a la edad de maestro, uniría fuerzas con su primo el Bautista y comenzaría a recuperar el reino de Israel, aldea por aldea.

Cualquier insensato lo habría visto venir; pero no esperabas que se arrodillara en el agua poco profunda, que se sometiera a la indignidad del bautismo por medio de un instrumento quebrado. ¿Cómo podía el Espíritu, descendiendo como pluma sobre sus hombros, respaldar eso? ¿Cómo podía el Trono expresar su *agrado*? No solo el hijo de David, sino "mi Hijo amado; en él tengo complacencia".

¿Qué podía significar el bautismo para él? Nunca había sentido el látigo del pecado ni de la separación. Nunca había sido rechazado como un humano gruñón, sudoroso, medio animal, y nunca había sufrido la terrible vaciedad de la oscuridad exterior.

Cuando por fin no pudiste contener tu ira ante su osadía, gritaste al vacío entre los mundos que esa pequeña obra teatral tal vez engañara a los plebeyos que se alineaban en las orillas del Jordán, pero no cambiaba nada. No fue más ungido por Juan, ni era más digno del reino terrenal, que antes. Su bautismo fue una sumisión, no una elevación. La corona seguía siendo tuya. La tierra era tuya. ¡Israel era tuyo!

Esta vez él te oyó, como solo él podía hacerlo, pero simplemente se levantó empapado del arroyo y caminó a solas hacia el desierto árido, tú siguiéndolo sin apuro, a la distancia.

Te encontrarías con él en el desierto, pero bajo tus propios términos, y aunque conocías el poder que tenía a su disposición, necesitabas estar seguro de que no lo usaría. Todavía no. No ibas a luchar contra el torbellino. Si su sentido del juego limpio y su coherencia interna le impedían responder al engaño con engaño, a la fuerza con fuerza, entonces no todo estaba perdido. Incluso todo podría ganarse, o al menos mantenerse indefinidamente.

Lo seguiste hasta el atardecer, y cuando se detuvo a descansar y encendió una pequeña fogata, te colocaste en las sombras temblorosas para que, con tu presencia, le fuera imposible dormir. En cambio, se durmió de inmediato.

La noche se convirtió en día y el juego continuó hasta que llegó a un arroyo donde construyó un refugio contra el sol, como si supiera lo que estabas tramando; sin embargo, era él quien estaba limitado por una forma humana, así que tú estabas satisfecho con esperar mientras su llenura espiritual, si es que el océano puede llenarse de agua, se convertía en un vaciamiento físico.

¿Sería suficiente la filiación divina, la comunión con lo eterno? ¿Incluso en ausencia de alimento real, cuando su cuerpo comenzara a gritar su tormento y se volviera contra sí mismo para devorarse?

Pasaron cuarenta días antes de que te aparecieras ante él allí. Te acercaste con paso ligero y hablaste desde detrás de él, a su izquierda, desde la posición de dominio. No una acusación, sino una solución directa y sensata. ¿Acaso no era humano? ¿No tenía necesidades?

"Si eres el Hijo de Dios", dijiste, "ordena que estas piedras se conviertan en pan".

Él estaba sentado sobre una losa plana de roca, medio a la sombra de un saliente, con la cabeza apoyada en las puntas de los dedos y los codos sobre las rodillas, y no se inmutó cuando tus palabras cortaron el aire. "Está escrito", dijo, sin siquiera mirarte, "'El hombre no vivirá solo de pan, sino de toda palabra que sale de la boca de Dios'".

"Sí", respondiste. "¿Y no está escrito también que él ordenará a sus ángeles acerca de ti? Si entonces eres el Hijo de Dios, lánzate abajo. ¿O no crees en tus propias promesas?".

Su cabello, empapado en sudor, se pegaba al cuero cabelludo, y su túnica sin costuras estaba manchada de polvo. Pero aun así no te miró. "También está escrito: 'No pongas a prueba al Señor tu Dios'".

Entonces te pusiste frente a él, a pocos pasos, más cerca de lo que podías estar en aquel otro reino donde su resplandor brillaba con la fuerza de mil millones de soles. Entonces, porque sabías que lograría captar su atención, te arrodillaste. ¡*Tenía* que mirarte!

Cuando por fin levantó la vista, sus ojos centellearon. Pero esos ojos ahora estaban encerrados en carne, y su poder descansaba tras el muro de su propia naturaleza.

"La tierra es mía", dijiste. "Y puedo dártela. Esta fachada puede terminar. Te *entregaré* a los hijos de Adán. Toda nación, toda lengua, toda tribu. Me fueron dadas, y puedo dárselas a quien quiera. ¿Para qué luchar conmigo por esto? No valen", hiciste un gesto hacia las piedras a sus pies, que seguían siendo decididamente no pan, "ni esto. Solo te pido que te inclines y me adores".

Por un momento pareció dudar. Entonces, con una fuerza sorprendente, se puso de pie. "Basta", dijo, jadeando por el esfuerzo. "Está escrito. ¡Está escrito! 'Adora al Señor tu Dios, y sírvele solo a él'".

Así que serían sus términos. Su reclamo al reinado se basaría en principios, no en poder.

Él se ceñiría a lo que estaba escrito.

Y eso sería su perdición.

Reíste mientras te alejabas volando, adentrándote más en el desierto.

SEGUNDO ACTO: REY DE LOS JUDÍOS

Después de eso, diste órdenes estrictas a tus *shedim*, tus espectros, para que anunciaran en cada enfrentamiento su identidad y, por lo tanto, su reclamo a la autoridad terrenal: *Este es el Creador, Señor del consejo, el Santo de Dios. ¡Por supuesto que exige obediencia!*

Tus lugartenientes malinterpretaron esto, como esperabas, como una estrategia para desafiar la autoridad divina con autoridad divina. Esto tenía sentido para ellos porque era el mismo argumento que tú habías presentado a lo largo de los siglos. Lo que habías obtenido por derecho de Adán era un decreto real. Pero ellos, los espíritus menores, creyeron estúpidamente que podían invocar el Nombre para controlar a Aquel a quien pertenecía el nombre. La humillación que resultó de eso fue bien merecida.

Mientras tanto, tú jugabas el juego en el largo plazo. Si su reclamo al dominio terrestre podía ser torcido de tal manera que las masas lo siguieran por su divinidad y no por su bondad, por su posición como gobernante y no por los principios en los que se basaba esa autoridad, ¿cómo podría reclamar un verdadero dominio? ¿No sería eso admitir que su reinado se basaba en el interés propio? ¿No podías tú afirmar que cualquiera que lo siguiera por ser el Hijo de Dios, o incluso el hijo de David, estaba aliado no con la belleza, la verdad y la bondad, sino con el poder bruto? ¿Acaso la historia misma (la torre, el diluvio, las plagas desatadas sobre Egipto) no había probado este punto?

Pero él no lo permitió.

Desde el momento en que salió del desierto y volvió a entrar en una sinagoga, se negó a permitir cualquier proclamación de su verdadera identidad como Hijo, sofocando de inmediato la voz de quien intentó dominarlo mediante la magia. "Todo el que está de parte de la verdad escucha mi voz", dijo una vez, haciendo de la verdad, y no de la divinidad, el tema central.

Sin embargo, su plan exigía que la tierra fuera conquistada por el *Mesías* como rey de Israel. Y ¿cómo podía ser ambas cosas?

Estaba escrito: el dominio te fue entregado por medio de Adán. Jesús intentaría usurpar ese dominio a través de un pacto basado en la fe. Es decir, el rechazo individual del orden natural terrenal en favor de un estado más elevado de dominio. Los humanos podrían apelar a las leyes superiores del consejo divino.

Pero todos eran transgresores de la ley, lo cual significaba que estaban atrapados entre esos dos estados, y nada cambiaría eso hasta que tu propio dominio pudiera ser despojado. Toda persona cedía en algún momento. Todos pecaban. Todos se sometían a tu gobierno. Incluso Israel se había apartado. Lo que hacía que su encarnación fuera desconcertante.

¿Por qué viajar a la región de los gadarenos para enfrentarse a Legión, un capitán de no poca habilidad? ¿Acaso no debería haber terminado la jurisdicción del Cristo cuando bajó de la barca? ¡Y sin embargo, la fuerza de su liberación hizo que una piara de cerdos fuera masacrada!

No fue hasta que viajó a Tiro para exorcizar a una independiente del cuerpo de la hija de una mujer gentil cuando entendiste que estaba recreando, reviviendo, las Escrituras. Tu duelo personal con él en el desierto había reflejado el exilio de Egipto. Su sermón en la ladera del monte proclamaba a un nuevo y mejorado Moisés. Y esa mujer cananea replicaba y perfeccionaba el momento en que Elías llegó a Sarepta pidiendo pan.

El mensaje se hacía cada vez más claro. No contento con reformar a su pueblo escogido, se estaba adentrando en las naciones donde tiempo atrás tú habías entregado autoridad territorial a los vigilantes ahora liberados. Estaba buscando pelea. Provocándote. ¡Ven por mí!

Edificaría su Iglesia, y las puertas del infierno no prevalecerían contra ella. Jesús de Nazaret planeaba expulsarte así como su tocayo, Josué, había expulsado a los amorreos. Estaba encaminándose hacia una conquista física.

Tus lugartenientes querían matarlo de inmediato, pero tú los detuviste. Jesús de Nazaret era el árbol de la vida. La muerte no lo detendría a menos que todo el árbol pudiera ser arrancado de raíz y echado fuera. Antes de que Jesús pudiera ser asesinado, tenía que ser ungido como rey y después rechazado por su pueblo. Si lograbas eso, eliminarías el punto de apoyo del Santo en la tierra de modo definitivo.

Mientras tanto, observabas cómo invitaba a mujeres y leprosos a su círculo más íntimo. Escuchabas mientras hacía exigencias absurdas sobre la lujuria y la ira, y demandas todavía más duras sobre amar al prójimo. Cuando multiplicaba el alimento, tú multiplicabas las expectativas de las multitudes. Cuando sanaba sus cuerpos, tú marcabas sus mentes con cicatrices. Cuando echaba fuera a tus espectros, tú les encontrabas nuevos anfitriones en lugares más estratégicos.

¿Sabía él que tenías a alguien dentro, un hombre entre sus discípulos más cercanos? ¿Entendía que no había ni un solo discípulo al que no pudieras acudir cuando llegara el momento? ¿Y con tan solo una leve presión: una risa burlona, el desprecio de una sirvienta, la moneda de un fariseo?

Incluso después de que toda Judea parecía conocer su nombre, no tenía nada que mostrar más que los callos en sus pies y el desprecio de sus ancianos. Y, si toda la presión que ejerciste a través de las circunstancias de su enseñanza y sanidad itinerante no rompió su armadura, bueno, realmente no esperabas que lo hiciera. Lo conocías desde hace mucho tiempo. El objetivo de provocar pequeñas traiciones y chismes a sus espaldas nunca fue quebrarlo. Era herirlo. Una astilla bajo la uña podía ser más satisfactoria que una herida abierta. Ese era tu poder: el poder del desgaste. No tenías punto de apoyo en el Cristo, pero él no tenía punto de apoyo en el mundo. Después de tres años de aferrarse al viento, sus manos seguían vacías.

Aun así, ¡qué seguras eran sus palabras! Y cuán a menudo hablaba en acertijos, lanzando sus burlas en cuatro direcciones a la vez: a las multitudes, a los escribas, a los discípulos y, por último, a ti.

Las masas curiosas, que tanto se deleitaban en sus parábolas, no sacaban nada de ellas que pudiera liberarlas de ti; ¡pero sí se deleitaban cuando sus historias robaban su dignidad a los escribas y fariseos!

Aprovechaste esto, elevándolo en la mente de ambos grupos (en realidad una deliciosa degradación) a la categoría de bufón, hechicero, fanático político, agitador o general conquistador.

Cuando contó la historia de dos hombres, uno rico y el otro un pobre mendigo llamado Lázaro, convertiste el relato en una ofensa a la dignidad de los maestros de la ley, señalando que ellos habían trabajado duro por su dinero y sus posiciones. Con las clases bajas exageraste la importancia del dinero como un signo de pecado y alentaste su resentimiento. La pobreza *misma* era un bien moral; no había necesidad de compartir lo poco que uno tenía con alguien que tuviera todavía menos.

Cuando habló de un hombre que sembró buena semilla en su campo, solo para descubrir que un enemigo había sembrado cizaña durante la noche, lograste que tanto la multitud como las élites fariasaicas se vieran *a sí mismas* como los sembradores de buena semilla. De este modo, pasaron por alto por completo el verdadero mensaje, cegándose a tu presencia como el sembrador de la cizaña y colocándose a sí mismos en el asiento prohibido del juicio. Algunos se marcharon aún más convencidos de su propia justicia que antes, como si la historia solo confirmara la maldad de sus vecinos menos preferidos.

A veces, torcer sus palabras era demasiado fácil debido a su perfección implacable. Un orador menos escrupuloso pero más astuto podría haber elegido como héroe a un obrero común o a un judío de clase media, en lugar de a un samaritano. Pero Jesús de Nazaret puso como estándar de conducta correcta a un enemigo odiado, y convirtió en villanos de su relato a un sacerdote y a un levita. Era cosa de niños sugerir que había cruzado una línea moral y que se había colocado como agente de dioses extranjeros o aliado político de los enemigos de Israel. ¿Estaba sugiriendo que incluso un samaritano, incluso un *romano*, podría encontrar el favor del Dios de Israel? Peor aún, ¿acaso quería decir que todos debían una deuda de *hesed* (de amor leal) a cada persona con la que se encontraran? ¡Escandaloso!

Qué irónico que su parábola del sembrador delineara con tanta claridad lo que estaba ocurriendo, y aun así no lo vieran; ¡gracias a ti! Tus "aves" estaban siempre listas para arrebatar de la mente cualquier semilla que pudiera brotar en una conciencia de degeneración moral o ruina espiritual. Incluso los objetivos más difíciles terminaban cediendo a las presiones del trabajo, el rechazo familiar, o la frustración sexual. Y si no, siempre estaba la tan satisfactoria presión del placer, de torcer algo bueno y sacarlo de contexto y fuera de sus límites, hasta convertirlo en una fuerza destructiva.

Pero tú entendías las implicaciones de esa parábola. Y sabías que él entendía que tú lo entendías.

Tal vez por eso sus historias se volvieron más punzantes, más cargadas de capas con la capacidad de golpear no solo los corazones del pueblo común y de los encumbrados, sino también el tuyo.

Hubo momentos en los que la fuerza de sus declaraciones hacía que tus escamas se agitaran con inquietud. Hablaba como si supiera no solo lo que estabas pensando, sino también lo que eras *incapaz* de pensar. Y eso era enloquecedor.

Si "está escrito" debía ser justo, entonces debía ser total. Debía incluirlo todo. ¿Qué, entonces, habías pasado por alto?

"El reino de los cielos es como un tesoro escondido en un campo", dijo una vez. "Cuando un hombre lo encuentra, lo vuelve a esconder, y lleno de alegría va, vende todo lo que tiene y compra ese campo". Sabías quién era ese hombre. Reconociste el campo como toda la tierra bajo tu dominio. Pero ¿qué había escondido? ¿Y qué derecho tenía a estar lleno de alegría? No estaba ganando. Y había rechazado tu oferta de devolvérselo. ¿Cómo entonces haría esa compra, si no era mediante la sangre de sus seguidores, la nación de Israel marchando de nuevo a la guerra bajo Yeshúa, pero este Yeshúa sin una línea de sangre contaminada ni el caos interno de tu influencia?

Lo viste con más claridad cuando se paró en el patio del templo, envuelto en una banda de luz solar arremolinada de polvo, su presencia llenando tanto el lugar que la gente adentro se sintió atraída a rodearlo. *Dios era un dueño de tierras que había plantado una viña y la arrendó a unos labradores*, dijo.

Los ancianos estaban allí, por supuesto, pero no entendieron que él te estaba mirando a ti cuando dijo: "Por último, les envió a su hijo. 'A mi hijo lo respetarán', dijo. Pero cuando los labradores vieron al hijo, se dijeron unos a otros: 'Este es el heredero. Vengan, matémoslo y quedémonos con su herencia'. Así que lo agarraron, lo echaron fuera de la viña y lo mataron. Entonces, cuando venga el dueño de la viña, ¿qué hará con esos labradores?".

Los sacerdotes necios, que al principio no comprendieron la historia, respondieron con lo obvio: "A esos miserables les dará un fin miserable".

Pero él seguía mirándote a ti, y en el silencio que siguió, cuando las élites reconocieron su propia condenación, tú comprendiste tu victoria. Si lo matabas, simplemente regresaría con poder para remover por la fuerza tu reclamo sobre los reinos de la tierra.

Eso fue lo primero realmente impactante que le escuchaste decir. Porque entonces, ¿dónde quedaría su preciosa santidad? Si no podía persuadir a la humanidad de seguirlo por su supuesta bondad, ¿realmente voltearía la mesa y se marcharía furioso?

Aun así, no lo creíste del todo hasta que, saliendo del templo y de la ciudad, les dijo a sus discípulos: "Si el dueño de la casa hubiera sabido a qué hora de la noche iba a venir el ladrón, habría estado alerta y no habría permitido que forzaran su casa".

¡Tú eras el dueño de esa casa! Y ahora él planeaba venir como ladrón en la noche, respaldado por ejecutores del Trono, para robarte un dominio que no tenías razón alguna para entregar.

Al fin había admitido que su justicia no era más que otra forma de poder. Al fin había revelado su debilidad e hipocresía. La miseria aleatoria de la vida, la crueldad de la existencia en un plano de indiferencia cósmica, finalmente había desgastado incluso al Santo.

Pronto, los principales sacerdotes debían ser persuadidos de rechazar a su rey. Entonces, y solo entonces (pero también *inmediatamente* entonces) debía ser ejecutado bajo la ley. Todo debía ser legal. ¿Acaso no estaba escrito? ¿No estaba todo registrado de antemano? ¿No era esa la ley?

Una vez intentaste hacerlo rey por la fuerza, mediante una multitud enloquecida por tus agentes. Pero él sabía lo que planeabas y se retiró antes de que el complot pudiera ganar impulso.

Muy bien. Fuiste paciente. Y cuando comenzaste a sentir la cercanía del momento en las multitudes que se reunían en Jerusalén para la Pascua, manejaste el asunto personalmente. Conocías las Escrituras y sabías lo que debías buscar. Si no podías hacerlo rey, entonces aprovecharías el momento que él mismo eligiera. Reconocerías lo que incluso sus discípulos podrían pasar por alto. Así como todo en su vida había estado al revés (nacido en un pesebre, aprendiz de carpintero, bautizado por un loco), también su unción como rey estaría invertida.

Y ciertamente debía ser ungido, porque ¿acaso no estaba escrito? Debía entrar en Jerusalén montado a lomos de un burro, pero montar no era suficiente. Debía entrar como un rey certificado por el Trono. No bastaba con ser *anunciado* como rey, porque ¿acaso uno de los hijos de David no había sido proclamado y sin embargo depuesto? No, Jesús de Nazaret debía ser ungido como rey antes de poder declararse como tal.

El momento llegó en Betania, en la casa de Simón el leproso, mientras Jesús se recostaba con sus discípulos y con Lázaro, a quien había resucitado de entre los muertos. Todos los elementos estaban presentes, tanto de las historias precedentes del rey Saúl, el rey David, el rey Salomón y el rey Jehú, como de sus inversiones mesiánicas.

Cuando María, la hermana de Lázaro, entró en la sala de huéspedes con su frasco de nardo puro y lo rompió para derramarlo sobre sus pies, dudaste. Todo en ese momento gritaba divinidad, humildad y *kairos*; pero no fue sino hasta que movió el frasco de sus pies a su cabeza, derramando el aceite fragante y espeso para que escurriera por su cabello y su rostro, que lo supiste.

El Anciano de Días había ungido a Jesús de Nazaret como rey de Israel. Por la mano de una mujer. En la casa de un leproso.

El Trono lo había respaldado al fin. Lo que significaba que ahora todo era legal.

¡*Estaba escrito!*

La mujer creía que lo estaba preparando para el entierro, porque por supuesto le creyó cuando dijo que resucitaría. Pero solo tú captaste el doble significado en su respuesta, su afirmación de la belleza de la fe de ella y del destino que su obediencia al Espíritu traería sobre él: ella estaba preparando su cuerpo para el entierro. Para un rey verdadero, la muerte y el reinado eran sinónimos.

La mujer no lo comprendía, ni tampoco los discípulos. Tal vez Lázaro, habiendo probado la muerte, podría haberlo entendido, pero en ese momento solo pensaba en su asombro de estar vivo en la Presencia.

El momento se les escapó a todos, resaltando la soledad del Mesías. Su resurrección no tendría sentido sin el pueblo escogido. Y no los tendría, porque tú no se lo *permitirías*. ¿Un rey sin reino? ¿Un reino sin rey?

Solo él, el Cristo, el ungido, comprendía esto, y el dolor de la traición que se dibujaba en su rostro era, en ese momento, sublime. Te vio susurrar tu ofensa al oído de Judas: *¿No se debería haber vendido este perfume y dado el dinero a los pobres?*

TERCER ACTO: LADRÓN

Estabas listo para el momento. Todo había sido arreglado de antemano, así que no fue difícil poner el carro a rodar cuesta abajo. Poncio Pilato había entregado hacía tiempo tanto de su humanidad a tu control, que ahora no era más que una marioneta danzando a tu ritmo. Caifás era un sujeto más interesante y requeriría un toque más sutil, pero sabías que podías contar con su influencia para convencer a los ancianos que aún vacilaban sobre asuntos de la ley.

El pueblo de Israel era otro asunto. No porque fueran diferentes al resto de los descendientes de Adán, ese mar de duendecillos sudorosos, sino porque habían sido escogidos por él. Cualquier multitud, con la provocación adecuada, podía transformarse en una turba sin alma. Pero ¿y si no eras el único manipulándolos? ¿Podría el Trono reclamar sus propios derechos del pacto e intervenir con una manipulación que tú no podías igualar, tal como lo había hecho con Moisés en Egipto? ¿Y si su vara devoraba una vez más las de tus gobernantes títeres?

Después de todo era la Pascua, y seguramente ese hecho era significativo para él. ¡Si tan solo supieras por qué!

Pero no lo sabías, así que esperaste hasta que la historia fuera contada de nuevo durante el *Seder* de Pascua, mientras Jesús recordaba cada evento con su característica agudeza e ingenio, como si hubiera vivido la historia él mismo. Cuando llegó a la parte en que los magos de la corte arrojaban sus varas, entraste en Judas, transformándolo de algo semejante a madera muerta pulida en una serpiente viva. ¿Qué haría el Cristo ahora? ¿Se tragaría a su propio discípulo?

En su lugar, dio una orden breve y ambigua: "Lo que vas a hacer, hazlo pronto".

Por supuesto, obedeciste, porque a partir de este punto las cosas debían suceder con rapidez.

Primero los arreglos para su traición, la plata pagada, los soldados y oficiales enviados por los principales sacerdotes y fariseos, Jesús ya en agonía en el huerto. Claramente sabía que ya había perdido y estaba haciendo arreglos con el Trono para destruir la ley y atacar la tierra con fuerza. No otro diluvio, a menos que también pensara romper esa promesa, pero tal vez un mar de fuego consumiendo el quebranto de su creación. Otra admisión de fracaso.

Luego, un juicio simulado conducido por Anás y los principales sacerdotes bajo el amparo de la oscuridad en las primeras horas de la mañana. Solo los miembros de la élite totalmente bajo el control de tus espectros fueron convocados. Mientras tanto, una pequeña paliza acompañada de acusaciones sin fundamento generaría ansiedad y dejaría claro que más, mucho más, tendría que soportarse. No ibas a hacerlo fácil. Después de todo, él había invadido tu mundo. Esta era su idea.

Otro juicio, esta vez ante Caifás, y la astucia del sumo sacerdote convenció a aquellos ancianos que aún dudaban de que Jesús de Nazaret era solo un hombre, después de todo, ¿y no era mejor que un solo hombre muriera a que los romanos destruyeran su nación?

Entonces, por fin, mientras el sol comenzaba a salir, los soldados lo llevaron ante Pilato. Fuiste rápido en señalar el fuerte aroma que lo seguía, el olor a nardo, la fragancia de la realeza. Y, si no parecía un rey, ¿no era eso aún más ofensivo para la mente, si no para Roma?

"¿Eres tú el rey de los judíos?", preguntó Pilato.

"¿Lo preguntas por tu cuenta", respondió Jesús, "o porque otros te hablaron de mí?".

"¿Acaso soy yo judío?", replicó Pilato, porque por supuesto eras tú quien le había estado hablando todo el tiempo y Jesús lo sabía. Pero necesitabas presionar el punto, dejar extremadamente claro *por qué* estaba siendo ejecutado. Cuando él afirmó que su reino era de otro mundo, hiciste que Pilato formulara la pregunta sin rodeos: "Entonces ¿tú eres rey?".

Jesús de Nazaret no mentiría para salvarse. "Tú lo dices: soy rey".

A partir de este momento era crucial que todo se ejecutara con una claridad cristalina. Hiciste que Pilato saliera ante el pueblo escogido, que ya había sido agitado por tus agentes expertos, y pusiste las palabras en su boca: "No hallo delito en este hombre. Pero es costumbre de ustedes que en la Pascua ponga en libertad a un preso. ¿Quieren que libere al 'rey de los judíos'?".

Dos prisioneros (Jesús, Hijo del Padre y rey ungido, y el ladrón Barrabás) fueron presentados ante la multitud. Cuando exigieron que liberaras a Barrabás, te demoraste, ordenando en su lugar que azotaran a Jesús. Después de todo, esta sería tu primera y probablemente única oportunidad de hacerle lo que tantas veces habías deseado. Más importante aún, el punto debía quedar claro una y otra vez, no por el bien del pueblo sino por el consejo divino. Si su propio pueblo lo rechazaba como rey, ¿qué derecho podría reclamar sobre la tierra? ¿Qué derecho tenía para gobernar? ¡La tierra no lo *quería*!

Regresó tambaleándose, con la espalda desgarrada, las heridas supurando en líneas sobre el manto púrpura que habías preparado anticipando este momento. Tus soldados habían presionado una corona de espinos sobre su cabeza y la sangre corría por su rostro hinchado.

"No encuentro ningún motivo para acusarlo", dijo Pilato.

Los humanos eran tan predecibles. Tu negativa solo los llevó a una furia desenfrenada. Ahora demandaban la crucifixión. Pero Pilato, tal como fue instruido, se negó. Nuevamente exigieron la crucifixión, esta vez apelando a su propia ley y al hecho de que Jesús había afirmado ser el Hijo de Dios.

La belleza de todo esto era que el juicio no solo era una burla, era una burla honesta. Nada despertaba más tu orgullo que tu habilidad para engañar con hechos, decir solo lo suficiente de la verdad para que lo oculto no pareciera importar. Por lo tanto, cuando Pilato intentó una y otra vez liberar a Jesús, el pueblo solo se volvió más insistente. Y tu caso contra el Trono quedó establecido.

Sentado, Pilato reiteró los hechos claros del caso, el dilema del dominio, una vez más: "Aquí tienen a su rey".

"No tenemos más rey que el César", respondieron los principales sacerdotes.

Y eso era todo lo que necesitabas. Pilato lo entregó para ser crucificado, de modo que no solo fuera rechazado sino también maldito, y sobre su cabeza ordenaste que se fijara un letrero para recordarle al Trono que toda la humanidad, incluso su propio pueblo, lo había rechazado: "Jesús de Nazaret, el rey de los judíos".

En el Gólgota lo crucificaron entre dos ladrones, lo cual era apropiado, ya que había venido como ladrón y había tomado el lugar de un ladrón, e incluso planeaba volver como ladrón.

Observaste de pie mientras las horas pasaban y los hombres en las cruces gemían. Cuando Jesús recitó el salmo de "Dios mío, Dios mío", comenzaste a preocuparte, ya que no se te había ocurrido que esa reflexión oscura sobre la vida de David pudiera tener resonancia aquí. Pero cuando seis horas más tarde gritó: "Consumado es", respiraste aliviado.

Estaba muerto, y hasta las piedras clamaron en protesta, el velo del templo se rasgó, y el sol se oscureció. Pero tú te deleitaste en la oscuridad.

¡Estaba muerto! ¡El Santo de Israel se había entregado a ti y había perdido la tierra para siempre!

¡Estaba muerto, estaba muerto, estaba muerto!

Con la victoria asegurada, te elevaste por encima de la ciudad y te posaste en el techo del templo para reflexionar sobre lo que podría pasar después. ¿Se abrirían los cielos para revelar una avanzada de arcángeles? ¿Tus propias fuerzas, sin lugar donde esconderse, serían destruidas poco a poco?

¿O tal vez incluso los arcángeles dudarían? ¿Qué tan leales serían Miguel y los ejércitos celestiales, al ver la verdadera naturaleza del Santo, que ya no era santo? ¿Seguiría Gabriel sirviendo al Dios que finalmente había declarado que él mismo no era el origen de misterios profundos, sino el brazo fuerte del privilegio?

Mientras contemplabas la ciudad, recordaste tu confrontación en el desierto. Él debería haber aceptado tu oferta. Le habrías dado todo esto, todos los reinos de la tierra, con tal de verlo postrarse y adorarte. Y ahora ¿qué tenía?

Todos los reinos del mundo eran tuyos. Tenías dominio sobre todo. Podías hacer con ello lo que quisieras, a menos que él lo arrebatara de tus manos por la fuerza, y en contra de la naturaleza de la ley.

El terremoto había derribado muros y colapsado techos. Debajo de ti, comenzaban a elevarse los llantos desde los escombros. Las antorchas se encendían en las calles, y sentiste la indignación y el horror de los levitas dentro del templo bajo tus pies.

El reconocimiento comenzó a hervir lentamente en tu pecho al ver que la tierra, por el momento, se había convertido en tu dominio tanto metafóricamente como literalmente. Hacía tiempo que te sentías satisfecho con la ausencia de luz. La oscuridad profunda, la imprevisibilidad y lo desconocido del caos, donde nada se sabía ni podía saberse excepto el yo, te había seguido desde que huiste de la

Presencia. El infierno era tu hogar, y tu hogar era el infierno. Estabas rehaciendo la tierra a tu imagen.

Este era tu mundo, no el suyo. Él no tenía lugar en él. ¡Necio!

Pero entonces, si no tenía lugar en él, ¿por qué se había dejado atrapar tan fácilmente? ¿Por qué había entregado su vida como si no valiera nada?

Todavía podías verlo colgado en la cruz, en el lugar de la calavera, más allá de los muros de la ciudad. No era su mundo. ¿Por qué había venido por él?

Lentamente, el horror de la comprensión se apoderó de ti cuando al fin comenzaste a ver las consecuencias de tu propia lógica. Tu regocijo se convirtió en pánico y luego en furia ciega.

Habías dicho que este era tu mundo, no el suyo. *Que él no tenía lugar en él.*

Pero, si no tenía lugar en él, ¿qué derecho tenías tú de matarlo?

Entonces, mientras contemplabas la oscuridad de la ciudad, se establecieron tronos y el Anciano de Días tomó asiento. Un río de fuego fluía, saliendo de su presencia. Se sentaron los tribunales y se abrieron los libros. Podías verlo en tu mente tan claro como si estuvieras allí, ante el consejo.

La voz que habló en tu oscuridad sonó como mil voces unidas en una, como el rugido de agua cayendo por la ladera de una montaña: "Ahora el príncipe de este mundo será echado fuera".

Seguías agazapado sobre el techo del templo, pero un peso había descendido sobre tus hombros, el peso del mundo, y antes de que pudieras responder, ese peso te aplastó contra la superficie para obligarte a mirar el patio negro debajo. Abriste la boca para hablar pero la pesadez aplastante te robó el aliento. En su lugar, arrojaste acusaciones desde tu mente como azufre encendido: *¡Me engañaste! ¿Cómo puedes tú, el Santo, engañar?*

Un poder como de mil millones de mariposas revoloteó a tu alrededor. Algo como una vestidura fue arrancado de ti, y cuando se soltó viste que parecía un pergamino escrito por ambos lados, sellado con el testimonio del Espíritu eterno.

"Te has engañado a ti mismo".

Gruñiste, la única resistencia que te quedaba. *¡La tierra es mía! ¡Los reinos son míos! ¡El dominio es mío!*

Una segunda voz, esta como la brisa lejana que pasa, dijo: "A las demás bestias se les ha quitado la autoridad, pero se les permitirá vivir por un tiempo determinado".

El peso se levantó lentamente, casi a regañadientes, y por un momento pareció que mirabas el resplandor del Trono. Pero solo era el sol emergiendo de su largo eclipse.

"'¿No está escrito'", preguntó una tercera voz, "'solo no le quites la vida'?".

"'¿Y no está escrito'", añadió la segunda: "'En aquel día, el Señor castigará con su espada, su espada feroz, grande y poderosa...'?".

Pero tú sabías lo que venía antes de oírlo.

Lo sabías porque conocías esa espada, la espada de su palabra.

¡Está escrito!

"Leviatán, la serpiente deslizante; Leviatán, la serpiente tortuosa; él matará al monstruo del mar".

CONCLUSIÓN

13

UNA HISTORIA REAL

Somos portadores de imagen. Nos guste o no, lo *queramos* o no, tú, yo, y todos los demás seres humanos que hayan vivido hemos reflejado, directamente e indirectamente, la imagen divina según la cual fuimos creados. No es necesario ser religioso para cumplir con este propósito de vida. El hombre que rescata a un gato que se ahoga en un río desbordado refleja la imagen del Creador que ama y sirve a la creación. La enfermera agnóstica que realiza RCP a alguien que sufre un infarto refleja la naturaleza del "Dios de los vivos". El anciano que cuenta historias a sus nietos encantados muestra algo tanto humano como divino, algo eterno.

Las historias también llevan la imagen humana y divina, incluso cuando no lo intentan, incluso cuando están rotas, mal concebidas, o temáticamente en contra de Dios. Una historia que funciona como historia refleja, en su nivel más básico, el significado de la existencia.

La Biblia es el ejemplo más claro de este principio, aunque, al igual que los seres humanos, a menudo entierra sus revelaciones más difíciles tan profundamente que solo quienes se sientan a los pies de Jesús llegan a encontrarlas. Tal vez por eso muchos han olvidado que el centro de nuestra fe no es un conjunto de doctrinas ni verdades proposicionales, sino una historia: la historia de Jesús.

En su libro *The Drama of Scripture* [El drama de las Escrituras], los autores Craig Bartholomew y Michael Goheen destacan cuán desconectados estamos de la historia central de nuestra fe:

> El sociólogo australiano John Carroll, quien no profesa ser cristiano, cree que la razón por la que la iglesia en Occidente está en crisis es porque ha olvidado su historia. En su opinión, "el declive del cristianismo tal como se practica en Occidente es fácil de explicar. Las iglesias cristianas han fracasado de manera total en su tarea central: volver a contar su historia fundacional de un modo que hable a los tiempos".[1]

Recuperar una comprensión más profunda de esa historia tomará tiempo, esfuerzo, y la humildad de admitir que tenemos mucho que aprender. Aun así, contamos con la promesa del pacto de la ayuda de Dios mientras buscamos aprender de Él. Él desea enseñarnos, responder a nuestro clamor por un entendimiento más profundo.

A menudo me preguntan cómo puede una persona no académica comenzar un estudio más profundo de la Escritura cuando tantas cosas parecen confusas o pensadas solo para eruditos e historiadores. Mi respuesta es doble.

Primero, recuerda que las historias de la Biblia fueron diseñadas para ser escuchadas. No hay nada de malo en leerlas en silencio, pero escuchar con regularidad una versión en audiolibro puede ser sorprendentemente revelador. Cosas que se pasan por alto al escanear el texto con la vista, conexiones entre señales semióticas, pueden saltar a la vista con una claridad inesperada.

Segundo, intenta consumir secciones más amplias de lo habitual, evitando los cortes tradicionales por capítulos y prestando atención a los lugares donde el arco narrativo parece llegar a una resolución natural. El objetivo es desfamiliarizar el texto y leerlo o escucharlo como si fuera la primera vez. En resumen, lee por la historia más que por las proposiciones o doctrinas que te han enseñado a usar como filtro para la Escritura. Las historias, al fin y al cabo, revelan tanto la naturaleza de la existencia humana como la del Dios personal y relacional de la Escritura.

La bóveda en el centro de la Biblia es Jesús: Jesús como cumplimiento de la historia de Israel. Jesús como salvación de la humanidad, quien por su sangre compró para Dios un pueblo. Jesús como el gobernante que arrebató a Satanás su autoridad corrupta y reina por siempre. Jesús como el "verdadero humano" que nos muestra a lo que estamos llamados en la restauración final de todas las cosas, cuando el cielo y la tierra volverán a unirse.

La bóveda en el centro del alma humana es el lugar santo interior donde Dios desea habitar como nuestro tesoro en estos "vasos de barro" (2 Corintios 4:7). Cristo es la respuesta a la desesperación de Salomón de que el significado de la vida no puede conocerse a partir del universo material. Cristo es la respuesta a la desesperación de todo corazón humano que anhela que la realidad tenga sentido, que la vida con todas sus sorpresas trágicas y expectativas rotas signifique algo más grande y más importante que simplemente comer, beber y alegrarse, porque mañana moriremos.

FINAL DE LA HISTORIA

Durante mis estudios de doctorado, mi madre, de ochenta y cuatro años, se cayó en su apartamento y tuvo que ser llevada al hospital. Las circunstancias de esa caída fueron un poco extrañas, ya que no parecía estar herida. Pero mi hermano, al llamarla por videollamada, la vio acostada sobre el piso de baldosas.

—¿Qué estás haciendo, mamá?
—Oh, solo estoy aquí acostada.
—¿Estás bien?
—Sí.

En ese punto, él ya estaba llamando a una ambulancia porque ella parecía estar "desorientada", y temía que se hubiera golpeado la cabeza contra los azulejos. Los paramédicos la encontraron aún tirada en el piso, con el andador erguido a sus pies. No tenía marcas visibles en la cabeza ni en la espalda, pero parecía que había caído hacia atrás y se había golpeado con fuerza contra el piso sin intentar detenerse. Solicitaron y obtuvieron permiso para llevarla al hospital y verificar si había lesiones internas.

Me enteré de la historia cuando llegaron los resultados de sus análisis de sangre, que indicaban que tenía una forma muy agresiva de leucemia que probablemente le quitaría la vida en cuestión de semanas. Fui de inmediato al hospital, un trayecto de treinta minutos, y para cuando llegué, ella ya había aceptado comenzar el tratamiento.

Como todo esto ocurrió mientras estaban vigentes los protocolos por COVID, solo se permitía la entrada de una persona a la vez en su habitación. Entré justo cuando la doctora explicaba que habían solicitado una ambulancia para llevarla a otro lugar, un hospital de investigación, para comenzar la quimioterapia.

—Mamá —le dije—, estoy contigo, y sé que Barbara, Barney y Dave también están contigo si decides luchar por tu vida. No te culpo. Pero ¿la doctora te explicó lo que pasará si aceptas esto? ¿Te explicó el resultado probable del tratamiento?

—No —dijo ella—. Solo dijeron que hay una sola forma de vencerlo.

Mi mamá era una persona con educación, una enfermera con dos títulos y toda una vida de experiencia en el sector médico. El hecho de que no hubiera comprendido el panorama completo me alarmó.

—Este tratamiento requiere aislamiento. Mata a más de la mitad de las personas que lo reciben, y nunca ha salvado la vida de nadie mayor de sesenta años. Mamá, tiene *un cero por ciento de probabilidad de salvar tu vida*, y si firmas los papeles, te llevarán de inmediato a otro hospital donde no podrás ver a nadie: ni a tus hijos, ni a tus nietos, ni a tus amigos, ni a tu pastor. Estadísticamente, es una sentencia de muerte, y en un lugar donde no tendrás a nadie conocido contigo. ¿De verdad es esto lo que quieres?

Fue una noticia difícil de dar. Vi cómo su expresión se transformó en puro terror al darse cuenta de que no había una opción buena. Mientras creyó que existía una posibilidad de vivir, se había aferrado a esa esperanza como a un salvavidas. Pero yo le había arrebatado eso.

Me senté junto a ella. Durante un largo rato escuchamos los clics y pitidos de las máquinas que medían los diversos fallos de su cuerpo moribundo.

—Dios me atrapó cuando caí —dijo al fin.

Pensando que no la había entendido bien, pregunté:

—¿Qué?

Mi madre y yo teníamos una larga historia de desacuerdos sobre la naturaleza de la realidad, especialmente con respecto al lugar de Dios en el universo. Ella, hija de un pastor luterano, siempre había parecido creer que Dios no solo estaba predeciblemente distante, sino decididamente luterano. Cuando en la universidad le conté sobre mi encuentro con Cristo y mi renacimiento espiritual, no pareció tomarlo en serio. Estaba en una fase. Se me pasaría. Volvería a la razón. Si quería servir a Dios, lo haría de la manera correcta y entraría al seminario luterano. Aunque con el tiempo esas opiniones se suavizaron, nunca pareció aceptar realmente mi convicción de que Dios sigue actuando en la vida de su pueblo, que no está allá lejos a millones de kilómetros, sino aquí, a nuestro lado y dentro de nosotros, involucrado íntimamente en los asuntos diarios de nuestras vidas, por quebradas que parezcan. Para mi madre, "Dios con nosotros" significaba algo así como "Dios está *a nuestro favor*, en términos generales".

Por eso me sorprendió cuando lo dijo una segunda vez, y con más énfasis todavía.

"¡Dios! ¡Me *atrapó*! ¡Cuando *caí*!".

Aún confundido (¿y ahora me tocaba a mí ser el que dudaba?), le pregunté:

—¿Te refieres a un ángel o algo así? ¿Había alguien detrás de ti?

—Estaba caminando hacia el baño y sentí que me caía hacia atrás —dijo—. De espaldas. Y, cuando iba a mitad de la caída, unas manos me atraparon en el aire y me bajaron suavemente al piso.

—Pero ¿no viste a nadie?

Esta vez me señaló con un dedo artrítico.

—Dios me atrapó.

—Te creo —le dije—. Es una historia extraña. Pero sí, te creo.

—Sabía que me creerías. Por eso te lo conté.

Entonces, mientras la observaba, el miedo regresó y vi que aún lidiaba con el reconocimiento de que no había salida para ella. Había visto llorar a mi madre muchas veces, pero nunca la había visto aterrada.

—¿Qué va a pasar conmigo? —susurró.

—Mamá —le dije, sin saber qué decir pero sintiendo la necesidad de abrir mi boca, aunque no tuviera palabras sabias ni reconfortantes. Ella necesitaba que le dijera algo, que le recordara que no estaba sola—. No sé cuánto tiempo te queda. No parece que sea mucho, pero puedo decirte esto: cuando llegue el final, el mismo Dios que te atrapó en el baño te volverá a atrapar, de todas las maneras que importan.

Falleció dos semanas y media después, en su propio apartamento, rodeada de familia. No puedo decir que su muerte estuvo libre de dolor, pero nunca más volví a ver esa expresión de terror. Y al mirar atrás, a menudo me impresiona pensar que Dios es un narrador maravilloso. Sabe cómo terminar una historia. Incluso sabe cómo convertir un final en un comienzo.

No importa cuán quebrado o fuera de lugar parezca el rompecabezas de tu vida, Jesús puede encajarlo perfectamente en el discurrir del suyo. Ninguna vida es verdaderamente pequeña. Ninguna historia es insignificante. Nadie que se acerque a Él con humildad será jamás rechazado.

La historia de Jesús es la única historia verdadera que da sentido a todas las demás. Por eso el lenguaje de esa historia no es solo el lenguaje de la humanidad; es el lenguaje de la vida.

El Espíritu y la novia dicen: «¡Ven!»; y el que escuche diga: «¡Ven!». El que tenga sed, venga; y el que quiera, tome gratuitamente del agua de la vida.
—Apocalipsis 22:17

RECONOCIMIENTOS

Poco antes de morir, se dice que Tomás de Aquino llamó a todo lo que había escrito un montón de paja. Ese "montón" al menos fue escrito por Tomás de Aquino. Si *mi* montón puede ser recomendado, es solo gracias al arduo trabajo de muchas otras personas que ayudaron a darle forma.

Estoy en deuda con Brian Vos, Amy Nemecek y todo el equipo de Baker Books, quienes creyeron en este proyecto y contribuyeron a él.

Un agradecimiento especial a mi agente, Steve Laube, no solo por el consejo y el aliento que me diste en este y en otros proyectos. Me asombra lo mucho que apoyas a los escritores excéntricos que te lanzan manuscritos. Gracias por creer en la belleza salvaje y maravillosa de un Creador indomable.

También estoy profundamente agradecido con mi comité doctoral: el Dr. Tony Blair, Tineke Hegeman Bryson y el Dr. Timothy R. Valentino. Gracias por sus ideas para mejorar *El Dios de la historia*, por impulsarme a repensar, revisar e imaginar de nuevo, y por recordarme que "hasta los que tienen Doctorado en Ministerio creen, y tiemblan".

El Dr. Leonard Sweet me dio aliento y me hizo comentarios invaluables sobre muchos de estos capítulos, que en algunos casos fueron presentados como trabajos para la línea de semiótica en la Universidad Kairos. Durante dos años me dijiste con franqueza lo que funcionaba y lo que no, y estoy seguro de que no habría abrazado el *ubuntu* de Dios sin tu influencia. Por eso y por muchas otras cosas, ¡gracias!

Mis compañeros *griffins*, Jim Allen y Justin Scoggins, ofrecieron alivio cómico así como una excelente crítica a algunas de mis ideas más descabelladas. Me asombra y me alegra que nuestra amistad de inadaptados haya continuado después del seminario.

Gracias a Rachel Garner, Jared Schmitz y Rosey Mucklestone, lectores beta que ofrecieron retroalimentación útil y palabras de ánimo. Ustedes son un recordatorio refrescante de que la teología no es un pasatiempo exclusivo, sino el terreno de personas reales que caminan con Dios de maneras a menudo poco reconocidas.

Mike y Pam Jensen, y todos en la iglesia en casa donde adoro, fueron siempre solidarios. Gracias por orar por este proyecto y por tolerar mis múltiples discursos sobre discusiones teológicas oscuras.

Y, finalmente, a mi esposa, Carrol, por soportar mis repetidos episodios de duda y por enriquecer muchas de mis propuestas de "¿Y si...?" con perspectivas profundas propias. Gracias por compartir conmigo el viaje de la vida. No podría pedir una mejor compañera.

NOTAS

PRÓLOGO

1. John F. Kennedy, "Address at American University, June 10, 1963", en vol. 3 of *Public Papers of the Presidents of the United States: John F. Kennedy* (Washington, DC: US Government Printing Office, 1964), pp. 502-6.
2. Frederick Buechner, *The Remarkable Ordinary: How to Stop, Look, and Listen to Life* (Grand Rapids: Zondervan, 2017), p. 47.
3. Buechner, *The Remarkable Ordinary*, p. 53.

CAPÍTULO 1: LA GRAN PIRÁMIDE

1. Melanie C. Green y Timothy C. Brock, "The Role of Transportation in the Persuasiveness of Public Narratives". *Journal of Personality and Social Psychology* 79, no. 5 (2000), p. 701.
2. Leonard Sweet, *The Bad Habits of Jesus: Showing Us the Way to Live Right in a World Gone Wrong* (Carol Stream, IL: Tyndale, 2016), p. 77.
3. Jonathan Gottschall, *The Storytelling Animal: How Stories Make Us Human* (Nueva York: Mariner Books, 2013), p. 55.
4. Mark Lehner y Zahi Hawass, *Giza and the Pyramids: The Definitive History* (Chicago: University of Chicago Press, 2017), p. 91.
5. Gottschall, *The Storytelling Animal*, p. 58.
6. Gottschall, *The Storytelling Animal*, p. 52.
7. C. S. Lewis, *Of Other Worlds* (Nueva York: HarperOne, 2017), p. 60.

8. Diana Wynne Jones, *Reflections: On the Magic of Writing* (Nueva York: Greenwillow Books, 2012), p. 78.

9. Maria Tatar, *The Annotated Classic Fairy Tales* (Nueva York: W. W. Norton & Company, 2002), p. 56.

10. Leonard Sweet y Michael Adam Beck, *Contextual Intelligence: Unlocking the Ancient Secret to Mission on the Front Lines* (Oviedo, FL: HigherLife Development Services, Inc., 2020), p. 47-48.

11. Eugene Peterson, *Leap Over a Wall: Earthy Spirituality for Everyday Christians* (Nueva York: HarperOne, 1998), p. 4.

12. James Bryan Smith, *The Magnificent Story: Uncovering a Gospel of Beauty, Goodness, and Truth* (Downers Grove, IL: InterVarsity, 2017), p. 4.

13. Sweet, *Bad Habits of Jesus*, p. 77.

CAPÍTULO 2: LA PARÁBOLA DEL NARRADOR

1. Leonard Sweet, *Giving Blood: A Fresh Paradigm for Preaching* (Grand Rapids: Zondervan, 2014), p. 25.

2. Sweet, *Bad Habits of Jesus*, p. 77.

3. Sweet y Beck, *Contextual Intelligence*, p. 121.

4. "Elon Musk: Neuralink, AI, Autopilot, and the Pale Blue Dot", *Lex Fridman Podcast*, episodio 49, 12 de noviembre de 2019, https://www.youtube.com/watch?v=smK9dgdTl40&t=1088s.

5. Leonard Sweet, *The Gospel According to Starbucks: Living with a Grande Passion* (Colorado Springs: WaterBrook, 2008), p. 112.

6. Brian Anse Patrick, *The Ten Commandments of Propaganda* (Londres: Arktos, 2013), p. 44.

7. Sweet, *Giving Blood*, p. 82.

8. Michael Polanyi, *Personal Knowledge: Towards a Post-Critical Philosophy* (Chicago: University of Chicago Press, 2015), p. 281.

CAPÍTULO 3: EL MEJOR PARQUE TEMÁTICO DEL MUNDO

1. Leland Ryken, *How Bible Stories Work: A Guided Study of Biblical Narrative* (Bellingham, WA: Lexham Press, 2015), p. 14.

2. Ryken, *How Bible Stories Work*, p. 26.

3. Karen Swallow Prior, *On Reading Well: Finding the Good Life through Great Books* (Grand Rapids: Brazos, 2018), p. 29.

4. William Shakespeare, *As You Like It*, acto 2, escena 7.

5. Crystal L. Downing, *Changing Signs of Truth: A Christian Introduction to the Semiotics of Communication* (Downers Grove, IL: InterVarsity, 2012), p. 240.

6. C. S. Lewis, *The Screwtape Letters* (Nueva York: HarperCollins, 1996), p. 161.

7. Jean Leclercq, *The Love of Learning and the Desire for God: A Study of Monastic Culture* (Nueva York: Fordham University Press, 1961), p. 76.

CAPÍTULO 4: UN MUNDO IDEAL

1. Robert Alter, *Genesis: Translation and Commentary* (Nueva York: W. W. Norton, 1996), pp. 11-12.
2. Para una explicación más profunda del consejo divino, ver Michael S. Heiser, *El mundo invisible: Recuperando la cosmovision sobrenatural de la Biblia* (Bellingham, WA: Tesoro Bíblico, 2019). Heiser escribe: "Dios tiene una familia invisible; de hecho, es su familia original" (p. 25).
3. Stephen J. Vicchio explica: "La expresión hebrea *bene ha Elohim* significa literalmente 'los hijos de Dios'. La palabra *ben* se usa en la Biblia hebrea no solo para describir la familia de una persona, sino también sus relaciones cercanas. Varios apodos utilizan la palabra *ben*, como 'hijo de la fuerza', 'hijo de la maldad'. En otro contexto, todos los seres humanos son hijos de Dios, como dan a entender Deuteronomio 14:50 y Éxodo 4:22". Stephen J. Vicchio, *The Book of Job: A History of Interpretation and a Commentary* (Eugene, OR: Wipf & Stock, 2020), p. 50.
4. Madeleine L'Engle, *Walking on Water: Reflections on Faith & Art* (Nueva York: Convergent Books, 1980), p. 72.
5. Ver, por ejemplo, Todd W. Hall, *Relational Spirituality: A Psychological-Theological Paradigm for Transformation* (Downers Grove, IL: InterVarsity, 2021), p. 104.
6. C. S. Lewis, *The Lion, the Witch and the Wardrobe* (Londres: Harper-Collins Children's Books, 2010), p. 165.

CAPÍTULO 5: EL CAMINO HACIA LA RELEVANCIA

1. William Shakespeare, *Macbeth*, acto 5, escena 5, líneas 22-31.
2. Shakespeare, *Macbeth*, acto 1, escena 3, líneas 135-38.
3. Ilia Gurliand, "Reminiscences of A.P. Chekhov", *Teatr i Iskusstvo*, 11 de julio de 1904, p. 521.
4. Owen Barfield, *Saving the Appearances: A Study in Idolatry*, 2da ed. (Middletown, CT: Wesleyan University Press, 1988), pp. 94-95.
5. Jeremy Adams, *Hollowed Out: A Warning about America's Next Generation* (Washington, DC: Regnery Publishing, 2021), 4.
6. Samuel Taylor Coleridge, "The Rime of the Ancient Mariner (texto de 1834)", https://www.poetryfoundation.org/poems/43997/the-rime-of-the-ancient-mariner-text-of-1834.
7. L'Engle, *Walking on Water*, p. 95.
8. Iain McGilchrist, *The Master and His Emissary: The Divided Brain and the Making of the Western World* (New Haven: Yale University Press, 2019), p. 128.

9. *The Journals and Papers of Gerard Manley Hopkins*, ed. Humphrey House and Graham Storey (Londres: Oxford University Press, 1959), p. 84.

10. Carl Ellis y Karen Ellis, "Foreword", en William Edgar, *A Supreme Love: The Music of Jazz and the Hope of the Gospel* (Downers Grove, IL: InterVarsity, 2022), ix.

11. Dorothy L. Sayers, *The Mind of the Maker: The Expression of Faith through Creativity and Art* (Nueva York: Open Road Media, 2015), p. 37.

12. Aquí me refiero a la idea de Heráclito del *logos* como aquello que une dos opuestos, como una cuerda que une los extremos de un palo para hacer un arco.

13. Vern S. Poythress acuñó el término "teología simbólica" para describir la presencia de significados paralelos en la Escritura.

CAPÍTULO 6: ¡HE AQUÍ UN HIPOPÓTAMO MARAVILLOSO!

1. Robert Alter, *The Wisdom Books: Job, Proverbs, and Ecclesiastes* (Nueva York: W. W. Norton, 2010), xv.

2. Consideremos Mateo 16:19 como se expresa en la versión *Young's Literal Translation*: "Todo lo que ates en la tierra será atado en los cielos, y todo lo que desates en la tierra será desatado en los cielos".

3. David A. Dorsey, *The Literary Structure of the Old Testament: A Commentary on Genesis–Malachi* (Grand Rapids: Baker Academic, 1999), p. 19.

4. Dorsey, *Literary Structure*, p. 31.

5. Dorsey, *Literary Structure*, p. 170.

6. Dorsey, *Literary Structure*, p. 16.

7. Dorsey, *Literary Structure*, p. 16.

8. Sweet, *Giving Blood*, p. 28.

9. Stephen J. Vicchio nos dice: "Gregorio el Grande y Tomás de Aquino continuaron los dos la perspectiva cristiana de que Satanás y el diablo eran uno y el mismo personaje… Henry Cowles, en su comentario de 1877 nos dice: 'El personaje y la obra de Satanás tal como se expresan aquí están en plena consonancia con las numerosas alusiones hechas a él a lo largo de la Escritura. Es la misma serpiente Antigua, el diablo'". Vicchio, *Book of Job*, p. 52.

10. Ver Deuteronomio 32:8.

11. Ver Lucas 4:5-6.

12. Algunos suponen que Dios le concedió permiso a Satanás para matar a los hijos de Job, pero la historia no sugiere esto. Se nos dice que Job estaba preocupado por la condición espiritual de sus hijos, quienes eran adultos y vivían fuera de su hogar. Es más probable que se nos invite a temer lo que está por llegar: que Satanás haya esperado un momento oportuno para asestar el golpe realmente devastador con la muerte de los hijos de Job. Esta interpretación da sentido al prólogo inicial y a la reacción de Job ante la terrible noticia: lo que más temía no era la pérdida de sus riquezas, sino la pérdida de sus hijos mientras estaban de fiesta.

13. Sería un error descartar la narrativa como antifeminista, ya que las palabras de la esposa de Job deben verse como un golpe más en medio de su aflicción. La esposa de Job no es el diablo. Es posible que ella perciba que lo único que mantiene con vida a Job es su lealtad a Dios, y sus palabras en el versículo 9: "¿Todavía sigues manteniendo tu integridad? ¡Maldice a Dios y muere!" sean expresadas entre lágrimas, con una compasión equivocada pero profundamente humana. El término hebreo traducido como "maldice a Dios" también puede traducirse como "bendice a Dios".

14. Malcolm Muggeridge, *The End of Christendom* (Grand Rapids: Eerdmans, 1980), p. 39.

15. Muggeridge, *The End of Christendom*, p. 40.

16. Ver, por ejemplo, Job 4:8-9; 8:4, 13-19; 11:10-12; 18:5-21; 20:4-29.

17. Dorsey, *Literary Structure*, p. 168.

18. Andrew E. Steinmann, "The Structure and Message of the Book of Job", *Vetus Testamentum* 46, no. 1 (1996), p. 88.

19. Vicchio, *Book of Job*, p. 57.

20. Esta interpretación de Elihú no es universal en la historia de la Iglesia, pero entonces ninguna interpretación de Elihú lo es. El Testamento de Job, un texto pseudepigráfico, es quizás la obra más conocida que coloca a Elihú completamente en el bando del Maligno.

21. Alter, *Wisdom Books*, p. 6.

22. Vicchio, *Book of Job*, p. 215.

23. G. K. Chesterton, *Introduction to the Book of Job* (Londres: Cecil Palmer & Hayward, 1916), xx.

24. Greg Boyd, "The Point of the Book of Job", ReKnew.org, 16 de octubre de 2018, https://reknew.org/2018/10/the-point-of-the-book-of-job/.

25. Hugh Ross, *Hidden Treasures in the Book of Job: How the Oldest Book in the Bible Answers Today's Scientific Questions* (Grand Rapids: Baker Books, 2011), pp. 178-83.

26. Tal vez la mayor prueba de esta declaración es Juan el Bautista, quien "preparó el camino para el Señor" no haciendo ningún milagro sino llamando a las personas al arrepentimiento y señalándoles a Cristo.

27. Chesterton, *Introduction to the Book of Job*, xx.

28. Que las hijas de Job sean nombradas solo al final puede que sea un anuncio profético de Apocalipsis 2:17. La Iglesia es históricamente una imagen femenina.

CAPÍTULO 7: ¡MATA AL CONEJO!

1. Platón, *Apology, Crito, Phoedo, Symposium, Republic*, trad. B. Jowett, ed. L. R. Loomis (Nueva York: Walter J. Black, 1942), p. 288.

2. "Actor Billy Crystal Pays $239,000 for Mickey Mantle Glove", CNN.com, 28 de septiembre de 1999, http://www.cnn.com/US/9909/28/baseball.auction/index.html.

3. Melanie C. Green y Timothy C. Brock, "The Role of Transportation in the Persuasiveness of Public Narratives", *Journal of Personality and Social Psychology* 79, no. 5 (2000), p. 707.

4. Ver Hall, *Relational Spirituality*, p. 104.

5. Thomas Babington Macaulay, "Horatius at the Bridge" (Londres: Pearson Longman, 1842), p. 27.

6. Kenneth E. Bailey, *Jesus Through Middle Eastern Eyes: Cultural Studies in the Gospels* (Downers Grove, IL: IVP Academic, 2008), p. 279; cursivas en el original.

7. Allen E. Lewis, *Between Cross and Resurrection: A Theology of Holy Saturday* (Grand Rapids: Eerdmans, 2001), p. 21.

CAPÍTULO 8: EL CUARTO HOMBRE

1. Iain McGilchrist, *The Master and His Emissary: The Divided Brain and the Making of the Western World* (New Haven: Yale University Press, 2019), p. 185.

2. L'Engle, *Walking on Water*, p. 17.

3. Robert Alter, *Strong as Death Is Love: The Song of Songs, Ruth, Esther, Jonah, Daniel: A Translation with Commentary* (Nueva York: W. W. Norton, 2015), p. 214.

CAPÍTULO 9: EL EMISOR Y EL SIGNO

1. Mark Twain, *Las aventuras de Huckleberry Finn* (Mineola, NY: Dover Publications, 2012), p. 77. Kindle edition.

2. Eugene Peterson, *Leap Over a Wall: Earthy Spirituality for Everyday Christians* (Nueva York: HarperOne, 1998), p. 3.

3. Daniel Chandler, *Semiotics: The Basics* (Nueva York: Routledge, 2017), p. 2.

4. Joseph Campbell con Bill Moyers, *The Power of Myth* (Nueva York: Anchor Books, 2011), p. 5. Kindle edition.

5. Bailey, *Jesus Through Middle Eastern Eyes*, p. 280; cursivas en el original.

6. Bailey, *Jesus Through Middle Eastern Eyes*, p. 283.

7. Ver Mateo 16:9, 11; Marcos 4:10, 34.

CAPÍTULO 10: LA VOZ DEL NARRADOR

1. L'Engle, *Walking on Water*, p. 125.

CAPÍTULO 11: RESOLVER LO IMPOSIBLE

1. Una variación de la idea de tres tramas se atribuye también a Robert Heinlein y puede que Gunn hiciera referencia a ellos en sus conferencias. Ver Sheila Finch, "Fantastic Journeys of the Mythic Kind", *Ad Astra*, no. 1 (2012), https://www.adastrasf.com/fantastic-journeys-mythic-kind-sheila-finch/.

2. Ernest Hemingway, *The Old Man and the Sea* (Nueva York: Charles Scribner's Sons, 1952), p. 9.

3. Joseph Campbell, *The Hero with a Thousand Faces* (Princeton: Princeton University Press, 1949), p. 97.

4. Robert McKee, *Story: Substance, Structure, Style, and the Principles of Screenwriting* (Nueva York: ReganBooks, 1997), p. 309.

5. Hall, *Relational Spirituality*, p. 242.

6. Gregory A. Boyd, "Christus Victor View", capítulo 1 en *The Nature of the Atonement: Four Views* (Downers Grove, IL: InterVarsity, 2009), p. 25.

7. C. S. Lewis, *Surprised by Joy: The Shape of My Early Life* (Nueva York: HarperCollins, 2017), p. 254.

8. Gustaf Aulén, *Christus Victor* (n.p.: CrossReach Publications, 2016), p. 17. Kindle edition.

9. Allen E. Lewis, *Between Cross and Resurrection*, p. 96.

10. J. R. R. Tolkien, "On Fairy-Stories", *Tolkien on Fairy-Stories: Expanded Edition, with Commentary and Notes*, ed. Verlyn Flieger and Douglas A. Anderson (Londres: HarperCollins, 2008).

11. Aulén, *Christus Victor*, p. 28.

12. Ben Pugh, *Atonement Theories: A Way through the Maze* (Eugene, OR: Cascade Books, 2014), p.

13. Scot McKnight, *The King Jesus Gospel: The Original Good News Revisited* (Grand Rapids: Zondervan, 2011), p. 33.

14. McKnight, *King Jesus Gospel*, p. 69.

15. Leclercq, *Love of Learning*, p. 80.

16. Aulén, *Christus Victor*, p. 106.

17. Aulén, *Christus Victor*, p. 17.

18. Stephen Witmer, *A Big Gospel in Small Places: Why Ministry in Forgotten Communities Matters* (Downers Grove, IL: InterVarsity, 2019), p. 70.

CAPÍTULO 13: UNA HISTORIA REAL

1. Craig G. Bartholomew y Michael W. Goheen, *The Drama of Scripture: Finding Our Place in the Biblical Story*, 2da ed. (Grand Rapids: Baker Academic, 2014), p. 22.

ACERCA DEL AUTOR

Daniel Schwabauer tiene un doctorado en teología (ThD), enseña inglés en la Universidad Nazarena de MidAmerica, y escribe galardonadas novelas de fantasía y ciencia ficción. Obtuvo una maestría en escritura creativa bajo la tutela de la leyenda de la ciencia ficción James Gunn, y completó su trabajo doctoral en teología semiótica con Leonard Sweet. Vive en Olathe, Kansas, con su esposa y sus perros.

Conecta con Daniel:

DanSchwabauer.com

@DanSchwabauer

@daniel.schwabauer